本书系重庆市九龙坡区教育科学“十四五”规划20
JL2022-27）的阶段性成果

新课改下中学青年教师教研探索丛书

初中历史新课改视阈下的“问题教学”研探

张　昕　等 / 著

前言

本系列丛书的编写，无论是从抛出创意还是提笔耕耘，都来自一群普通的一线青年教师。他们与其他的青年教师并无二致，都是在三尺讲台与柴米油盐之间来回奔波的一群人，但在教师两点一线、平淡无奇的职业生活之中选择做出改变。教学研究水平，并不是评价一位教师成功与否的唯一标准，但对其的不懈追求，却可以成为教师自我提升、自我悦纳、自我成就的路径之一。伴随着新课改的不断推进，新时代的教育浪潮也在呼唤着更加优秀的教师挑起国家教育变革与文化强国的重任。何为优秀的教师？也许标准良多，但在我看来，具备扎实的专业功底，拥有过人的洞察力和思辨能力，掌握独门的科研能力，一定是成为优秀教师的必要条件。经过多年来的努力拼搏，开展教学研究活动似乎已经成为本系列丛书作者们的日常追求。本系列丛书的诞生，既是全体作者对自我成长的要求、对学术梦想的追求，也是其立志献身于教育的诉求。

本书的写作背景，很大程度上是基于《义务教育历史课程标准（2022年版）》（以下简称“新课标”）的出台。在初中新课标中，首次对初中阶段的历史教学提出了核心素养的培养要求，而为了更好地达成核心素养的培养目标，新课标又相应提出了“单元主题学习”“关键问题”“大概念教学”等以核心素养为导向来整合教学内容的课程实施方案，在中学历史教学研究领域内可谓“一石激起千层浪”，引起了强烈反响。

本书选择以初中新课标所倡导的“关键问题”教学作为突破口，力图在初中历史教学课堂中，以培养核心素养为目标，以现行初中历史部编版教材为载体，以“问题教学”为主要教学方法，以课堂上的可实践性和可操作性为基准，打造一整套成体系、能落地的“问题教学”课程实施方案。由此，从总体上看，本书由以下几部分组成。

一是新课标下的“问题教学”。这部分内容将从新课标对中学历史教学提出的新要求出发，探讨“问题教学”能够对实践新课标做出的贡献。新课标所倡导的新历史教学，注定会向概念教学、单元教学的方向推进，而“问题教学”相对于这两者，具有更佳的实操性，因而能够成为新课标实践的有效途径之一。

二是历史教材与“问题教学”。这部分内容将重点阐述现行的部编版历史教材与“问题教学”之间存在的契合点。伴随着不断修订，部编版历史教材逐渐呈现出课时容量丰富、单元结构紧凑、重大概念频现等特征。这些特征充分体现了教材的科学性和权威性，但也给一线教师在有限的课时内高效完成课堂教学提出了不小的挑战。“问题教学”的实施，能够对教材内容进行有效整合，在提高课堂效率的同时，达成新课标的要求以及核心素养的培养目标。

三是“问题教学”课程实例。作为本书的重点，在这一部分内容中，将会依据一线教学的实践，选择部编版教材中的经典篇目，设计教学方案并且形成相对完善的“问题教学”课程实例。期待这些实际案例能够为读者提供教学和设计上的思路，并且对“问题教学”的进一步研究提供抛砖引玉的基础。

本书在编写过程中，虽然立足于国内外最新的教学理论成果，但编写内容侧重于实践层面，力图通过将新课标的要求、部编版教材的运用实践与“问题教学”的落地相结合，打造一本围绕“问题教学”进行研究和探讨的课程实施工具书。本书的受众，倾向于一线教师，尤其是尚在成长阶段的青年教师，期待能够为其专业成长和教研发展提供助力。

本书的第一章与第二章，以及之后各章的第一节，均由本系列丛书的主编张昕执笔完成，而从第三章至第八章，即初中历史“问题教学”课程实例部分，则采用了分年级、分教材、分实例合作撰写的方式，分工明确，合作如一，具体如下。

第三章 初中历史“问题教学”课程实例：七年级上册部分

第二节 理解、重组与升华——“问题教学”在史前史教学中的应用 黄思洁

第三节 “问题教学”视阈下的早期国家 黄 怡

第四节 “问题教学”与专制主义中央集权制度 黄秋月

第五节 三国两晋南北朝：“问题教学”下的嬗变与重塑平衡 郝勇勇

第四章 初中历史“问题教学”课程实例：七年级下册部分

第二节 “问题教学”与“隋唐时代” 朱 英

第三节 “问题教学”与“辽宋夏金元时代” 陶 然

第四节 “问题教学”视阈下的“明清时期” 姚 敏

第五章 初中历史“问题教学”课程实例：八年级上册部分

第二节 “问题教学”与近代中国的抗争 李梦良

第三节 “问题教学”视阈下的“近代化探索与民族危机加剧” 张秀梅

第四节 “问题教学”视阈下的抗日战争 陈世敏

第六章 初中历史“问题教学”课程实例：八年级下册部分

第二节 “问题教学”与中华人民共和国的成立和巩固 汪 雪

第三节　问题建构之下的“国防建设与外交成就”　张　昕

第七章　初中历史“问题教学”课程实例：九年级上册部分

第二节　“问题教学”之下的世界文明的多元化与文明的交流互鉴　冉春花

第三节　古希腊与古罗马：围绕唯物史观的“问题教学”　张　昕

第四节　“问题教学”与步入近代的欧洲　张　昕、汪　雪

第八章　初中历史“问题教学”课程实例：九年级下册部分

第二节　“问题教学”与第一次世界大战　汪　雪

第三节　“问题教学”与第二次世界大战　张　昕

在此衷心感谢本书各位作者的辛勤付出。愿诸位挥汗耕耘，终得麦黄。

张　昕

2023 年 11 月

目 录

第一章　新课程标准下的“问题教学”

伴随着《义务教育历史课程标准（2022 年版）》的公布与实施，初中历史教学无论在教学理念上，还是实践理路上，都拥有了新的发展方向。课程标准的变化，势必引起新一轮的历史教学的变革。从宏观着眼，围绕核心素养进行教学内容的整合，势必在未来很长一段时间内成为中学历史教学的探索方向和研究重点。正是在历史新课程标准的倡导之下，以大单元、大概念为代表的新一轮历史教学研究在全国范围内兴起。本书所述的“问题教学及其研究”，也正是在这样的背景下开始了漫漫探索。在对历史新课程标准进行深入分析，对教材内容进行全局性把握之后，与教材内容紧密结合的“问题教学”课程实施方案应运而生。

本章将从三个方面展开对“问题教学”的探讨，即相较于之前所使用的课程标准，2022 年的新版初中历史课程标准有哪些变化，这些变化如何导出了“问题教学”的思路，以及“问题教学”在实践中存在怎样的价值意蕴。

第一节　新旧课程标准的对比

《义务教育历史课程标准（2022 年版）》（以下简称“新课标”）的诞生与推广，可谓是一个千呼万唤始出来的过程。伴随着部编版教材在全国范围内的推广，之前的课程标准无论是在课程理念上，还是在课程目标上，都已经与国家发展的需要、教育现状的变化，尤其是教材内容的变革产生了明显的偏差，可见新课标的制订早在 2022 年之前就已经是大势所趋。

2022年出台的新课标可以说是让人耳目一新。与之前的课标相比，新课标列出了全新的课程理念与课程目标，并且第一次提出了初中阶段的核心素养要求。同时，其在课程内容上的最大创新在于对课程内容的更新。除了历史教学所包含的中国古代史、近代史、现代史与世界古代史、近代史、现代史六大板块之外，还增设了更加符合时代发展需要的第七板块，即“跨学科主题学习”。

一、新课标要求下的新素养

在新课标中，如果说哪里是最能体现革新的部分，那一定就是新鲜出炉的初中版核心素养要求了。以往课标中存在了很多年的“知识与能力”“过程与方法”“情感态度与价值观”的三维培养目标已经成为过去式，新的“核心素养”时代已经到来，唯物史观、时空观念、史料实证、历史解释、家国情怀已经成为新的培养目标。虽然单从名称上看，初中核心素养的要求与高中并无差别。但从内涵实际上看，初中历史核心素养的设置，其目标是围绕初中生的具体学情，充分发挥历史课程的育人功能，培养初中学生的核心素养，从而为今后高中阶段的核心素养培养奠定基础。

就目前初中阶段的核心素养要求来看，培养唯物史观是为了帮助学生建立起历史学习最基本的历史观和方法论，唯物史观也能够为历史教学提供理论上的指引。马克思主义唯物史观是真正揭示人类历史发展规律的史观。正是唯物史观的存在，让历史成为一门真正的科学。作为初中生，学会从唯物史观的角度审视世界、理解历史、思考人生，是学习历史学科的重要出发点和目的所在。

如果说唯物史观是历史教学的基础，那么时空观念就是剖析历史发展的根本载体。一切历史事件的发生发展，实际上都是依赖于时间与空间两个维度的变化，其在事实上构成了历史学科得以存在的最重要的基础。特定的时间与空间，成就了特定的历史人物与历史事件。作为初中学生，只有在结合了这两大重要因素的条件下，才能够准确地考察历史、研究历史，进而了解历史。因此，学生势必应当学会在具体、精准的时空条件下来学习历史。

在所有的初中历史核心素养中，“史料实证”一项是最能够体现出学科特征的。任何层面的历史学研究，无论是高校的专业化研究，还是中学历史学习中基于学术前沿研究而进行的再研究，都是基于对史料的开发与研读的。历史作为一门讲求实证精神的学科，一切考古发现的成果，包括遗址、化石、古代典籍等，都可以被视作研究历史的重要史料。既然史料对历史研究如此重要，那么作为中学生，学会搜集与整理史料、鉴别史料的价值、判断史料信息中的真伪，以及使用史料来证明历史结论，都是历史学科所提出的能力与意识培养要求。

如果说史料是历史研究的依据，那么历史解释方面的能力就是建立在史料基础上的进一步发展。如果说史料实证训练想要培养的是一种偏向于实操的能力素养，那么历史解释的深造则更加侧重于历史思维的培养。理清不同时期、不同历史事件之间的先后关联，对历史事件进行较为客观的评价，在阅读与理解的基础上对历史事件进行陈述，这些侧重于思维之上的实践，是历史解释素养的内涵。初中生对历史解释的掌握不需要太过深入，只要能做到针对历史事件准确阐述个人的观点和看法，就已经足够。

历史学科是一门在助力立德树人方面有先天优势的学科。一切历史教学的价值旨归都应当是培养家国情怀，因此，初中历史教学的核心素养中，最后一重素养，也是最为重要的价值观念层面的素养要求，就是培养家国情怀。家国情怀的内涵是相当丰富的。学生通过对历史学科的学习，首先要产生对中华民族历史、中华文化的认同感与向心力；其次要成为社会主义核心价值观的坚定支持者，坚决拥护党的领导，形成对社会主义道路的自信心和自豪感；最后，通过了解世界各国的历史，广泛了解多元化背景之下世界不同地区的不同文化，从而最终建构起胸怀天下的格局和视野。家国情怀的达成，不仅仅是历史学科核心素养的培养要求，更是实现国家思政建设目标的重要组成部分，体现了历史学科的价值追求。

初中历史学科核心素养与高中历史学科核心素养在名称上差异不大，但在内容与目标要求上，前者还是处于比较初级的水准。两者之间的具体差异见表 1-1。

表 1-1　初、高中核心素养培养要求对比

	高中核心素养（2020 年）	初中核心素养（2022 年）
唯物史观	其是揭示人类社会历史客观基础及发展规律的科学的历史观和方法论。 人类对历史的认识是由表及里、逐渐深化的，要透过历史的纷杂表象认识历史的本质，科学的历史观和方法论是非常重要的。唯物史观使历史学成为一门科学，只有运用唯物史观的立场、观点和方法，才能对历史有全面、客观的认识	其是揭示人类社会历史客观基础及发展规律的科学的历史观和方法论。 人类对历史的认识是由表及里、逐渐深化的，要透过历史的纷杂表象认识历史的本质，必须以科学的历史观和方法论为指导。唯物史观使历史学成为一门科学，只有运用唯物史观的立场、观点和方法才能全面客观认识历史（“理论指引，理论保证”）。 在义务教育阶段，要求学生初步学会在唯物史观的指导下看待历史
历史解释	其是指以史料为依据，对历史事物进行理性分析和客观判断的态度、能力与方法。 所有历史叙述在本质上都是对历史的解释，即便是对基本事实的陈述也包含了陈述者的主观认识。人们通过多种不同的方式描述和解释过去，通过对史料的搜集、整理和辨析，辩证、客观地理解历史事物，不仅要将其描述出来，还要揭示其表象背后的深层因果关系。通过对历史的解释，不断接近历史真实	其是指以史料为依据，客观地认识和评判历史的态度和方法。 所有历史叙述在本质上都是对历史的解释，即便是对基本事实的陈述也包含了陈述者的主观认识。只有通过对史料的搜集、整理和辨析，辩证、客观地描述历史，揭示历史表象背后的深层因果联系，才能不断接近历史真实。 在义务教育阶段，要求学生初步学会有理有据地表达自己对历史的看法

续表

	高中核心素养(2020 年)	初中核心素养(2022 年)
史料实证	其是对获取的史料进行辨析,并运用可信的史料努力重现历史真实的态度和方法。历史过程是不可逆的,认识历史只能通过现存的史料。要形成对历史的正确、客观的认识,必须重视史料的搜集、整理和辨析,去伪存真	其是对获取的史料进行辨析,并运用可信的史料努力重现历史真实的态度和方法。史料是认识历史的主要依据。要形成对历史的正确、客观的认识,必须重视史料的搜集和解读,并在学习和探究活动中加以运用。 在义务教育阶段,要求学生初步学会依靠可信史料了解和认识历史
时空观念	其是在特定的时间联系和空间联系中对事物进行观察、分析的意识和思维方式。任何历史事物都是在特定的、具体的时间和空间条件下发生的,只有在特定的时空框架中,才可能对史实有准确的理解	其是在特定的时间联系和空间联系中对事物进行观察、分析的意识和思维方式。任何历史事物都是在特定的、具体的时间和空间条件下发生的,只有在特定的时空框架中,才可能对史事有准确的理解。在义务教育阶段,要求学生学会在具体的时空条件下考察历史
家国情怀	其是学习和探究历史应具有的人文追求,体现了对国家富强、人民幸福的情感,以及对国家的高度认同感、归属感、责任感和使命感。 学习和探究历史应具有价值关怀,要充满人文情怀并关注现实问题,以服务于国家强盛、民族自强和人类社会的进步为使命	其是学习和探究历史应具有的人文追求和社会责任。学习和探究历史应充满人文情怀并关注现实问题,热爱家乡,热爱祖国,放眼世界,以服务于国家富强、中华民族伟大复兴和人类命运共同体的构建。 在义务教育阶段,要求学生形成对家乡、国家和中华民族的认同,具有国际视野,有理想、有担当

表 1-1 中的内容均摘编自高中 2020 年修订版课程标准与初中 2022 年新课标的“目标要求”部分。从字里行间不难发现,初中的核心素养要求,无论是在内涵丰富程度上,还是能力层级要求上,都远远低于高中历史学科的核心素养要求。初中教学在初、高中教学体系中起到奠基的作用。这意味着初中核心素养的培养,对高中教学目标的实现也有着非凡的意义。如果初中生能够在历史学习中,有效掌握史料实证能力与历史解释能力,并且学会初步以唯物史观的视角来审视历史,在准确定位历史事件的时空观念基础上,通过对特定历史事件的

理解，自然形成对国家民族历史的自豪感，对世界其他地区的文明也有了一定了解和认识，那么在升入高中之后，就能够在核心素养方面取得更进一步的发展和进步。

二、新课标所呼唤的新内容

义务教育历史新课标的出台，除了宣告对旧式"三维目标"的改革，更重要的是在具体课程内容安排上也发生了重大变化。这些变化已经在全国中学教育界引发了强烈反响，影响深远，可以预见其最终会推动初中历史教学的方式方法出现大变革。

(一) 课程内容要求:从单一课例走向大宏观

以往的课标中，对课程内容的要求都是以单一课例为单位的。例如，针对部编版七年级上册"三国两晋南北朝的科技文化"这一学习主题，在以往的课标中，对教学内容的要求为使学生"知道祖冲之的数学成就，初步认识书法艺术，了解北方农业技术的成熟和农历"，明显可以看到其要求集中体现在对具体知识点的落实上，可以说事无巨细地要求落实到人物和成就学习上。但是伴随着新课标的出台，原有针对微观知识点的课程内容要求发生了巨大变革，在 2022 年的新课标中，相应的课程内容要求已经变成"通过了解这一时期的科技、艺术成就，认识传统文化的继承与创新"。在新课标中，很少再提及某一课的某个具体知识点的掌握，而转向了以学习主题为单位，以教材设置的单元为单位，从宏观上把握历史教学的脉络。这种变化对教学方法的影响是非常巨大的。

首先，新课标对教学评一体都产生了深远的影响。单从未来的命题趋势来看，对初中历史学科的考查，将会逐步从针对学生基础知识的考查上升到高阶能力的考查。学生以往单靠记忆、背诵就能够完成答卷、拿到高分的情况将会逐渐改变。愈加灵活的题型，越来越偏向于考查学生从宏观上把握历史脉络、认清历史规律、领悟历史价值的能力。历史知识的前后对比、古今中外的知识串联、不同时代的时代特征、历史上的重大变革对今日历史所提供的经验等,偏重主题式的考查方式将会是未来考查的重点方向。

其次,以考定教是中学教学的重要原则,既然如前文所言,历史教学的课程标准要求已经改变,那么教学方式势必也会随之改变。就新课标的教学内容要求而言,其非常重视宏观层面对教材内容的整合和把握。这也是目前国内中学各学科对大单元教学或大概念教学的讨论都异常热烈的原因。这样的要求就注定了教师需要以更加开放的、灵活的、大格局的视角去对待教学。

中学历史教学在新课标的指引之下,未来的发展方向就是强调大宏观设计与整体化思维。虽然大单元与大概念教学受到绝对的追捧,但就目前发展情况而言,尽管相关课例与理论层出不穷,但大单元的成熟设计少之又少,而要推出统一化、标准化的范式更是遥遥无期。大概念教学面临的挑战尤其巨大,“大概念”一词本身都还有很大的争议。对其概念界定不稳定,也会导致这种新兴的教学方法走向不稳定,但这并不妨碍相关研究沿着宏观化的视角展开。

(二)全新课程内容登场:跨学科主题学习

一些观点可能会认为核心素养是2022年新课标中的全新概念,但是如果将其与旧课标中的三维目标进行对比,不难发现两者之间其实是存在逻辑联系的。如果说核心素养不算是特别新鲜的内容,那么跨学科主题学习,则是新课标所提出的真正全新的概念。

顾名思义,跨学科主题学习是指以历史学科为中心,在一个学习主题中尽量纳入其他相关的学科知识,构成一种学科跨界的知识体系。跨学科主题学习的提出,毫无疑问是符合未来人才培养发展方向的。跨学科主题的学习过程,并非侧重于理论,或者说并非只是希望经由多个学科之间的互动而提炼出某种理论，而是非常注重综合性与实践性，其活动的主体毫无疑问是学生。学生可以在课堂中，依靠各个相关学科方面的知识，在实际操作中自行探究各个学科在同一学习主题之下所发挥的作用、扮演的角色。可以说，跨学科主题学习是非常具有探究性的。

当然，考虑到跨学科主题学习的确是第一次出现在新课标中，为了方便广大一线教师，新课标中还率先展示了 10 个学习主题。这些学习主题的内容，都是从历史学科出发，涵盖道德与法治、地理、物理、化学、美术等，体现出跨学科主题学习的特征，但是在实际操作上，难度可想而知。跨学科教学对教师自身的业务水平以及研究素养都有很高的要求，就目前的形势而言，并没有任何迹象表明跨学科主题学习能够推出标准化的授课流程，也很难在具体日常教学中完全落地。

那么，在分析了新旧课标的大致区别，并对新课标所拥有的全新内容进行梳理之后，是时候来谈谈本书的核心要义——“问题教学”以及其是如何在新课标背景之下诞生的了。

第二节　问题教学的思路缘起

说来惭愧，虽然正如上文所述，大单元教学与大概念教学要实现推广仍有很大难度，因为这些新概念尚处在发展初期，并没有进入稳定时期，但对其具体落实方式的探究仍是必要的。这里将要作为核心内容进行阐述和分享的“问题教学”，事实上也来自对大单元教学、大概念教学的思考。

起初，在对大单元教学与大概念教学进行初步尝试之后，鉴于师资、教学条件以及学情问题，对上述两种教学模式并未能够理出头绪，落地于实践，因此当时只是将其视作尚未形成标准化课程方案的前沿教学思想，并未加以深入。但是在对大单元教学进行尝试和思考的过程中，一种源自大单元教学，但又与之不尽相同的教学设计思路应运而生，这就是问题教学。

（一）问题教学：源于大单元，却异于大单元

为什么说问题教学源于大单元教学，因为其灵感就来自对大单元教学的研究。当时正值“大单元”这一教学思路广受追捧之时，本书的作者们也一度投身其中，在实际教学中积极尝试，却发现效果在初中三个年级都并不理想。但也是在这个过程中，笔者们发现这种跳出教材的固定结构、打破传统以单课为备课单位的固定思维的思路仍是值得借鉴的。毫无疑问，大单元教学显然符合“用教材教”的教学思路，而非只停留于“教教材”。这无疑是启发了笔者们产生了一种新的教学思路。

“问题教学”顾名思义，是以问题导向为教学主线进行探究的教学策略。大单元教学中，经常会涉及一种教学方法，即跳出教材的子目限制和各课程之间的限制，在尊重教材基本逻辑的基础上，对现有的课程或者子目进行拆分重组，构建新的单元，而“问题教学”的关键思路也是如此。“问题教学”中最高层级的问题，被称作跨单元问题，即以一个宏观的主题式大问题，覆盖若干单元的内容。随后，在理清单元中各个课时之间的逻辑联系之后，以教学单元为单位，抛出一个能够涵盖单元主旨的单元大问题，作为单元范围内最高层级的问题。当然，这样宏观的问题是学生在新课学习之前无法回答的，因此这时便要引入“问题教学”的第二层级，即需要将单元大问题按照单元内部的课时分布，拆分成若干个单元次级问题，这些问题可以说是针对不同课时的主题提出的，但对学生而言，依旧无法直接予以解决。那么接下来，便要设置“问题教学”体系的最下级，由单元次级问题拆分而来

的课程小问题。课程小问题虽然是“问题教学”体系中的最下级层次，但却是具体教学中每一课的核心问题，是学生容易掌握的。每一课的教学活动，都应当围绕这一课程核心问题展开。

梳理从上到下的课程结构，可以看到，“问题教学”的关键就是通过各级问题的层层递进，层层解构，层层落实，最终沉降到学生可以实际操作的层面。伴随着学生在自主探究的过程中解决了最低级的课程小问题，在其基础之上的单元次级问题与单元大问题，都会迎刃而解。至此，一个完整的以问题为教学主干构建而成的教学体系建立起来。接下来要探讨的，就是“问题教学”的具体落地方式了。

（二）问题教学：着眼宏观，落地微观

“问题教学”的思路虽然来自大单元教学，但从上述说明中可以看到，实际操作中，其并不是一直停留在宏观角度的。虽然在“问题教学”中，单元大问题构成了最高层级的问题，但最终这一大问题能否解决，还是要落实到教材中每一课所围绕的课程小问题。

那么，具体要如何落实到微观可操作层面呢？如何引导学生在课堂学习中探究并解决课程的核心问题呢？这就是本书的核心教学模式，SRSR 模式存在的意义。

SRSR 模式针对具体课堂教学而展开。所谓 SRSR，即研读（study）、设问（raise questions）、拆分（split）、重构（restruction）。该模式要求教师将“问题教学”思维运用于单元教学和课程教学的具体实践之中。

1. 研读（study）

作为一切教学和研究的出发点，要求教师研读每一单元以及每一课的具体课标。将课标要求与教材内容一一对应，再深入思考教材与课程标准之间的逻辑联系，使课标与教材真正融会贯通。

2. 设问（raise questions）

“问题教学”中，设问的质量和深度都决定了整个“大问题”体系的

搭建质量。设问所覆盖的范围可以是多个相互间逻辑联系较强的单元,也可以是单独的一个单元内容,或是只针对某一课提出问题。但无论范围大小,这一问题必须要顺应课标的要求,并具备统领全单元或全课的特征。

3. 拆分(split)

正如前文所言,问题的范围涵盖整个单元或者整个课程,意味着学生在学习开始之时并不能解决这一问题,因此势必要对此大问题进行拆分,将之按照教材分布特点,拆分成若干小问题,或依附于教材子目,或自成体系。拆分虽然因人而异、因课而异,但所有问题必须要围绕大问题的解决而展开。

4. 重构(restruction)

既然拥有了若干小问题,那么在教学过程中,整单元或整课的教学设计,都应当以小问题为主干进行重构。在教学过程中,随着小问题先后得到解决,学生会建立起以小问题为导向的知识结构。在汇聚了所有小问题之后,自下而上,大问题最终也能够得到解决。

综合上述四条,对于初中历史教学而言,“问题教学”尚属于新观念。在大单元理念的引导下,从单元视角或者课程的宏观视角来审视和设计课程,以问题为先导进行教学,是本书所要传达的核心理念。在深度挖掘教材的过程中要注意发掘内涵上能够统摄与引领全单元或全课程核心内容的问题;在落地于具体课程时,要将大问题予以拆分,并且以重构后的问题体系作为课程的新框架。这是本书中在接下来的内容中会反复出现并强调的核心教学流程。

而无论是在SRSR模式中的哪一环节,其聚焦点往往都是微观的课程内容。作为整个问题教学体系的基石,重视教材与实践的课程小问题,也体现了偏向于微观的特征。由此可见,“问题教学”是一种从宏观着眼,最终却落脚于微观的教学理念。

（三）问题教学：在传统之上的突破

至此，也许读者会有一个明显的疑问，所谓的问题教学，是否只是将一大堆问题抛给学生，由学生通过各种各样的方式予以解决。这是把“问题教学”理解成了传统意义上教学过程中的“问与答”的过程，并非完整的“问题教学”思路。本书所阐述的“问题教学”至少在以下几个方面都对传统教学模式有所突破。

1. 问题结构的突破

在传统的课堂“问与答”环节中，教师在课堂中所抛出的问题，往往具有一定的随机性，即便是之前预设好的问题，也大多仅仅限于子目的范畴内。就其难度而言，因为课堂的实操性，多数问题缺乏深度。问题与问题之间，一般情况下也并没有太强的逻辑联系。

“问题教学”则从设问的出发点上就已经突破了传统教学中的问题设置。在“问题教学”的教学设计开始之时，教师面临的第一个问题就是，一个单元应当在其所属的教材中扮演什么样的角色。例如，部编版九年级上册的第一到第四单元，其跨单元大问题是“世界古代文明的多元性如何体现?”。梯度上低于单元大问题的次级问题则至少要包含两个课时。例如，第二单元中可以设置一个单元大问题，即“古代罗马文明如何体现其文明的多元性?”。在单一课程中，课程小问题相对而言又是非常宏观的。例如，九年级上册教材第5课《罗马城邦和罗马帝国》的课程小问题是“罗马的制度在其扩张中体现出怎样的优越性?”。换言之，即便是在“问题教学”最低层级的课程小问题中，其问题的范畴也并不仅限于针对知识层面的掌握，而更偏向于能力层面的运用。

层层问题是从宏观入手进行设计，主题为本，概念先行。这是“问题教学”区别于传统问答式教学的不同之处。

2. 问题内涵的突破

就以往的问答式教学而言，问题的指向性往往侧重于单一知识点的解决,尤其是注重基础知识的夯实。问题的提出方式,非常利于学生掌握知识,但是如果单纯论问题的内涵,却往往并不深刻。“问题教学”正是希望能够在这方面实现突破。

首先,由于整个教学体系是以问题搭建为主干,以问题思考为先导的,所以“问题教学”体系中的每一个问题设置都是需要教师反复思考并认真打磨的,问题的内涵与深度都需要提前预设。仍以九年级上册第 5 课为例,在这一课中,最重要的一个相当深刻的问题是罗马的制度与其战无不胜的扩张之路间存在怎样的联系?这个问题并不是针对哪一个子目提出的,也并不是为了让学生从教材上习得哪一个基础知识而提出的。其直接牵扯到的知识,贯穿了整个课时。教材除了在开篇介绍了古代意大利的自然地理环境之外,在第一子目中就提到了罗马政治制度与罗马对外征服之间的关系。罗马政治制度的优越性,使罗马在对外扩张过程中能够保持无限的战斗力,尤其是在对迦太基的战争中,罗马从元老院到公民大会再到普通公民的团结一心,最终保证了对外战争的胜利。在共和国存在的数百年间,罗马制度上的优越性、各机构之间的制衡与团结,都促成了罗马版图的不断扩大,一个又一个的敌人在罗马人面前倒下,换来的是罗马共和国愈加强大的实力,并最终推动了罗马帝国时代的到来。由此可见,只要能解决一个具有深度的问题,就攻克了一整课最大的难点。

第三节　问题教学的价值意蕴

那么,由大单元教学衍生而出的“问题教学”模式,在新课标颁布并逐渐落实到教学实践中的背景下,对初中历史教学而言有着怎样的价值意蕴呢?“问题教学”在理论价值和实践价值层面,都值得我们深入探讨和探索。

一、“问题教学”的理论价值:摸索中创新

首先,就理论层面而言,无论是“问题教学”的思路,还是其课堂教学操作方案 SRSR 模式,都诞生于初中新课改方兴未艾之际。本书写作的初衷,即是希望在新课标指导下,在问题教学方向上取得突破。在研究过程中,无论是通过对新课标的深入解读,还是对相关研究成果、文献的总结,以及对 SRSR 模式的探索都希望能够丰富问题教学已有的理论体系。其次,SRSR 模式的提出,既是对中学历史课堂的问题教学进行的探索,也希望其能在与教育学理论、历史教学理论进一步有机结合之后,形成可指导课题推进的科学方法论,成为日后进一步拓展研究的理论支撑。

虽然就目前的研究现状来看,SRSR 模式尚且处于萌芽阶段,其成长与成熟尚且需要时日,但可以预期的是,SRSR 模式引领下的问题教学及其理论,能够为拓展大单元教学的教学理论提供帮助。

二、“问题教学”的实践价值:实践出真知

作为偏重教学实践的研究,“问题教学”的核心任务依旧是解决如何在教学中将教学理念落到实处的问题,强调在具体教学中的实际作用。就目前的实践效果来看,其至少在以下三个方面体现出立体且丰富的价值。

(一) 以 SRSR 模式为先导的教学内容整合

无论是单元教学、概念教学还是本书所介绍的问题教学,其设计的一个重要初衷就是为了整合教学内容。将教材中零散的知识点以问题的形式予以重组,不仅能够帮助学生构建起更加合理的知识体系,而且在具体实践过程中,不同课时之间的联系也可以得到强化,不同知识点之间的架构得到优化。问题教学在教材运用方面的最大实

践意义，即是对教学内容的整合。

如果 SRSR 模式能够得到推广，教师，尤其是有经验的教师便可以用其实现对教材内容的拆分与重组，在提升教学效率的同时，帮助学生深入理解教材的内容。由此可见，SRSR 模式的广泛运用，对部编版教材的推广也颇有益处。

（二）锻炼教师的教学与科研能力

正如前文所言，“问题教学”的核心即是提出问题。这些问题往往在内容上涉及单元、课时的主题，因此在宏观上也具备单元教学或者概念教学的意味。如果教师没有一定的教学功底或者研究能力，是很难提出和驾驭“问题”的。由此可见，“问题教学”的一大实践意义，是其也能够推动教师教学水平的提升和科研能力的增强。

教师从入职到逐渐成长的过程中，一定会接触到教学问题的设计工作，想要将“问题教学”落实到实践中的教师，也会遇到相应的困难，需要教师通过对课标的深入解读、对教材内容的全面把握，以及对教学经验和学情的具体总结，才能够顺利予以解决。每一个问题所包含的问题层级，每一个层级问题最终搭建起来的问题体系，既是教师要花费时间与精力构建的金字塔，也能成为其在教学能力方面不断攀升的阶梯。

与此同时，由于对教材内容的深度挖掘，以及尝试对不同课程内容加以整合，教师的教学思维能力也可以不断向教研思维能力发展和转换。这一过程虽然可能是缓慢的，但却能够对教师的成长产生长久的影响，并最终提升教师的科研水平。

（三）训练学生的思维方式和实践能力

初中学生的思维方式，通常是通过三年的学习，在课堂活动中不断训练养成的。一堂课的课堂活动是否合理合适，关系到学生的思维方式能否得到锻炼。在“问题教学”体系中，非常重视和强调问题的综合性与实践性。一个课时小问题,往往就综合了一整课内容中最核心的要义,想要解决这一小问题,需要学生开展具体课程的学习,在解决这一问题的过程中,体验本课核心主旨。这种方式使学生自然而然就能够形成从宏观上把握历史课程结构、从微观上获取历史知识的思维方式。

既然是要让学生学会解决具体问题,那么就需要在具体教学实践中锻炼学生的实操能力。就“问题教学”而言,其所要培养的最重要的能力就是史料实证能力。这里所言的“史料实证”,并没有特别高深的含义,很大程度上特指学生通过阅读教材、掌握教材,最终将教材内容作为史料,对“问题教学”中各层级问题进行论证。强调这种实践能力既考虑到了初中学生的具体学情,又可使“问题教学”的目标与新课标的要求保持一致。

参考文献

一、中文部分

(一) 期刊论文

[1] 鲁洁.试论中国教育学的本土化[J].高等教育研究,1993(1).

[2] 郭戈.论教育学的“中国化”[J].中国教育学刊,1993(2).

[3] 雷鸣强,杜时忠.教育理论指导教育实践的前提和过程[J].现代教育研究,1993(3).

[4] 洪其华.教育学是一门科学还是一门学科——教育学的“科学性”与“学科性”之争[J].上海教育科研,1991(4).

[5] 王坤庆.论教育学研究范式的历史演变[J].教育研究与实验,1991(4).

[6] 徐辉.外国教育研究与我国教育实际[J].教育研究,1991(6).

[7] 张斌贤.从“学科体系时代”到“问题取向时代”——试论我国

教育科学研究发展的趋势[J].教育科学,1997(1).

[8] 朱旭东.论教师专业发展的理论模型建构[J].教育研究,2014(6).

[9] 林崇德,罗良.情境教学的心理学诠释——评李吉林教育思想[J].教育研究,2007(2).

[10] 王继平,张汉林.有效实施情境教学的若干问题[J].历史教学,2012(19).

[11] 刘倩,马云鹏."因境制宜":适应性专长视角下教师学习机制的困境与重构[J].教育科学,2019, 35(2).

[12] 刘莹,何成刚.新时代基础教育教研工作:历史贡献、困难挑战与思路对策[J].天津师范大学学报(基础教育版),2022, 23(3).

(二) 图书专著

[1] 赵亚夫,张汉林.国外历史课程标准评介[M].北京:北京师范大学出版社,2017.

[2] 陈友松.当代西方教育哲学[M].北京:教育科学出版社,1982.

[3] 金岳霖.形式逻辑[M].北京:人民出版社,1979.

[4] 风笑天.社会研究方法[M].北京:中国人民大学出版社,2022.

[5] 钟启泉,汪霞,王文静.课程与教学论[M].上海:华东师范大学出版社,2018.

[6] 钟启泉.现代课程论[M].上海:上海教育出版社,2003.

[7] 傅道春.教师的成长与发展[M].北京:教育科学出版社,2001.

[8] 李铁安.高品质课堂的塑造[M].北京:世界知识出版社,2018.

[9] [美]James A. Beane.课程统整[M].单文经,等,译.上海:华东师范大学出版社,2003.

[10] [美]费斯勒,克里斯坦森.教师职业生涯周期——教师专业发展指导[M].董丽敏,等,译.北京:中国轻工业出版社,2005.

[11] [德]胡塞尔.现象学的观念[M].倪梁康,译.北京:商务印书

馆,2018.

[12] [古希腊]亚里士多德.形而上学[M].吴寿彭,译.北京:商务印书馆,1959.

[13] [德]马克斯·韦伯.社会学的基本概念[M].胡景北,译.上海:上海人民出版社,2020.

[14] [美]博比特.课程[M].刘幸,译.北京:教育科学出版社,2017.

[15] [美]拉尔夫·泰勒.课程与教学的基本原理[M].罗康,张阅,译.北京:中国轻工业出版社,2014.

[16] [美]亨利·A.吉鲁.教师作为知识分子——迈向批判教育学[M].朱红文,译.北京:教育科学出版社,2008.

二、英文部分

[1] R. Fisher, M. Williams. Unlocking Creativity: Teaching Across the Curriculum[M]. London: David Fulton, 2004.

[2] A.R. Odden. Education Policy Implementation[M]. New York: State University of New York Press, 1991.

[3] W.A. Reid. The Pursuit of Curriculum: Schooling and the Public Interest[M]. Norwood: Ablex Pub. Corp., 1992.

[4] B.O. Smith, W.O. Staneley, J.H. Shores. Foundations of Curriculum Development[M]. Rev, ed., New York: Harcourt Brace Jovanovich, 1957.

[5] D.G. Armstrong. Developing and Documenting the Curriculum[M]. Boston: Allyn &. Bacon, 1989.

第二章　历史教材与“问题教学”

在探讨了新课标与“问题教学”之间不可分割的关系之后，接下来要讨论的是现行历史教材，即部编版历史教材与“问题教学”之间的关系。不可否认的是，部编版教材是“问题教学”所有理念得以实施的基础和载体。“问题教学”模式之所以能够提出并付诸实践，一个最重要的前提条件，即是以部编版教材为基础。

因此，在真正讨论“问题教学”的实践前，有必要对部编版教材的总体概况进行分析。

第一节　2022 年修订版历史教材分析

相比之前全国各地所使用的版本不一的历史教材，部编版教材的特征非常鲜明。

首先就是体例上非常接地气地采用通史体例。对于刚刚在初一正式接触到历史学科的学生而言，按照历史事件发生的时间顺序进行编排的通史体例，是最符合学生具体学情的，同时也充分体现了历史学科的学科特征。学生按部就班的学习过程，也正是从时间线索梳理中国历史与世界历史的过程。

其次是部编版教材内容的集成性。虽然如前文所言，部编版历史教材中的每一课都是按照时间顺序编排的，但是每一课的内容之充实和全面，绝非此前的其他教材能够比拟。教材正文部分往往会完整地阐述历史脉络。对于具体琐碎的历史史实，还会以“相关史事”“人物扫描”“知识拓展”等辅栏和课后内容方式进行补充。部编版教材的另一个特征是收录了丰富的历史图片，无论是人物的肖像画、反映历史事件的油画，还是近代之后的历史照片，极大增强了教材的趣味性，也给了一线教师更多的发挥空间。教材的每一课基本都会设置相应的历史地图，不仅能够带给学生更加直观的历史印象，培养学生的时空观念，也更有利于教材知识体系的立体化。

第三就是教材的客观性和科学性有了质的飞跃。部编版教材非常重视历史事件的客观性。在革命史观逐渐淡出中学历史教材后，目前的中学教材编排日趋强调客观性，也日益注重权威性和实效性。就教材的修订频率来看，部编版教材基本每年修订，无论是正文部分的表述变化，还是辅栏中的史料更换，抑或是历史图片的替换与历史地图的细节改动，都时有发生，与时俱进。

第四就是部编版教材对国家意志的直观体现。作为一部由教育部统一编订的教材，部编版历史教材在弘扬中华传统文化、彰显中国从古至今一脉相承的制度自信、赞颂近代中国革命者前赴后继的慷慨悲歌、全景式展现文明多元化的辉煌成就等方面，都有入木三分的理解和深入浅出的呈现，而上述内容也无一不是中国实现伟大复兴之必备价值导向。因此，部编版教材课程内容的落实，可以说本身就是国家意志的落地。

总而言之，部编版教材拥有学习门槛较低的通史体例，内容上具备全面性与集成性，具有不断加强的科学性，以及直观体现了国家意志的权威性。这也让其成为迄今为止全国范围内最成功的初中历史教材。

第二节 初中历史教材中的“问题教学”

既然在新课标倡导之下，未来部编版历史教材的使用方向一定是趋向于单元视角或主题式教学的，那么同样从宏观视角入手开展教学和研究工作的“问题教学”模式便可以发挥其应有的功效了。

一、部编版教材结构与“问题教学”契合度探讨

虽然如前文所言，部编版历史教材基本采用通史体例，单元与单元之间编排的基本逻辑也是按时间脉络，但是从每一个单元的三至四课内容中，都能够根据不同的视角总结出不同的学习主题，而如果从更大的范围来看，每两至三个单元之间，也都能够提炼出彼此相关联的跨单元学习主题。以八年级上册教材为例，如果单独从第一单元的视角来看，学习主题无疑是“中国开始沦为半殖民地半封建社会”，但如果将视野放宽到包含第一至第二单元，那么可以总结出的主题就囊括了“晚清时代的列强侵华战争”“中国的早期近代化历程”“近代不平等条约体系的建立”“晚清时期中国的自救运动”等诸多主题。这些主题自然是跨单元、跨课程的，需要从宏观视角审视教材、设计教学才能够落实。

由此可见，从宏观问题扩展到微观问题的“问题教学”模式便可以找到与部编版教材的契合点，从而实现以“问题教学”的视角来切入，使教学模式与教材内容之间形成配合。依旧以八年级上册为例，前两个单元的跨单元大问题可以设置为“面对列强入侵，晚清政府经历了怎样的阵痛与挣扎?”，第一单元的单元大问题可以设置为“中国是如何步入半殖民半封建社会的?”，就教材第一课时《鸦片战争》而言，最核心的“课程小问题”则是“为什么鸦片战争被视作中国近代史的开端?”。从上述梳理也可以看到，“问题教学”的问题设置体系，能够在很大程度上与现行的部编版教材契合，为“问题教学”研究提供了最坚实的支撑。

二、“问题教学”在部编版教学实践中的优势

在部编版历史教材得到推广的这些年中，相关的教学法层出不穷，其中相当一部分已经自成体系、深入人心，并积累了丰富的一线实践经验。在这样的背景下，“问题教学”作为一个新兴的教学研究方向，有哪些独到的优势呢？我们认为至少有以下几个方面值得探讨。

（一）以问题为导向的教材资源整合

部编版教材以内容充实见长，每一课时的教学内容中都包含大量的历史史实与历史结论。这些史实与结论又被合理地分配在不同子目之下，共同构成了种类繁多、类型齐全的教材资源。伴随着新课标的出台，从宏观上整合教材资源已经成为未来教学发展的主流趋势。就大单元、大概念的宏观视角要求而言，需要从单元视角或者概念视角对教材内容进行拆分重组。这不仅需要教师能够深入把握新课标的要求与教材的内部结构，还需要其对重组之后的课程可行性进行考量，难度不言而喻。与主流所倡导的大单元、大概念视角不同，“问题教学”虽然也需要考虑对不同单元或者课程之间的逻辑进行梳理，必要时也会进行教材资源的整合，但因为“问题教学”是以问题为先导，而被提前预设好的问题本身并不存在概念上的陌生感，也不存在学生理解时的距离感，所以“问题教学”在实施过程中，可以借由学生的自主探究活动，由学生参与到每一级问题的设计和重组过程中，以期在师生协力、润物无声的环境中共同完成对教材资源的整合。

（二）以问题为框架的知识体系构建

在历史教学中，知识体系的构建从来都备受重视。构建历史学科知识体系框架最常见的方式是以时间概念为先导，如“盛唐气象”，就不仅仅是一个简单的学习主题，也可以以“盛唐”作为时间限定词，梳理安史之乱前唐朝在政策延续、制度建设、经济繁荣、外交开放、民族

包容、文化昌盛等诸多方面的史实知识点，并且利用这些知识点构建出完整的知识体系。当然，除时间概念之外，主题式知识结构也是常见的形式，如“中国的近代探索”就是一个典型的以学习主题为单位的知识体系，可以囊括包括鸦片战争、甲午战争等晚清时期的列强侵华战争以及洋务运动等近代化运动在内的知识点。

但是“问题教学”的知识体系构建与上述传统方式有所不同。首先我们应当追根溯源，明确我们为什么需要给学生搭建知识体系。其出发点依旧是为了帮助学生掌握基础知识，把握知识间的关联。以问题为框架来构建知识体系，取代原有的以概念或者专有名词为核心的知识条目，可使学生通过审视知识框架来进行自主思考，并在解决框架内的所有问题后，使框架所包含的整个知识体系也“印”入学生的脑中。学生自身对问题性知识体系的建构过程本身也是思考问题、解决问题的过程，并具有更多的可思考性和可操作性。下面就以部编版九年级上册教材第 18 课《美国的独立》为例，谈谈以问题为框架构建知识体系所拥有的优势。

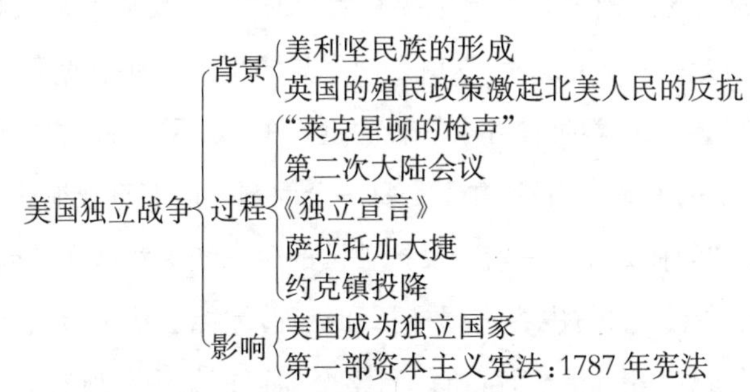

图 2-1 传统的“美国独立战争”知识框架

如图 2-1 所示，在传统的知识体系中，美国独立战争的所有史实都是由重要概念或者专有名词构成的，这样的知识框架对学生而言，学习效果通常不佳，距离感也很强烈。即便有一些学生非常擅长学习记忆型的内容，能够在短时间内将知识点熟记并默写出来，这种学习方式，也并不能达成新课标对核心素养的要求，并且与历史学科在未来中考中的命题考查趋势不符。虽然不能排除有一些非常优秀的学生能够在学习之后自行总结出类似的框架，但这样的框架本身就是知识点的罗列与堆叠，并不值得提倡。那么，以问题为先导构建起来的知识框架会是怎样的呢？

- 美国独立战争
  - 为什么北美会爆发谋求独立的战争？
    - 什么是美利坚民族？
    - 为什么北美一定会反抗英国的殖民统治？
  - 独立战争经历了怎样的过程？
    - 独立战争是如何爆发的？
    - 第二次大陆会议做出了哪些重要决定？
    - 《独立宣言》拥有怎样的历史地位？
    - 从屡遭败绩到扭转战局，独立战争经历了怎样的变化？
  - 影响
    - 独立后的美国有何不同？
    - 1787 年宪法在资本主义发展史中扮演怎样的角色？

图 2-2　问题先导的“美国独立战争”知识框架

对比图 2-1 与图 2-2 不难发现，后者在能力层级要求与客观主动性上，都远远超过前者。当学生接触后者时，第一反应不是去机械地记忆，而是会主动展开思考，这就是问题先导型知识框架的第一优势：以思考取代记忆。学生在寻求解答的过程中，会不断将教材中的内容转化为问题的答案。当然，并不是每一个问题都能够直观地获得答案的。例如，“为什么北美一定会反抗英国的殖民统治？”这样的问题，可能就需要学生对教材内容进行概括和梳理，才能够从民族因素、经济因素等层面对其进行全面解析。当整个知识框架中的所有问题都被学生自主解决之后，构建该知识体系需要达成的“帮助学生更好地理解和掌握基础知识”的教学目标就已经实现了。

（三）以问题为先导的核心素养路径

在初中 2022 年新课标中，非常明确地指出应当注重在教学中以核心素养为培养目标，来进行教学资源的整合，也就是说，五大核心素养的落地，与每一堂课的实际教学活动紧密相关。既然“问题教学”的核心目标之一就是探索教学实践的新路径，那么其在培养核心素养方面也应具有在实践层面创新引领的作用。

1. 唯物史观：以问题驱动逆向思维

坚持唯物史观是整个历史教学的最基本原则，也是中学师生在学习历史、研究历史的过程中必须要坚守的立场。马克思主义唯物史观在中学历史教学中虽然体现得相对浅显易懂，但是考虑到当今中学生的实际学情，想要通过传统的讲授法就让学生建立起对马克思主义唯物史观的深刻认识，是颇具难度的。创新地从“问题教学”角度探索唯物史观素养的落地方式，则为这一问题的解决提供了新的途径。

马克思主义唯物史观在中学历史教学中主要体现为几个部分，包含了经济基础决定上层建筑原理、社会存在决定社会意识原理、人民群众是历史创造者原理、阶级分析法等。虽然对历史教师而言是耳熟能详的，但对于初中学生而言，要想真正走近这些原理，了解其中的内涵，并不容易。如果将传统的灌输式教学转变为问题教学，学生对唯物史观的理解就会有不一样的层次。

以经济基础决定上层建筑原理为例，该原理广泛存在于部编版历史教材的政治史与思想史课程中。例如，在七年级上册教材第 7 课《战国时期的社会变化》中，非常鲜明地强调了战国时期农业生产的技术突破与战国时期各国政治变法之间的关联。如果从“问题教学”的视角来审视这一关联，完全可以从逆向思维的角度提出问题：为什么铁制农具与牛耕的推广，最终能够引发战国时期各国的变法呢？这样的提问方式是直击唯物史观的核心环节的，想要回答这样的问题，学生必须要进行一系列成逻辑、成体系的思考，即从农具的突破思考先进生产工具对当时奴隶制的集体劳作生产方式造成的冲击，再从奴隶制经济的瓦解思考建立于奴隶制之上的分封制的动摇，最终推导得出在分封制瓦解、诸侯纷争的时代，为了更好生存下去，诸侯国纷纷走上变法图强之路。

当然，在思想史的教学中，唯物史观往往体现为强调社会存在决定社会意识的辩证关系。在八年级上册教材《新文化运动》中，教材详细地阐释了新文化运动是在中国积贫积弱、救国无路的大背景之下兴起的一场思想解放运动。在这一课中，根据"问题教学"思路进行思考之后，可以向学生抛出的第一个问题是：新文化运动的巨匠们，希望通过怎样的方式实现其救亡图存之路？学生通过本课的学习，当然能够回答说陈独秀、鲁迅等人希望通过倡导新文化，引进西方的民主与科学等先进思想来唤醒国民的国家意识和民族意识，以达到启民智、救中国的目的。随后便可以向学生抛出第二个问题：新文化运动巨匠倡导的内容，反映了当时中国怎样的国情？学生在深入思考之后可以看到，既然新文化运动倡导的是民主、科学和新文学，说明在当时中国绝大多数老百姓的观念中，广泛存在的仍是君主专制思想，是封建迷信思想，是生涩难懂的旧文学。这就是当时半殖民地半封建社会的中国的文化现实，这样一来，学生也就弄清楚了社会存在与社会意识之间的决定关系。

至于阶级分析法，则需要引导学生从历史人物的阶级立场来解释其行为。为此，"问题教学"可以对历史人物的阶级立场进行直接提问，由学生通过所学知识来总结该人物在历史上所代表的阶级利益、扮演的阶级角色，从而归纳出其阶级立场。例如，在九年级上册教材第 14 课《文艺复兴》中，莎士比亚的阶级立场就有很大的探讨空间。这位出生于英国的戏剧家写作了相当多令人耳熟能详的戏剧作品，但他的作品风格在前后期有明显的分水岭。前期作品往往偏向于描述轻松明快的上流社会往事，但到了后期画风却陡然逆转，如疾风骤雨一般，开始描述封建秩序的腐朽和黑暗，塑造如哈姆雷特这样的反封建斗士，以及罗密欧与朱丽叶这样的叛逆恋人。莎士比亚的转变事实上与其所代表的阶级利益是息息相关的。在他人生的前半段，英国处于伊丽莎白一世统治时期。这一时期的英国奉行经济上的重商主义，为刚刚兴起的资产阶级创造了很好的发展空间，资本主义经济空前繁荣，莎士比亚投资的工商业也在此时有长足的发展。但是在莎士比亚人生的后半段，伴随着斯图亚特王朝统治的开始，詹姆士一世不断强化自己的封建王权，对资产阶级的盘剥与打压也日益深重，身为资产阶级一员的莎士比亚选择以创作激烈的悲剧作品表达对封建统治的不满。这显然是由他的阶级立场决定的。

由此可见，"问题教学"能对马克思主义唯物史观的落地发挥重要作用。通过逆向思维，唯物史观能够在帮助学生思考的过程中深入人心。

2. 历史解释：以问题证明结论

作为唯物史观延伸出来的能力素养，历史解释更多是考验学生得出历史结论或者历史评价的能力。例如，中考中材料分析题常见的考查方式，是要求学生通过对材料的阅读，概括出这些材料中包含的结论。"问题教学"也完全可以沿着这一考查思路，进一步衍生出一套针对历史解释素养的培养方法。

"问题教学"可以将原本干瘪的历史结论归纳，变成非常灵动的探究过程。举一个非常浅显易懂的例子，从部编版七年级上册教材第2课《原始农耕生活》与九年级上册教材第一单元"古代亚非文明"中，都能够得出一个重要的历史结论，即大江大河往往是文明的孕育之地。但如果直接将这一重大的历史结论抛给学生，让其靠机械记忆灌输到自己的脑海中，学生就无法真切体会到这个历史结论的重大意义。那么我们不如换一个角度，以问题为先导，引领学生对这一结论进行探索，先向学生抛出问题：古代世界各文明在地理分布上有何共同特点？学生通过对教材上的地图和正文的总结，可以发现世界古代文明大多分布于河流之畔，究其原因，大多是因为农业文明天然对水源的依赖性。上述例子虽然并无新意，但却足以说明一个问题，那就是调动学生进行思考和探究，总好于直接告之其结果。历史解释素养中最核心的就是探究能力的培养，如果我们能够在每一个历史结论的得出过程中，都多多少少引导学生进行一些探索活动，学生的基础能力也会逐步向高阶发展。

3. 史料实证：以问题解读材料

如果要问在中学历史学科的五大核心素养中最具学科特征和代表性的一个是什么，那就非史料实证莫属了。中学历史教学中的史料实证的概念与高校史学研究之间是存在巨大差别的。后者无论是从史料的获取途径、史料的数量和更新度，还是史料的解读深度来看，都不是前者能够比拟的。高校史学研究往往能够接触到史学界最新的一手史料，并以深入研究为主，中学历史教学则以育人为主，而非科研为主，也没有必要专注于过于专业的史料考据。就中学历史而言，教师和学生能够接触到的，大多不是一手的史料，而事实上是经过改编和重组之后的材料。换言之，在高校科研中经常强调的史料印证，在中学学习阶段，基本是指历史材料教学。

为了培养学生的史料实证能力，作为中学教师可以在历史材料的运用上做文章，让材料的阅读过程，成为核心素养的培养过程。既然现今中考题型中最核心的一种是材料分析题，如果能够将“问题教学”运用于平日的教学中，培养学生带着问题意识思考历史材料的习惯，便也可算是一种对学生史料实证素养的培养。那么，面对一则材料时，教师可以怎样通过问题的设问，教会学生以什么样的方法，培养出怎样的素养呢？本书将会结合具体课例的材料引用与问题设置对此进行介绍。以后续章节将会详述的八年级下册教材中的《外交事业的发展》为例。在其教学中，一个重要的知识点就是20世纪70年代中美关系的正常化，教材提到“随着中国国际地位的提高和国际形势的变化，20世纪70年代初，改善中美关系成为两国共同的要求”。根据之前已学过的内容，学生们容易理解“中国国际地位的提高”这个知识点，但“国际形势的变化”与“改善中美关系”之间的逻辑联系，对于尚处于八年级、缺乏冷战相关背景知识的学生来说并不好理解。因此教师在这时适当运用关于该时期中美苏三国间亲疏关系变化的史料，可以有效帮助学生理解教材内容间的逻辑。

通过围绕本课中最核心的课程小问题，即“中美两国关系是如何从敌对走向缓和的?”这一问题来展开材料选摘，学生可以将材料解读的过程视为填补教材中史料不足的过程，锻炼史料实证能力。引导学生以问题拆解或者概括材料，与提升学生的综合素养和中考材料分析题的应对能力，都是密不可分的。

4. 时空观念：以问题串联时空

在历史教学中，时空观念是不可缺少的基础要素。整个历史学都是建立在时间与空间两大要素之上的。在中学历史教学中培养学生的时间与空间概念，对于学生的历史学习能力，以及终身学习能力的养成都是极为重要的。

在初中历史教学中，用于凸显时空观念的最重要载体是历史地图。如何利用历史地图将“问题教学”进行到底呢？如前文所述，“问题教学”经过对问题的层层拆分，最终在具体课程中呈现的是课程小问题，那么就可以将这些课程小问题设置成围绕课程中的核心地图展开。在部编版教材中，很多课程都备有一张或者多张历史地图，其往往服务于固定的子目，但是并不代表其不能覆盖全课。

以部编版九年级下册为例，教材第三单元“第一次世界大战和战后初期的世界”的单元大问题是“‘一战’后的世界形势发生了怎样的变化”,将其拆分之后,落实到教材第10课《〈凡尔赛条约〉和〈九国公约〉》的课程小问题就是“‘一战’后的欧洲局势有何变化”。这一问题的解决,是不可能绕过第10课所属的两张地图的,其分别展示了第一次世界大战前后欧洲的形势,包括德国版图的缩减、奥匈帝国的瓦解、沙俄向苏俄的演变、东欧—巴尔干诸国的独立等。可以说,这两张历史地图的信息量巨大,其内容如果全部进行深入解读,甚至可以形成英国历史学家卡尔的《两次世界大战期间的国际关系》这样的专门史研究著作。利用这两幅地图,我们完全可以以问题解析地图,以地图落地时空。首先,教师可以通过类似“观察两幅地图所发生的变化”等问题,引导学生观察这两幅地图在不同时间维度之下,在空间上所呈现出的不同特征。设置这样的问题虽然看似简单,但却可以帮助学生建立起对“一战”前后欧洲时空态势演变的最直观印象。随后教师可以抛出第二个问题,即这一系列的变化可能会引发怎样的后果。在新课教学中,学生可能无法对历史事件的走向做出准确的推断,但是大多数学生依靠现有的知识储备,基本都能够回答出“一战”之后帝国主义之间的新仇旧恨最终进一步激化,并引发了第二次世界大战。将地图解析作为解决本课核心问题的载体,在事实上可实现实践“问题教学”与培养学生时空观念的同步化与一体化。

5. 家国情怀:以问题引导价值观

历史学科是一门有意识地承载了“立德树人”价值目标的学科,一切历史教学的最终价值旨归,都是培养学生的家国情怀。就初中阶段的家国情怀素养培养而言,按照层级和视角,主要可分为以下三个层面。第一,要建立起学生对中华民族历史与文化传统的认同感。只有热爱祖国,学生才能够在未来的生命中坚守爱国主义的政治立场,这一层面的内容基本集中于部编版七年级教材的中国古代史教学之中。

第二，要建立起学生对中国共产党领导以及社会主义道路的拥护，这部分任务显然是由八年级教学承担。第三，是胸怀世界，即学生通过了解世界其他地区的国家与文明，建立起对世界文明多元化的尊重与认同。这一层面的内容，主要依靠九年级教材与教学来实现。

从表面上看，家国情怀似乎是五大核心素养中最容易落地的，但事实上并非如此。既然涉及培养学生价值观的问题，那么在教学中如何帮助学生产生家国情怀，而非只是通过教学环节进行机械化的、样板式的灌输，就成为如今一线教师面临的非常普遍的问题。从“问题教学”的视角来看，既然家国情怀是有关学生价值观的素养，那么问题的设置，就应当围绕课程中的价值观念的形成而展开。

举一个显而易见的例子。在八年级上册教材的第三单元“资产阶级民主革命与中华民国的建立”中，学生能够学习到完整的辛亥革命历程，从孙中山建立兴中会开始，到同盟会建立后的萍浏醴起义、镇南关起义、黄花岗起义，直至武昌起义胜利，最终以袁世凯称帝、军阀混战而告结束。在这一主题的学习过程中，学生固然能够感知到黄兴、秋瑾等英雄人物在革命过程中的悲壮，但对于心智尚在成长中的初二学生而言，这样屡战屡败的革命历程，很难让学生将革命先烈的前赴后继与无谓牺牲区别开来。历史学科有责任“对学生错误的、有瑕疵的价值观进行澄清”①，因此在这一环节中，教师可以引导学生思考，为什么孙中山等革命先烈在明知敌我实力悬殊的前提下，依旧一次又一次地起义革命？通过适当的引导，学生不难理解，这种逆时势而动的革命，虽然难逃失败的命运，但却能够在血与火的实际行动中鼓舞人心、唤醒更多的民众投身到救亡图存的道路上来。由此，学生可以感

① 方勇.核心素养视阈下的中学历史教学设计［M］.上海：上海大学出版社，2012：214.

受到这份“明知不可为而为之”的勇气，感慨革命先烈的无畏与热血斗志。换言之，在价值观念引导的环节设置关键的问题，往往能够帮助学生的家国情怀更加自然地生成。

综上所述，“问题教学”发轫于2022年初中新课标，与部编版教材的编排高度契合，对核心素养的培养具有先天的优势。“问题教学”完全值得我们花费更多的时间与精力展开更深层次的研究。

第三节　“问题教学”对教材实践的反向推动

在探讨了部编版历史教材为“问题教学”的出现与形成所提供的沃土之后，有必要从相互促进的角度再来探讨一下“问题教学”的推广对部编版教材的教学实践能够起到的反向推动作用。

一、教材内容的有力整合

部编版历史教材的优势非常明显。首先，其历史脉络清晰，史实结构完整，课程数量大，单课时内容相当丰富。每一课内容中，都由正文阐述、历史图片、历史地图、史料展示、课后习题等要素构成。部编版教材的科学性、权威性和对学生的吸引力都毋庸置疑，但是从教学实践的角度而言，部编版教材最大的优势，往往却给一线教师带来了不小的挑战。其中最为关键的是有限的课时与充实的教材内容之间如何权衡的问题，让不少一线教师容易陷入“教教材”的困境。想要突破这样的教学困境，最好的办法就是将“教教材”转化为“用教材教”，即教师通过发挥自身的主观能动性，有效而科学地对教材内容进行重组，以达成繁简相宜、提高效率的目的。

就整合教材内容的功能而言，“问题教学”显然是具有优势的。通过从单元到单一课程乃至单一子目的核心问题设置，教材的每一课时内容都可围绕核心问题的解答而进行重新整合与设置。这样一来，在充分关照课程要求的前提下，教材内容中关乎核心问题的内容，自然成为教学的重点，而与核心问题关联较弱的内容，则可以进行适当弱化。由此可见，"问题教学"的实施，不失为是整合教材内容、提升课堂效能的途径之一。

二、教材资源的深度开发

部编版教材的资源配备之丰富，内容之权威和体系化，是前所未有的。在面对这样一套教材时，一线教师往往可以坐享其成，充分享受丰富的教材资源为教学所带来的便利。但是这样做的同时，通常又会引发新的问题，即教师对教材资源过于"拿来主义"，勤于使用而却疏于思考编者列出这些教材资源的意义、甄选的缘由、内部的逻辑等。

"问题教学"的主阵地资源即是部编版教材，因此，对教材的深入挖掘，是"问题教学"在教学设计之初就势必要完成的工作。既然这种教学方式是以问题体系的设置为先导，以问题的解决作为教学的具体过程，就意味着"问题教学"需要对教材资源进行更具深度的开发。教材上所选用的一幅油画，其背后的历史故事，往往会成为教师开展"问题教学"的研究目标。一幅被教材所引用的历史地图，其上的注记或者图例，都有可能隐藏了值得"问题教学"深入挖掘的线索。这种情况在第三章的具体课程实例中会反复出现。

三、教师与教材关系的再思考

"问题教学"中，问题的设置与问题体系的搭建，是最为核心的部分。虽然在教学过程中，思考问题、讨论问题与解决问题的主体都是学生，但是教师在开展"问题教学"活动之初，作为问题的抛出者，往往要先于学生对教材的内容进行深入的思考和把握。每一课在课标中有哪些具体的要求？围绕课标要求，结合学情，应当为每一单元的内容设置怎样的单元大问题？每一个单元大问题应当如何进行拆分，才能在不破坏其内部逻辑的基础上，落实于课程，落实于学情？开展每一个"问题教学"下的课程设计时，教师都势必要完成对上述问题的思考。考虑到"问题教学"与教材之间的亲密关系，实施"问题教学"的过程，势必也会成为拉近教师与教材之间的距离，重塑教师与教材关系的过程。

首先，在实施"问题教学"的过程中，教师将不得不以问题设计者的视角来重新审视教材的每一部分内容，从正文到史料，到图片，到辅栏，甚至到课后习题，教师都需要时刻怀揣一个问号。为什么这部分内容，教材在正文中是如此表述？为什么教材会在这一环节中引用这一则史料？该图片出现在教材的这一位置，是否有更加深刻的意味？本课的几处辅栏应当在教学中的哪一环节登场使用？本课的课后习题是基于对学生哪一部分核心素养的考察？不难发现，"问题教学"所"为难"的第一个人，不是别人，正是教师自己。

其次，"问题教学"中的教师既是问题的抛出者，也应当是问题的回应者。不是每一个问题都有最为标准的答案，也不是每一个学生都会第一时间解决他所面对的问题。在"问题教学"实施的过程中，教师应当对自己所设置的问题拥有足够的提前预设。当学生在思维上遇到阻碍时，教师应当如何引导；当学生所得出的结论与教师预设的结论出现偏差时，教师应当如何应对；当学生通过当前的问题又联想出新的问题时，教师当如何予以解答。这都要求教师对教材有更加深入的理解。由此可见，当"问题教学"付诸实施，教师与教材之间的关系也会得到进一步的升华。

参考文献

一、中文部分

（一）期刊论文

[1] 于友西.培养中学历史教育学研究生的工作初探[J].历史教学(下半月刊),2017(12).

[2] 张广斌.转型与使命:新时期教研队伍建设研究[J].中国教育学刊,2011(11).

[3] 张汉林.论有意义的中学历史教育[J].课程・教材・教法,2020,40(10).

[4] 叶小兵.研究教学问题与青年历史教师的专业发展——读《历史教学》杂志“青年说”征文有感[J].历史教学(上半月刊),2021(23).

[5] 叶澜.新世纪教师专业素养初探[J].教育研究与试验,1998(1).

[6] 杨洪波.基于核心素养的教学中历史教师的困惑与突围[J].新课程教学.2019(1).

[7] 汪建斌,徐赐成.构建以唯物史观为指导的历史教学体系[J].天津师范大学学报(基础教育版),2022,23(3).

[8] 钱乘旦.新时代中国世界史学科建设问题[J].历史研究,2019(1).

[9] 李惠军.在问道与授业中渗透唯物史观[J].历史教学(上半月刊),2018(4).

[10] 黄牧航.历史学科核心素养与历史教师的专业发展[J].历史教学(上半月刊),2016(11).

[11] 陈志刚,王继平.大概念的理解与教师备课[J].历史教学(上半月刊),2020(17).

[12] 陈梧桐.中学教师应该具备的学科基本素养——以中学历史教师为例[J].课程・教材・教法,2019,39(5).

[13] 姬秉新.浅议中学历史教师素质之提高[J].西北师大学报(社

会科学版),1994,31(3).

[14] 林崇德,申继亮,辛涛.教师素质的构成及其培养途径[J].中国教育学刊,1996(6).

(二) 图书专著

[1] 王力,古代汉语[M].北京:中华书局,2001.

[2] 汉语大字典编辑委员会.汉语大字典(四卷本)[M].湖北:湖北辞书出版社,2001.

[3] 徐中舒.甲骨文字典[M].成都:四川辞书出版社,2006.

[4] 陆谷孙.英汉大词典[M].上海:上海译文出版社,2007.

[5] 王小明.学习心理学[M].北京:中国轻工业出版社,2009.

[6] 冯友兰.中国哲学简史[M].北京:北京大学出版社,2013.

[7] 课程教材研究所.新中国中小学教材建设史(1949—2000)研究丛书:历史卷[M].北京:人民教育出版社,2003.

[8] 赵林.西方文化的传统与演进[M].北京:中信出版社,2021.

[9] 瞿葆奎.元教育学研究[M].杭州:浙江教育出版社,1999.

[10] 张联芝,刘学荣.世界历史地图集[M].北京:中国地图出版社,2002.

[11] 谭其骧.中国历史地图集[M].北京:中国地图出版社,1996.

[12] [德]恩斯特・卡西尔.人论[M].甘阳,译.上海:上海译文出版社.2013.

[13] [法]安托万・普罗斯特.历史学十二讲[M].王春华,译.北京:北京大学出版社,2018.

[14] [德]黑格尔.历史哲学[M].王造时,译.上海:上海书店出版社,2006.

[15] [英]伯特兰・罗素.哲学简史[M].伯庸,译.北京:台海出版社,2017.

[16] [德]恩格斯.反杜林论[M].北京:人民出版社,2018.

[17] [英]诺曼·庞兹.欧洲历史地理[M].王大学,等,译.北京:商务印书馆,2020.

[18] [英]海登·怀特.元史学:19 世纪欧洲的历史想象[M].陈新,译.南京:译林出版社,2013.

二、英文部分

[1] E.W. Eisner. The Educational Imagination: On the Design and Evaluation of School Programs[M]. 2nd ed., New York: Macmillan, 1985.

[2] H. Giroux, A. Penna, W. Pinar. Curriculum and Instruction [M]. Berkeley: MeCutchan, 1981.

[3] D. Scott. Curriculum Studies: Major Themes in Education[M]. London and New York: Routledge, 2003.

[4] Fritz Stern. The Varieties of History: From Voltaire to the Present[M]. London: The World Publishing Company, 1956.

[5] Richard Bailey. The Philosophy of Education: An Introduction [M]. London: Bloomsbury Academic, 2010.

[6] Christopher Brooke, Elizabeth Baker. Ideas of Education: Philosophy and Politics from Plato to Dewey[M]. London and New York: Routledge, 2013.

[7] Robert Paul Wolff. About Philosophy: Pearson New International Edition[M]. London: Pearson Education Limited, 2013.

第三章 初中历史“问题教学”课程实例：七年级上册部分

从本章开始，本书将正式进入“问题教学”课程实例研究环节，就本书作者们在一线教学中的实践活动，以及过程中产生的相关疑问和经验进行梳理总结，形成实例，以飨读者。鉴于精力和篇幅有限，本书并没有选择将初中历史的所有课程都以“问题教学”课例的形式展现出来，而是采取了相对稳健的策略，从部编版六本教材中精选了部分课程实例。每个实例中，从“大问题”的提出，到“大问题”的拆分与课程小问题的落地，再到“大问题”的重组与解决，都会进行全景式的展示。

这些精选的课程实例，涵盖了从中国史到世界史，从侧重于思想史的课程到专注于经济史的课程。本书将会尽力覆盖全部的中学历史教学课题类型，力图构建起完整的“问题教学”体系。在这一过程中，本书希望尽可能地向读者展示不同教师针对不同教学单元或者教学主题在“问题教学”方面的不同理解，为读者呈现一定的教学研究思路，希望能够为读者提供一定的借鉴，有助于历史教学的发展。

作为中学历史学科的开山之作，七年级上册的教学无疑在整个中学历史教学中扮演了引领兴趣入门和知识入门的重要角色。学生在进入中学阶段之后，首次接触到历史学科，便是从七年级上册的中国古代史开始的。中国古代史的教与学能否适应现代学生的实际学情，能否激发学生的学习热情，能否帮助学生打好历史学科核心素养基础，使其掌握历史学习的必要方法，直接关系到之后三年乃至六年学生历史学科的学习动力与学习能力。由此可见,七年级上册的学习对于学生整个中学时期的历史学习都有非常重要的作用。

第一节　教材概况总论及本章实例说明

作为中学历史的第一本教材,七年级上册囊括了从中国古代人类遗迹起始到魏晋南北朝的恢弘历史。从教材的具体内容来看,主要包括中国古代的农耕遗存、远古传说与早期国家的建立、中央集权国家的建立、政权分立与民族交融等诸多主题,这些主题在实际上也能够为"问题教学"的实现提供非常好的平台。

从主题出发,结合教材的具体内容,七年级上册至少可以归纳出以下几个"问题教学"的单元大问题建设方向。首先是建立于第一单元之上的单元大问题,即"上古时期的考古发现,对研究中国历史有着怎样的特殊意义?"。这一单元大问题的设置,最核心的内涵在于引导学生思辨考古发现与历史研究之间的辩证关系,这也是引导学生以唯物史观看待世界的开始。其次是"专制主义中央集权制度的出现,对中国历史有着怎样的深远影响?"。这一大问题的设置,直接关系到学生接下来对整个七年级下册历史的学习,以及对中国千百年来赓续不断的文明特质的深入理解,能否解决该单元大问题,直接关系到学生家国情怀的培养。最后是"民族交融对中华民族的发展产生了怎样的影响?"。这一单元大问题的解决,将有利于学生建立正确的国家观与民族观,同时通过展现民族交融与科技文化成果涌现的历史,帮助学生理解中国多元一体的国家发展格局。

本章以下各节的课程实例,分别是由黄思洁老师撰写的《理解、重组与升华——"问题教学"在史前史教学中的应用》,由黄怡老师撰写的《"问题教学"视阈下的早期国家》,由黄秋月老师撰写的《"问题教学”与专制主义中央集权制度》，以及由郝勇勇老师撰写的《三国两晋南北朝："问题教学"下的嬗变与重塑平衡》。四位老师虽然都来自重庆市育才中学校，但在教学与写作风格上都各具特色。黄思洁老师一直以来都非常重视对先进教学技术的探索与实践，对教研中产生的问题也具有刨根问底、穷究其理的精神。郝勇勇老师是教材研究的爱好者，非常善于从教材整体视角把握单元之间、课程之间的脉络。黄怡老师和黄秋月老师作为青年教师的代表，虽然在教研经验上稍显稚嫩，但其课程实例的内容之充实，准备之充分，足见背后的钻研与刻苦。

第二节　理解、重组与升华——“问题教学”在史前史教学中的应用

由于史前时期的历史没有留下文字资料，无法运用传统史学的文献史料研究方式，在实际教学中往往不受重视。部分教师在课程设计时，容易将知识点割裂呈现、草草带过，沦为只是为了展示历史发展的时序性而讲，而没有把握相关内容的内在逻辑性及课程设计的深意。部编教材经过多次修订，关于史前史的部分已由“史前时期：中国境内人类的活动”调整为“史前时期：中国境内早期人类与文明的起源”，可见教材本单元对于让学生了解我国百万年人类史、一万年文化史、五千多年文明史的源头起到重要作用。中国现代考古学已走过百年历程，中华文明探源工程等重大考古项目也取得了不少突破性成果并且持续发展，为重现史前时期的历史提供了丰富资料。

《义务教育历史课程标准（2022年版）》（以下简称“新课标”）自颁布以来，对优化课程内容结构，确立基于核心素养的教学目标，引导学生初步树立正确的历史观、民族观、国家观、文化观提出了新的要求。

本单元作为学生进入中学阶段历史学习的开篇之章，教学设计应当具备蕴含学科特征、落实核心素养、教授学习方法、兼顾兴趣吸引的特点。笔者意图在学术阅读及教材文本解读的基础上，以新课标为抓手，谈谈如何以“大问题教学”为切入点，来对本单元的内容进行理解与课程设计，就教于方家。

一、为什么需要“大问题教学”？

“史前时期：中国境内早期人类与文明的起源”为七年级上册的第一单元，是中国古代史这一部分的起始，教材内容由《中国境内早期人类的代表——北京人》《原始农耕生活》《远古的传说》三课组成。单从课文标题而言，七年级学生能模糊认识到每一课从属于单元的关系，却无法从学科构成及历史地位上对三课内容进行联系，不利于形成整体的、连贯的历史认识。从新课标要求上看，核心素养的培养是教学的导向。因此教师要将以往的“教教材”改为“用教材教”，将教材的内容转化为有利于学生学习的教学内容。这需要教师从宏观上把握历史阶段，解释历史概念，整体梳理教学内容，以单元大概念进行统摄，帮助学生厘清课与课之间的关系，建构合理的知识体系。从学情分析上看，初一的学生有较强的好奇心与探索欲，课堂参与度较高，对于尚未了解的知识会产生一系列直觉性问题，但学生在基于文本阅读和材料理解的课堂上，这些问题多呈现为碎片化和非学科性问题。

借助“大问题教学”，教师可以通过对教材和课标的整体理解，提炼单元主题，设置与之匹配的统领整个单元内容的大问题。然后基于课时拆分为次级问题，再细化到基于教学内容的落实核心素养的课程小问题。通过不同层级的问题链搭建，以问题来驱动课堂，最后实现帮助学生理解教学目标。单元问题链的设计既符合这一阶段学生认知的特点，同时，通过系统化和逻辑性强的梯度问题搭建，既能高效解决重难点问题，又能加深学生对课程内容的理解，同时在无形中让学生接受学科的浸染，从而引导学生逐渐提出有学科价值的问题，掌握历史学科学习的方法，培养史学思维。

二、如何设置梯级“单元大问题”？

教材本单元所述古代史正是统一多民族国家及中华民族的起源阶段，新课标对此做出如下要求：第 1 课要“通过了解元谋人、蓝田人、北京人等旧石器时代的人类及其文化遗存，知道中国境内原始社会时期的人类活动”；第 2 课要“通过了解河姆渡、半坡、良渚、陶寺等新石器时代的文化遗存，知道中国的原始农耕生活；了解私有制、阶级和早期国家的产生”；第 3 课要“通过古代文献中记述的黄帝、炎帝等神话传说，了解其中蕴含的历史信息”。三课都涉及要“知道考古发现是了解原始社会的重要依据”。通过对比 2011 年版的课程标准对这一单元的要求：“1.知道北京人的特征，了解北京人发现的意义。知道化石是研究人类起源的主要证据。2.了解半坡居民、河姆渡居民的生活和原始农业的产生。知道考古发现是了解史前社会历史的重要依据。3.知道炎帝、黄帝的传说故事，了解传说与神话中的历史信息。”我们不难发现，针对这一历史阶段，新课标明确了要根据考古发现的史前古人类生产工具进行历史分期，因此该时期处于“三期论”中的石器时代。又根据石器制作技术的不同分为旧石器时代和新石器时代，增加了需要了解的旧石器时代代表性的早期古人类种类以及新石器时代的文化遗存种类。同时，在教材第一单元的导言部分，较此前的版本增加了“黄河流域、长江流域和辽河流域的考古发现，证实中华文明的起源及发展具有多元一体的特征”。基于这一变化，从设计意图上我们能更好理解本单元的“起源”性地位，即要求学生：理解中国是远古人类的重要起源地，理解早期原始人类在中华大地上的广泛分布奠定了中华文明多元一体的发展基础。

如何帮助学生基于史料来达成这一认识？如何达成课标要求的使学生"知道考古发现是了解原始社会的重要依据"？中国史前史的大体脉络，已随着考古实物研究的推进而变得清晰、充实、丰满起来。对于中学历史教师而言，必须积极跟进、利用这方面的新资料，强化学生资料收集的意识，锻炼学生资料分析的能力，引导学生学会将考古资料纳入自身的知识体系中，加深学生的国家认同、民族认同和文化认同，培养学生的爱国情怀。同时引导学生产生文物保护的意识，让学生主动参与到文物保护中。

根据这一要求设置统领三课的单元大问题，即"史前时期的考古发现，对研究中国历史有着怎样的特殊意义?"。这一大问题的设置，最核心的内涵在于引导学生思辨考古发现与历史研究之间的辩证关系，这也是引导学生以唯物史观看待世界的开始。该单元内容实际由石器时代的古人类及文化遗存和远古传说两个部分组合而成，展示了中国境内早期人类从旧石器时代到新石器时代的发展过程及后人对史前历史的认识与研究。为达成单元大问题，依据三节课的内容进行重组，拆解为两个次级问题：1.考古发现在石器时代历史研究中的作用及意义是什么？2.考古视角中文献记载的传说与历史的关系如何？这两个问题间是并列关系，其问题的分别达成都能指向单元大问题。由于三课内容在时序上虽较为清晰，但在内容上却各有所属，结合课标要求及学生学情，课程小问题可以基于三个课时设计如下。第一课：人类进化经历了哪些阶段？旧石器时代有哪些典型早期人类代表？北京人遗址的发现有何重要意义？第二课：新石器时代有哪些典型的原始农耕文明代表？分别呈现出何种特征？原始农业的发展对推动人类进步有什么重要作用？第三课：神话传说中蕴含哪些历史信息？考古发现在我们研究远古传说时有什么作用？在完成统领性的单元大问题之前，学生可根据每一课具体考古发现在研究过程中起到的作用，进行归纳、总结与思辨，从而促进单元大问题的自然生成和解决。在具体的教学过程中，教师可持续抛出符合学生认知规律，能激发学习兴趣的有价值的问题，推动学生学习并且主动思考。至此，从单元最顶层的“大问题”到整合单元内容的次级问题再到具体课程小问题的逻辑体系搭建完成（见图 3-1）。

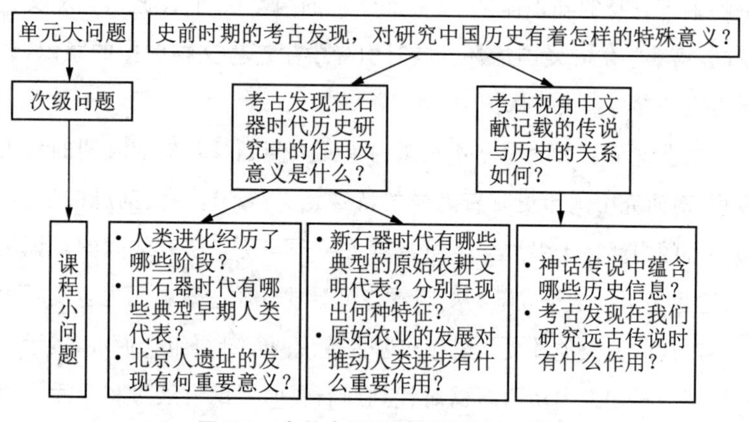

图 3-1　史前史“问题教学”体系建构

三、如何达成目标问题链？

在完成上述单元大问题、次级问题及课程小问题的拆分后，接下来要将这些课程小问题落实到具体的课程教学中，同时设置关键问题，引导学生进一步了解这一时期历史的发展。在整个古代史部分，新课标还做了如下教学提示：“学生初学历史，需要培养兴趣，调动学习积极性。在教学过程中，教师要通过情景再现、问题引领、故事讲述和多样化的资源运用等方式，激发学生的求知欲，促进学生积极、主动地学习历史……要注重对学生历史学习方法的指导，从帮助学生学会阅读、理解教材、概括所学内容入手，进而指导学生解读史料，使学生逐步学会对史事进行分析。”①由此可见，问题的提出需要学术支撑、逻辑辅助、课标指导，问题的解决同样需要讲究方式、方法。

在本单元可通过教材文本运用、知识讲述、学术阅读、材料图示分析、图片对比、地图观察、视频观看、故事讲述、场景模拟、合理展开历史情景想象、模型制作、课本剧编排与展演、考古日记撰写、博物馆参观、考古实地走访等手段，在实现问题解决的过程中落实历史学科核心素养的培养。以下将就图 3-1 搭建的问题链，在具体三个课时的教学中，围绕这些问题对课时主题进行重塑，详尽呈现“大问题教学”的问题导向教学设计。

(一) 第一课时主题：旧石器时期中国境内的早期人类

1. 教材理解与背景分析

本课学习内容分为三个子目，即我国境内的早期人类、北京人和山顶洞人。第一子目与后两个子目之间为总分关系，北京人和山顶洞人都属于我国境内的早期人类，而北京人与山顶洞人虽活动区域相似，却并无直接关系且属于人类进化过程中的不同阶段。根据发掘的古人类化石的研究，以及考古学和人类学的界定，主流观点认为人类是由古猿逐渐进化而来的，并且因为生存需要逐渐学会直立行走、制作工具。演化路径为：森林古猿—南方古猿—能人—直立人—早期智人—晚期智人—现代人类。现代人的直接祖先是晚期智人，而其他灵长目人科人属下的古人类在发展演变的过程中均已灭绝。现代猿类等人类的旁系动物亲属已在生物演化过程中走上了截然不同的道路，因此无法再进化成人类。

教材选取的早期代表人类中，元谋人（Homo erectus yuan mouen-

---

① 中华人民共和国教育部.义务教育历史课程标准(2022 年版)[M].北京：北京师范大学出版社，2022：15.

sis)、北京人(Homo erectus pekinensis)均属于直立人(Homo erectus),因为这一阶段的古人类处于从猿到人的演化过程中,身上既有猿的特征,也有人的特征,因此也称猿人。元谋猿人早于北京猿人,而山顶洞人属于智人(Homo sapiens)类型的晚期智人阶段,模样已与现代人并无二致。新课标要求了解的蓝田人(Homo erectus lantianensis)及其文化遗存在现版教材中未有文字内容提及,因此需要教师在解读《中国境内主要古人类遗址分布图》时加以说明。这一古人类也属于直立人阶段,生活时间处于元谋人与北京人之间。元谋人是目前我国境内已确认的最早的古人类,这一认识基于铲形门齿、大量石器及用火灰烬等遗存的考古发现。最新的学术动态是重庆巫山龙骨坡遗址正在进行第五次考古发掘,前四次发掘中由于发现的"巫山人"化石材料太少,仅有一小段下颌骨和 2 枚牙齿,加之牙齿的形态学特征有一定程度的原始性,故有学者认为它应属于古猿类。然而遗址中发现了众多遗存物,其中不少制作工具的完成度足以证明其是"巫山人"有意为之。而打制石器的存在,是区分人和猿的重要标准。所以不管最终结论"巫山人"是猿还是人,都意义重大。通过引入"巫山人"的材料,可以引导学生思辨考古与历史研究的关系。

在教材处理上,可以先从总体介绍我国是世界上发现古人类遗址最多的国家之一,再重点介绍迄今所知世界上内涵最丰富、材料最齐全的直立人遗址之一的北京人遗址及北京人的相关情况,最后对比山顶洞人与北京人的区别,得出晚期智人较直立人有哪些进步之处。以上早期人类均能制作并使用打制石器,因此都属于旧石器时代。另外,元谋人、蓝田人、北京人及新石器时代的考古成果,发现这些古人类化石与现代中国人一样,无一例外都具备铲形门齿这一与现代蒙古人种有着密切联系的体质特征,可以说在漫长的人类发展过程中,这些早期人类与黄种人和现代中国人之间存在着连续性,有着亲缘上的继承关系。[①]换言之就是中国在人类发展史上存在着一个独特的体系。基于对本课内容的理解，笔者将教材第一课《中国境内早期人类的代表——北京人》的主题扩展为旧石器时期中国境内的早期人类。

2. 问题推进与目标达成

（1）人类进化经历了哪些阶段？

化石是研究人类起源的主要证据。通过展现古生物学家、人类学家和考古学家们对古人类化石的研究，构建《人类进化树示意图》（见图3-2），

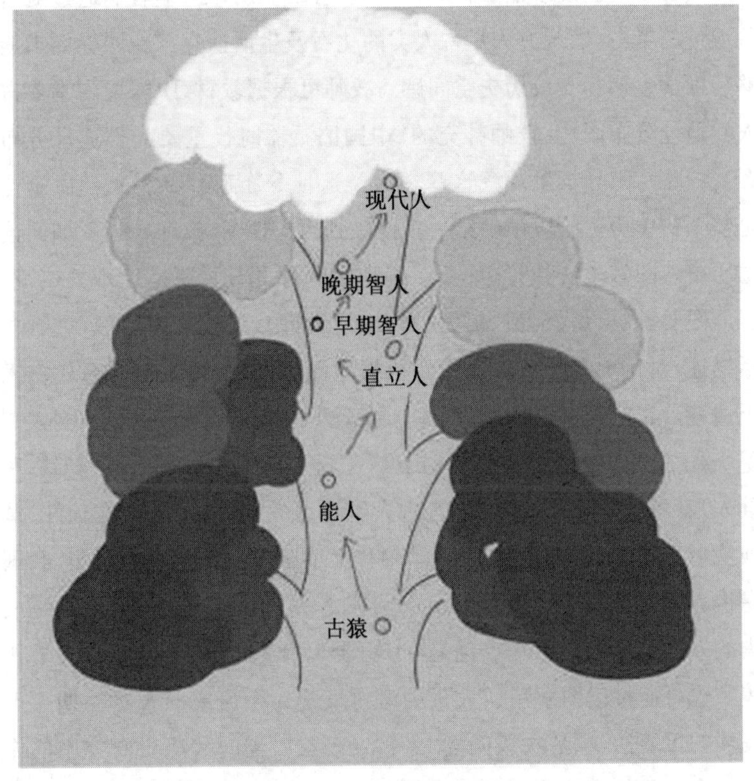

图3-2　人类进化树示意图

① 吴汝康.古人类学[M].北京：文物出版社，1989：206.

可直观地反映人类从猿到人的进化过程。教师可通过讲述人类进化的阶段，让学生绘制人类进化树，并在树上标出本课涉及的早期人类所处位置。“进化树”可形象展示人类进化经历的阶段，帮助学生初步养成历史时序意识（从古猿时期到晚期智人后期在中国境内都有相应的遗址考古发现，构成了一条相对完整的人类进化链，证明中国古人类体质特征发展的连续性，为最后单元大问题的达成埋下伏笔）。

（2）为什么说中国是人类的发源地之一？

我国目前已发现旧石器时代古人类遗迹数百处，学者们通过对这些遗址的考古，发现有大量古人类的化石及生活遗存。新课标要求能够帮助学生初步养成历史空间感。教师可根据教材《中国境内主要古人类遗址分布图》及教师补充的《中国旧石器时代重要人类遗址分布图》（图略），引导学生观察这些古人类遗址分布有什么特点。由于这是整个初中历史阶段学生第一次接触到历史地图，教师应当就如何读懂历史地图做学法指导，如要明确地图名称、图示，明确地理方位，注意地图要素（山川、河流、沿海、内陆、沿边等），寻找集中区域，进行概括描述，对比现在行政区域等。根据地图可知，我国旧石器时代古人类遗址分布广泛，数量众多，云南（元谋人）、北京（北京人、山顶洞人）、重庆（巫山人）、陕西（蓝田人）、山西（丁村人）、湖北（长阳人）、安徽（和县人）、广东（马坝人）等地都有古人类遗址发现，集中分布在长江、黄河流域。这些古人类遗址展示了中华文明多点起源的灿烂历史，我国是世界上发现古人类遗址最多的国家之一。由此可推导出中国是人类的发源地之一。课程小问题“旧石器时代有哪些典型早期人类代表？”也可通过读图解决。大量的考古发现对于研究旧石器时期人类发展的重要性，也是次级问题“考古发现在石器时代历史研究中的作用及意义是什么？”的佐证。

（3）为什么说北京人遗址的发现有着重要意义？

出示根据相关资料整理的“表 3-1　北京人遗址考古发现”，展示周口店北京人遗址是世界上出土古人类遗骨化石和用火遗迹最丰富的遗址。

表 3-1　北京人遗址考古发现①

类别	堆积层厚度	较大灰烬层	石器	头盖骨	烧骨动植物化石	骨骼化石
数量单位	40 米	4 个 （最厚达 6 米）	10 万件	6 个	100 多种	分属于 40 个个体

资料来源：根据《中国大百科全书·考古卷》整理。

通过考古发现，可以了解到北京人当时的生存环境、生长的动植物种类、北京人的体貌体征和生活方式等。北京人是世界上内涵最丰富、材料最齐全的直立人（现在周口店北京人博物馆收录有 200 多件人体化石和 10 多万件石器）。在这一部分有三个问题需要引导学生关注。一是北京人的体貌特征，与现代人的异同；二是北京人会制造和使用工具；三是北京人学会使用火并且长时间保存火种。

对于关注点一，除了观察教材"北京人复原头像"外，还可以通过现代信息技术上传照片生成基于照片的直立人阶段的古人类样貌互动视频（见图 3-3），通过对比，学生能更直观地区分北京人所属的直立人阶段其前额低平、眉骨粗大、鼻骨扁平等特征。需要指出的是，复原头像及视频都是基于考古发掘的头盖骨及相关化石的科学模拟。强

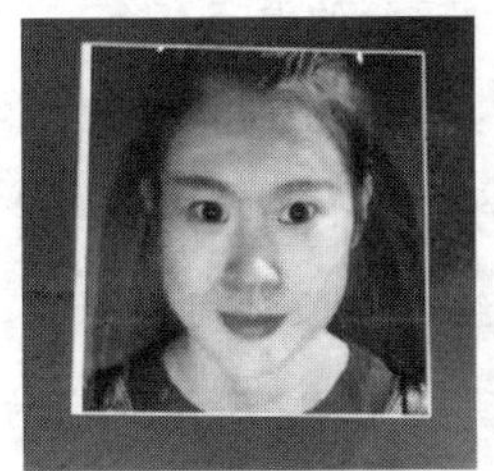

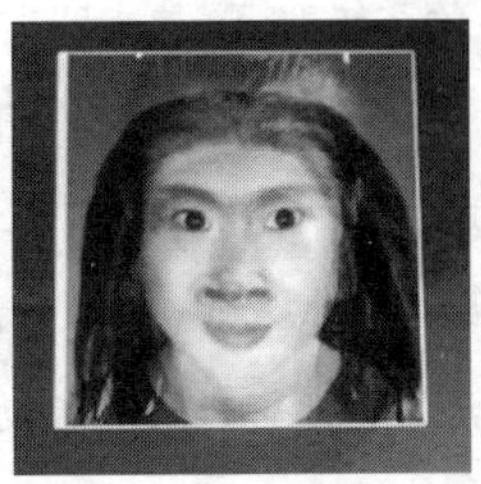

图 3-3　直立人形象模拟图

① 贾兰坡.中国猿人及其文化[M].北京：中华书局，1964：39.

调北京人是世界上最重要的原始人类之一,展示从猿到人演进和发展变化的规律。

对于关注点二,为了让学生能更深入认识北京人制作并使用工具的意义,可补充以下三则材料。

材料一:石核和石片是研究打制技术的重要材料,从石核上剥落石片的痕迹可以看出打击石片的方法,从第3层中我们发现了一件黄色燧石的短柱状石核,体积相当小,重只有59克。在这件石核上打击了两个台面,石片疤较薄而长,形状比较规整。这样的石核,虽只发现了一件,但它却代表着中国猿人打石片的技术水平,因为由那样小的石核上打下较薄而长的石片来,没有一定的技术是办不到的。我也进行过试验,但凭我这点手艺始终没有由类似的石核上打下相似的石片来。

——《中国猿人(北京人)及其文化》①

材料二:中国人有一双灵巧的手,精于工艺,善于创造。这一特点在北京人时代已经形成。北京人文化的突出特点是用劣质石材制造出超越时代的高级工具,例如用脉石英石片修整成尖锐、锋利的小型石器等。这种勇于开拓、善于实践的精神在其后的几十万年中得到传承。这种传统同中国人勤劳、朴实、自强不息的美德融为一体,成为中华物质文明、精神文明喷涌不竭的源泉。

——《满天星斗:苏秉琦论远古中国》②

材料三:我们的祖先在从猿转变到人的好几十万年的过程中逐渐学会了使自己的手适应于一些动作,经过漫长时间的积累,手变得更自由更灵活,所以手不仅是劳动的器官,它还是劳动的

---

① 贾兰坡.中国猿人及其文化[M].北京:中华书局,1964:86-88.

② 苏秉琦.满天星斗:苏秉琦论远古中国[M].北京:生活·读书·新知三联书店,2022:98.

产物。首先是劳动，然后是语言和劳动一起，成了两个最主要的推动力，在它们的影响下，猿的脑髓就逐渐地变成了人的脑髓。

——《劳动在从猿到人转变过程中的作用》①

通过阅读这三则材料，向学生提出两个问题：

(1) 根据材料一、二，说说北京人制作工具的方式。

(2) 综合三则材料与所学知识，请思考并回答北京人制作工具有何重大意义？

提出上述三个按照难度梯度分布的问题。教师可以引导学生阅读材料，得出北京人采取打制石器的方式制作工具，有一定的生产水平，在制作工具的过程中，逐渐锻炼了手的灵巧性，促进了大脑的发育，逐渐在劳动中演化成人。这一认识是唯物史观的具体展现。强调北京人身上蕴含的善于创造、勇于开拓的精神，在中华民族的发展历程中贯穿始终，增强学生的民族认同感，涵养家国情怀。

对于关注点三，在处理北京人用火这一部分内容时，可以出示以下材料，然后提问学生根据材料能获取到哪些有效信息。

材料一：(北京人遗址)出土了几十件石器以及灰烬层和烧骨等。灰烬层里因熟食而残留的烧骨中，以鹿类最多，其余为鼠、象、蛙、鸟等，另外在灰烬层里还发现有朴树籽。

——《中国文化通史：先秦卷01》②

材料二：北京人遗址用火遗迹分布在第三层、第四层、第八至九层之间和第十层。第四层的灰烬最厚的可达六公尺(六米)。灰烬是一种呈紫、红、黄、白、黑色物质的总称。

——《中国旧石器时代》③

---

① 恩格斯.劳动在从猿到人转变过程中的作用[M].北京：人民出版社，1971：6－8.

② 郑师渠，王冠英.中国文化通史：先秦卷01[M].北京：北京师范大学出版社，2017：134－135.

③ 孙铁钢.中国旧石器时代[M].台北：文史哲出版社，1985：56.

在这一环节中，主要培养学生根据材料进行合理史学分析的能力，是对单元大问题“辩证地看考古发现对历史研究的作用”的呼应，也是核心素养史料实证的落地。根据材料可推理得知北京人已经会使用火，并且能通过未充分燃烧的朴树籽的“阴燃”法来保存火种。因为灰烬层很厚，所以燃烧地点固定且燃烧时间很长。但是因为有地层中的用火痕迹中断，说明有长时间没有用火且没有材料可以证明北京人已经会人工取火，所以北京人可能还不会人工取火，只能使用和保存自然界中采集的火种。综上能得出的结论是北京人会使用和长期保存火种且用火烧烤食物，开始吃熟食。虽然在元谋人遗址就已经发现用火痕迹，但北京人遗址在 20 世纪 20 年代发现的用火痕迹，是在世界范围内考古学界第一次发现人类用火的证明，有着跨时代的意义。

通过对以上三个重点关注问题的突破，教材中关于北京人历史地位的结论生成就显得自然而然了。大量的考古发现说明周口店北京人遗址是迄今所知世界上内涵最丰富、材料最齐全的直立人遗址之一，为人类起源的研究提供了可靠证据。

(二) 第二课时主题：新石器时代中国境内的原始农耕文化

1. 教材理解与背景分析

本课由“原始农业的发展”“河姆渡人的生活”“半坡居民的生活”三个子目组成。第一子目与后两个子目为总分关系。先总体介绍我国原始农业的起源、发展概况及历史作用，然后介绍两个原始农耕生活的典型代表——代表长江流域的“河姆渡人的生活”以及代表黄河流域的“半坡居民的生活”。通过两个考古遗址的考古发现，从建筑、住宅结构和布局、农作物、生产工具、饲养家畜、手工业等方面进行推导复原，展示两种不同的原始农耕生活，说明自然环境对原始农耕生活的影响。对于这一时期，也有古代文献提到农业的起源等相关内容，但是支撑研究的证据主要为考古发现。要让学生知道考古是一种科学探索，考古发现是了解史前社会历史的重要依据。对原始农耕生活的想象和复原，是基于考古学发现的合理推断。

教材的辅栏部分提到世界上发现最早的栽培稻、粟、黍遗存均在我国境内，说明中国是世界上农业起源的地区之一。相关史事和知识拓展部分，提到山东大汶口文化的遗存及浙江良渚古城遗址。遗存里的墓葬区随葬品，说明在新石器时代已经出现了贫富分化和社会阶级分化，可以用于让学生了解新课标中要求的私有制、阶级和早期国家的产生。新课标中要求了解的陶寺遗址在第二课教材正文中没有提及，仅在《中国原始农耕时代重要遗址分布图》里有呈现，但在教材第三课《远古的传说》的知识拓展部分有提及。其遗址内的墓葬呈现"金字塔式"结构，早期墓葬及大型、中小型墓葬在规模及随葬品的有无、品类等方面差距已十分显著，对丰富中国古代阶级、国家产生的历史同样具有重要的学术价值。

中国在距今 1 万年前进入新石器时代。这一时期我国考古已发现的文化遗存有 1 万多处，犹如满天星斗分布全国各地。遗址内的遗物种类也更多，随着碳 -14 测定年代法的采用，可以通过对 5 万年以内的生物体进行测定，得出生物死亡或者与大气之间停止交换的年代，使得这一时期考古发掘获得的古代遗迹、遗物的年代测定有了更为丰富、准确的判定途径。陶器的化学组成、烧成温度和物理性能的分析，体质人类学的骨骼测量，农作物和家畜种类的鉴定等自然科学方法的增加，也为人们了解这段历史积累了更多的物质资料和科学论据。新石器时代的文化各具特点，在相互交流影响下，不断融合互进，最后形成多元一体的格局。到 20 世纪末，通过考古发掘，各地新石器文化发展序列已基本建立，从许多考古发现中可以寻到一些共性，即此时以农耕、畜牧、磨制石器、纺织、陶器等出现为标志，人们开始定居生活，逐渐从原始氏族社会迈向阶级社会，是人类从自然采集、渔猎发展出原始农业的重要阶段。本课涉及的考古遗存均处于新石器时代，因此笔者将本课的主题定为“新石器时代中国境内的原始农耕文化”。

对这一时期的考古所取得的证据证明了我国考古学奠基人夏鼐先生的观点：“中国虽然并不完全同外界隔离，但是中国文明还是在中国土地上土生土长的，中国文明有它的个性、它的特殊风格和特征。中国新石器时代主要文化中已具有一些带中国特色的文化因素，中国文明形成的过程是在这些因素的基础上发展的。”①这样宏大的议题在中学历史教学的课堂上自然无法全盘展开，教师可以选取一些新石器时代原始农耕遗址的典型代表使学生有一个较为基础的认识，也可服务于单元大问题“史前时期的考古发现，对研究中国历史有着怎样的特殊意义？”。

2. 问题推进与目标达成

(1) 新石器时代中国境内有哪些原始农耕文化代表？

对于这一时期的考古发现，学术界通常以区域或文化序列来呈现，将具体的遗址放置在文化序列中。例如，教材《中国原始农耕时代重要遗址分布图》中，黄河流域新石器文化包含了华北早期新石器文化中与裴李岗文化有关联但年代更早的贾湖遗址，仰韶文化的仰韶遗址、半坡遗址，龙山文化的陶寺遗址，与山东龙山文化关系密切但又独立发展的大汶口文化的大汶口遗址；长江中、下游新石器文化则包含了河姆渡遗址、良渚遗址、上山遗址、石家河遗址；华南和西南地区新石器文化包含了仙人洞—吊桶环遗址、玉蟾岩遗址、宝墩遗址；此外还

① 缪雅娟.中国新石器时代考古八十四年文献目录[M].北京：社会科学文献出版社，2017：8.

有隶属中国北方地区新石器文化的石峁遗址、红山文化兴隆洼遗址、红山遗址、东胡林遗址等。这种类别划分是新中国成立以来的考古成果所确立的，各类遗址中不乏近二十年的考古新发现，说明我国的考古学也在不断发展完善。

需要说明的是，有的遗址不同期可能分属于不同文化序列，如庙底沟遗址一期属于仰韶文化，二期则属于龙山文化。同一个文化序列也可能在不同区域内呈现，如龙山文化在大汶口文化基础上出现，通过传播、影响，以及与其他地区同时期的新石器时代文化交流融合，形成了具有文化共性的如河南龙山文化和陕西龙山文化等。有的文化序列直接以其代表性遗址命名，如河姆渡文化、良渚文化、石家河文化、贾湖文化等。厘清遗址与文化序列的区别与联系，有助于理解考古中的具体发现与考古研究过程中对各文化特性的归纳总结。

引导学生观察分布图，结合教材正文和辅栏中标出的早期栽培农作物，找到代表性遗址所在位置并标记。出土了目前世界上发现的最早的人工栽培稻标本的玉蟾岩遗址，通过土样分析证实发现了野生和栽培稻的植硅石的江西万年仙人洞—吊桶环遗址，出土了大量的炭化稻壳、少量炭化稻米及加工稻米的磨制石器工具的上山遗址，以及栽培稻堆积层近 1 米的河姆渡遗址，古城中发现约 20 万公斤炭化稻的良渚遗址，出土炭化稻粒的贾湖遗址、石家河遗址、宝墩遗址，发现距今 7700—8000 年的炭化粟和炭化黍颗粒标本的兴隆洼遗址，发现了早期栽培粟和黍的遗存的半坡、陶寺、石峁、东胡林、大汶口、红山遗址。标记之后可明显看出，出土炭化稻遗存的遗址位于现在稻作农业区，出土粟、黍遗存的遗址处于现在的旱作农业区，由此可以推断不同的自然环境孕育出不同特点的原始农耕类型，现在南北方不同的农业类型在一万多年以前就开始形成，经过长期的发展并逐步定型，这符合唯物史观的认识。其中，在玉蟾岩和兴隆洼等遗址发现的人类最早的稻、粟遗存，是我国作为世界农业起源地之一的有力证据。稻与粟的栽培是我们的祖先为人类文明作出的重要贡献，可以此增强学生的民族自豪感，培养家国情怀。

(2) 以河姆渡遗址、半坡遗址为例，说说两种典型农耕文化各自的生活特征。这些特征形成的原因是什么？

这一部分的处理可以引导学生阅读教材，并设计列表对所学知识进行归类。因为学生在此前的学习中还未系统地学习比较法，教师可以概括要比较的项目类别，再指导学生以教材作为材料进行总结，对表格进行加工处理。

表 3-2　河姆渡遗址与半坡遗址主要特征汇总表

对比项目		河姆渡遗址（南方）	半坡遗址（北方）
时间		距今约 7000 年	距今约 6000 年
自然环境	发现地点	浙江余姚	陕西西安
	水系流域	长江流域	黄河流域
生活、生产方式	房屋样式/作用	干栏式建筑（通风、防潮）	半地穴式圆形房屋（保暖、防寒）
	建筑布局	有木结构水井	居住区、公共墓地、窑场
	生产工具	磨制石器、骨耜	磨制石器、骨器、角器
	农业作物/类型	水稻/稻作农业	粟/旱作农业
	畜牧业	猪、狗、水牛	猪、狗
	手工业	黑陶（猪纹陶钵）、玉器	彩陶（人面鱼纹彩陶盆）/骨针、古锥、纺轮
精神生活	原始艺术	骨哨、雕刻、天然漆	彩陶纹饰、陶埙
共同点		?	

在完成对表 3-2 内容的填写后，教师可针对表格进行提问。河姆渡人与半坡居民的生活有什么共同点？学生可得出都使用磨制石器，生活在大河流域，已学会建造房屋，定居生活；都种植农作物，饲养家

畜，制造陶器。由此可得知这些共同点是原始农业兴起和发展的重要标志。接下来对课程小问题进行具体展开：两种遗址的房屋样式分别有什么作用？种植的作物有什么区别？陶器色彩区别受到什么影响？生活、生产方式与自然环境有什么关联？最后归纳总结：造成河姆渡人与半坡居民在房屋建筑、种植作物、手工业等方面差异的原因是自然环境与地理条件的不同，再次论证自然地理环境影响农耕类型这一唯物主义观点。

（3）原始农业的发展有什么重要意义？

> 材料一：从食物采集者到食物生产者的转变，改变了人类生活的每一个方面。农业革命最明显的影响是产生了定居这种新的生活方式。这使人们拥有了更为丰富的生活资料，他们逐渐掌握了制作陶器的技术，发展纺织技术。新石器时代的人还学会了建造比较坚固、宽敞的住房。造房子用的材料因地而异。新石器时代的村庄取代了旧石器时代的流浪团体而成为人类最基本的经济文化单位。定居生活也使部落政治组织取代各游牧民族单独的群体成为可能。土地耕作者的新生活导致新的信仰和新的神。农夫们开始需要并设想了种种能照管他们的田地、牲畜和家庭的新的神灵。
>
> ——摘编自《全球通史：从史前史到21世纪》①

出示材料，培养学生研读史料的能力，尝试运用史料说明历史问题，涵养历史解释核心素养。原始农业的发展，转变了人类生活的方式，人们开始建造房屋，定居生活，进一步发展手工业，出现村庄聚落，逐渐形成部落，孕育新的信仰。根据材料并结合先前设计并突破的问

---

① 斯塔夫里阿诺斯.全球通史：从史前史到21世纪[M].北京：北京大学出版社，2011：23，37.

题,可以得出原始农业为古代文明社会的形成奠定了重要的物质基础。自此,课程小问题均得到解决。

(三)第三课时主题:考古视角下的传说与历史

1. 教材理解与背景分析

与前两课石器时代的历史只能通过考古发现进行研究不同,这一节课的内容里我们的祖先们进入到传说时代。在文字尚未发明之时,人们要对历史做记录只能利用口耳相传的方式,这就形成了传说。在文字产生之后,这些传说被记录下来,成为史料的一部分,也就是文献中的传说。因为年代久远,传说中有一些互相矛盾或是与客观事实相矛盾的地方,我们应当如何看待?传说与历史之间是否有一条不可逾越的鸿沟?对此学术界有不同的声音。在唯物史观的指导下,我们可以结合考古发现,辩证地看待传说与历史的关系。因此,笔者将本课时的主题定为考古视角下的传说与历史,并由此设计次级问题"考古视角中文献记载的传说与历史的关系如何?"。为了自然生成这一问题,结合这一课中炎帝、黄帝、尧、舜、禹等神话传说,将其拆分成课程小问题,即"神话传说中蕴含哪些历史信息?""考古发现在我们研究远古传说时有什么作用?",以此来明确传说与史实间的区别与联系,并再次回应单元大问题。

本课三个学习子目在逻辑上构成时间上的递进关系。以"炎黄联盟""传说中炎帝和黄帝的发明""尧舜禹的禅让"的传说,串起进入部落联盟时期到早期国家产生阶段中华民族关于民族起源与形成、发展的历史图景。课标要求通过古代文献中记述的黄帝、炎帝等神话传说,了解其中蕴含的历史信息。我国古代文献如《国语·晋语四》《竹书纪年·前篇》《山海经》《吕氏春秋》《世本·作篇》《史记·五帝本纪/夏本纪》《路史》《事物纪原》《尚书》《汉书》《后汉书》等中有不少关于炎帝、黄帝、尧、舜、禹的古老传说。这些传说有的记述了氏族部落的事迹，有的记述了领袖人物的生平，但这一部分内容中有一部分事实并非个人事迹，而是一个时代成就的反映。①因此教师在处理这一部分内容时，一是要解读文本，二是要结合考古发现予以论证。在这一过程中，考古发现起到的作用可以是证实，也可以是证伪，还可以是补充。

2. 问题推进与目标达成

(1) 捕捉传说中的历史信息

我们首先将文献中的传说放置于考古学视野中。中国考古学所说的龙山时代实际上是由氏族社会向国家过渡的军事民主时代。②这一时期战争频繁，部落间为了扩张或自卫需求，结成部落联盟。部落联盟间对内要通过管理加强内部统治，壮大自身力量，对外要抵御或战胜敌对联盟。对其中一些著名的部落联盟形成发展的情况，教师可出示以下材料引导学生归纳概括。

> 材料一：炎帝欲侵陵诸侯，诸侯咸归轩辕（黄帝）。轩辕乃修德振兵……抚万民，度四方……以与炎帝战于阪泉之野。三战，然后得其志。
>
> 材料二：蚩尤作乱，不用帝命。于是黄帝乃征师诸侯，与蚩尤战于涿鹿之野，遂禽杀蚩尤。而诸侯咸尊轩辕为天子，代神农氏，是为黄帝。天下有不顺者，黄帝从而征之，平者去之。
>
> ——（西汉）司马迁：《史记·五帝本纪》③

根据材料，学生可得出炎帝部落与黄帝部落在阪泉展开激战，炎帝部落战败并归顺了黄帝部落，黄帝为首的部落联盟又在涿鹿之战中

---

① 张岂之，刘宝才，等.中国历史·先秦卷[M].北京：高等教育出版社，2007：24.

② 郑师渠，王冠英.中国文化通史：先秦卷 01[M].北京：北京师范大学出版社，2017：266.

③ 司马迁.史记[M].北京：中信出版集团，2018：4.

大败蚩尤部落。在这一过程中，炎黄联盟形成，黄帝取代了炎帝，被推举为部落联盟首领并且继续征伐扩大联盟的势力，炎黄联盟不断壮大最终形成华夏族。诸侯的推举，是对黄帝个人的充分肯定，同样也肯定了炎黄联盟在中华文明开创史上的地位。这是炎帝、黄帝被认为是中华民族“人文初祖”的第一个层次。

古史记载传说中炎帝和黄帝的发明则丰富了“人文初祖”的内涵。在上文中提到的古代文献中对炎帝、黄帝在原始农业、原始文化及衣食住行用等领域的多种发明及贡献都有记录。这些贡献丰富了中华民族的物质文明和精神文明。以上是我们能从历史文献中获取的信息。

(2) 考古发现与传说中的发明

文献记载中的传说是否真实可信？李玄伯先生在《古史辨》中指出：“要想解决古史，唯一的方法就是考古学。”①教师可将考古发现进行整理，用于对应炎黄时期的发明。引导学生从文物出土地点及距今年份分析，询问其可以得出什么结论并要求给出理由。

表 3-3 “炎黄时代”考古发现略表

距今时间	文　物	发现地
10000 年前	陶器	广西、湖南、江西等地
8000 年前	笛子	河南舞阳贾湖
7000 年前	舟车、水井	浙江河姆渡
5500 年前	蚕茧	山西夏县西阴村
	宫室遗址（黄帝故里）	甘肃天水

表 3-3 中的考古发现证实了炎帝和黄帝时期确实已有这些物品，甚至可以补充反映当时的生产力发展水平。但有的物品在传说中炎

① 李玄伯.古史辨[M].上海：上海古籍出版社，1982：268.

黄存在的年代之前就已出现，相关出土的物品时间跨度之大，分布涉及范围之广，不可能是一两个人为之，必然是经过若干代人及区域影响之后的结果，这就能对传说中这些物品都是炎帝、黄帝或当时部落联盟某些人发明的说法予以证伪。

(3) 考古视角下文献记载的传说与历史之间的关系？

历史与传说之间既有联系又有区别。历史是过去发生的真实的事件，而传说则带有夸张演绎甚至是神化成分。传说中蕴含有比较可靠的历史史实，考古发现可以证实传说的某些成分。传说中被考古资料证明的部分是可信的，没有被证明的就是暂时不可信的内容。单元次级问题至此得到解决。

四、单元大问题的升华

通过三个课时课程小问题的梯度搭建与完成，学生已对课程层面的中国境内早期人类与文明的起源有了一定程度的了解。回归到单元大问题，即“史前时期的考古发现，对研究中国历史有着怎样的特殊意义？”。这一问题也可以升华为我们如何看待中国史前史？学生至少可以得到以下认识。

第一，考古发现是了解史前社会历史的重要依据，要具备史料实证意识。在这里，唯物史观应该包含两个层次。一是考古是基于对客观实物的研究，二是研究方式是科学的、系统的，符合认知发展规律的。第二，中国是远古人类的重要起源地，中华文明是人类最古老的文明之一。第三，中华文明多元一体格局古已有之，源远流长，生生不息。第四，中华文明有着自身发展的路径，具有独特魅力。

整个第一单元包含了时间跨度达到百万年的恢宏历史，通过大问题教学的应用，从单元概念的理解到问题的提出，从课程问题的拆分到主题的重组，从核心素养的落地到认识的升华，让学生了解中华民族是世界上具有独立文化体系和古老传统的民族，历史悠久，多点起源，增强民族认同，涵养家国情怀。这是大问题教学在本单元的应用，本书的后续章节将对其他部分予以进一步展开。

第三节 “问题教学”视阈下的早期国家

核心素养已提出多年，但直至新课标的颁布，义务教育才正式进入到核心素养时代。要在抽象的素养目标和具体教学内容之间搭建桥梁并使其落地，大主题和大概念视域下的问题教学尤为必要。

问题教学指围绕大主题和大概念，以单元视角进行透视，从上至下设计层级问题，再引导学生自下而上解决层级问题，使学生能够在问题的驱动下，主动解读史料、探寻答案。对学生来说，跨单元问题联系前后，有助于把握历史脉络；单元大问题贯穿主题，有利于掌握阶段特征；课程小问题突破难点，有助于提升思维深度。由小到大层级问题的设计，有助于学生明确历史的主线，在突破问题的过程中搭建起历史的框架，从而认识历史发展的规律，提升历史核心素养。笔者以部编版中国历史七年级上册教材第二单元“夏商周时期：早期国家与社会变革”为例，在大主题和大概念视域下开展问题教学设计与实施。

一、分析时代特征，提炼大主题、大概念

大主题、大概念的确立，是单元层级问题设计的基础。大概念的提炼需要立足学科本质，充分解读新课标和挖掘教材。新课标在“统一多民族国家的形成与发展”主线下，分主题按时序组织课程内容，将中国古代史划分为“史前时期：中国境内早期人类与文明的起源”“夏商周时期：早期国家与社会变革”“秦汉时期：统一多民族国家的建立和巩固”“三国两晋南北朝时期：政权分立与民族交融”“隋唐时期：繁

荣与开放的时代”“辽宋夏金元时期：民族关系发展的社会变化”和“明清时期：统一多民族国家的巩固与发展”七个主题板块。

统一多民族国家的形成和发展并非一蹴而就，而是经历了多元文明的碰撞、交融和发展，是由量变到质变的结果。其中，夏商周时期是以中原地区为核心，多元文明碰撞而引起社会政治、经济、文化等各方面变革的关键时期。“华夏族形成了稳定的民族共同体，中原出现了统一的大趋势……中华民族在古代的第一次大融合，不仅为诸夏统一创造了历史的前提，也为秦汉开始形成统一的多民族国家奠定了基础。”① 因此，夏商周时期是统一多民族国家的建立和巩固的重要阶段，故单元大主题为“统一多民族国家的奠基”。在“统一多民族国家的奠基”大主题之下，再通过进一步研读和分析，进而深入挖掘出单元大概念。

夏商和西周冲破聚族而居的部落时代，建立起世袭王权，构建早期国家；春秋战国在列强纷争的阵痛中孕育新的因素，促使早期国家向成熟国家转型。由此，可以提炼出单元大概念为“早期国家”，次级大概念为“夏商和西周：早期国家的形成和发展”和“春秋战国：早期国家的变革和转型”。

作为本单元的大概念，“早期国家”应进行深入的挖掘和解读。目前关于“早期国家”的解读大多是从恩格斯的《家庭、私有制和国家起源》中提炼而来。恩格斯在该著作中指出：“作为国家的具体表现，同过去相比，具有两个最基本的特征，即：第一，它造成了一种……公共权力；第二，它第一次不依亲属集团而依公共居住地区为了公共目的来划分人民……国家和旧的氏族组织不同的地方，第一点就是它按照地区来划分它的国民……第二个不同点是公共权力的设立。”② 恩格

① 费孝通.中华民族多元一体格局[M].北京：中央民族大学出版社，1999：21.

② 中共中央马克思恩格斯列宁斯大林著作编译局.马克思恩格斯选集(第4卷)[M].北京：人民出版社，1972：110，116－117.

斯认为随着私有制的出现和贫富分化，阶级的产生逐渐打破了以血缘关系形成聚族而居的传统，开始按地区来划分国民并出现了凌驾于社会之上的公共权力，也就是形成了“国家”。但恩格斯是以古希腊、古罗马和日耳曼人的国家产生历程来进行的分析论述，是否适用于中国早期国家的产生？对此，任世江在其编写的《高中历史必修课程专题解析》一书中提出，应将马克思恩格斯国家起源与形成的一般原理与中国的历史实际情况相结合，在吸收国内外学术研究相关成果的基础上，对“早期国家”再进行进一步解读。“任老师认为‘早期国家’就是正在形成中的国家，虽然产生了公共权力，但社会组织仍然是以血缘关系为纽带的部族。”①

夏朝和商朝虽出现了公共权力，但“内外服制”仍是以血缘关系进行划分和管理；西周时期的分封制虽以血缘对部分亲属进行了分封，但分封的对象中还包括非亲属的功臣等。诸侯与当地人民形成新的共同体，逐渐打破血缘关系的壁垒，使早期国家进一步发展。因此，夏商和西周为“早期国家的形成和发展”时期。

东周时期，即春秋战国时期，随着血缘关系的逐渐淡化，周王与诸侯间的亲属关系逐渐转变为臣属关系，再加上列国纷争进一步打破血缘壁垒，为随后按照地区划分和管理国民奠定基础，是早期国家向成熟国家过渡的关键期。因此，春秋战国为“早期国家的变革和转型”时期。

单元大主题和单元大概念的提炼，确定了整个单元教学的魂。但对于刚接触历史学科的初一学生而言，对于夏商周时期的了解，大多是来自影视作品，缺乏知识的准确性和系统性，其历史思维能力尚未

---

① 杨国纬，李惠军.历史新课程单元教学探微与实践（四）——《中外历史纲要（上）》第一单元整体统揽与主旨统摄[J].历史教学（上半月刊），2022(1)：29－35.

培养，核心素养有待发展。“统一多民族国家的奠基”大主题和“早期国家”大概念对于学生而言，理解难度很大。因此，如何围绕大主题、大概念设计符合学生认知水平的层级问题才是关键所在。

二、研读教学内容，重组构建单元框架

设计符合学生认知水平的层级问题，首先应对教材内容进行深度剖析。只有把握了教学内容之间的联系，才能确保设计的问题链由浅入深、环环相扣，从而强化学生的历史思维能力，提升历史核心素养。

本单元以时间为线索，分别从多个方面展现了夏商周时期的文明产生和社会变革。教材分为以下课时：第 4 课《夏商周的更替》从政治角度展现夏商周三朝政权的更替；第 5 课《青铜器与甲骨文》从文化角度凸显夏商周的文明特色；第 6 课《动荡的春秋时期》从经济原因引出春秋时期的政治变化；第 7 课《战国时期的社会变化》从政治角度展现战国时期群雄争霸，并对都江堰水利工程进行单独介绍；第 8 课《百家争鸣》从思想角度突出春秋战国时期思想碰撞及成果。

整个单元虽以时间为主线从不同角度构建课时，内容呈现清晰，但出于大单元、大概念教学的需要，围绕“早期国家形成、发展和转型”将本单元 5 课时的内容整合为 2 个主题。具体整合内容见表 3-4。

表 3-4　第 5 单元内容主题化整理

主题	时期	教材课程	主题框架
早期国家的形成和发展	夏商西周	第 4 课《夏商周的更替》 第 5 课《青铜器与甲骨文》	板块一：早期国家的形成 板块二：早期国家的发展 板块三：早期国家的文明
早期国家的变革和转型	春秋战国	第 6 课《动荡的春秋时期》 第 7 课《战国时期的社会变化》 第 8 课《百家争鸣》	板块一：春秋战国时期经济大发展 板块二：春秋战国时期政治大变革 板块三：春秋战国时期思想大活跃

三、设计层级问题，构建单元问题体系

在进行了详细的思考和解读后，将上述分析和新课标、教材内容相结合，在大单元、大主题、大概念理念下进行问题设计，搭建起本单元阶梯式的问题体系（见图3-4），由浅入深，层层递进，培养学生历史思维能力，提升历史核心素养。

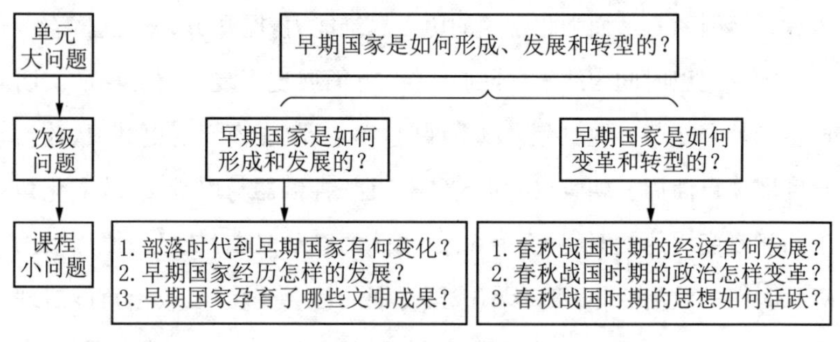

图3-4 “早期国家”主题问题教学体系建构

（一）主题一：早期国家的形成和发展

新课标关于本单元这一部分的要求是使学生“知道甲骨文是已知最早的汉字；通过了解甲骨文、青铜铭文、其他文献记载和典型器物，知道具有奴隶制特点的夏、商、西周王朝的建立与发展，了解西周分封制等重要制度”。这部分的课标体现了对学生史料实证素养的重视，要求培养学生初步理解古代史料的含义，并能通过运用多重史料说明历史问题。因此，将单元大问题进行拆分，提出该教学主题下的次级问题：“夏商和西周早期国家是如何形成和发展的？”

确定了课程大问题之后，便是基于教材对大问题进行分解，拆分为课程小问题，再逐一进行突破。

板块一：早期国家的形成

课程问题1：部落时代到早期国家有何变化？

从部落时代进入早期国家阶段是一个从量变到质变的过程，通过展示和分析两个时期的变化，让学生感受到质变的标准和依据，从而提炼出早期国家的特征，史料的选择尤为重要。一方面，史料的选择要符合初一学生的认知水平，而古代史的诸多文献难度较大；另一方面，“既要防止过度超量的史料占据有限的教学时间，也要避免冗繁艰涩的史料绑架了有序的教学过程”①。因此，本堂课史料的选择以教材内容为基础，适当补充文献或实物史料，多方实证历史，培养学生史料实证能力。

材料一：相传在黄帝之后，黄河流域有许多部落。为了增强实力，陶唐氏、有虞氏和夏后氏三个部落结成联盟，尧、舜、禹依次成为联盟的首领。当时实行禅让制，即将联盟首领的位置传给贤德之人。

——部编版《中国历史》七年级上册第17页

材料二：禹建立夏王朝。禹在位时，征服南方三苗，在阳城修建城池，制定各种制度，社会生产有了很大发展，阶级分化愈加严重。禹的儿子启继承了他的位置。从此，世袭制代替禅让制。夏朝建立了军队，制定刑法，设置监狱。

——摘编部编版《中国历史》七年级上册第17—20页

材料三：《“二里头遗址”宫殿复原图、考古挖掘墓葬现场以及出土文物》（图3-5）

---

① 徐金超.以“史料实证”为中心的专题教学例谈[J].历史教学（上半月刊），2016(13):33-38.

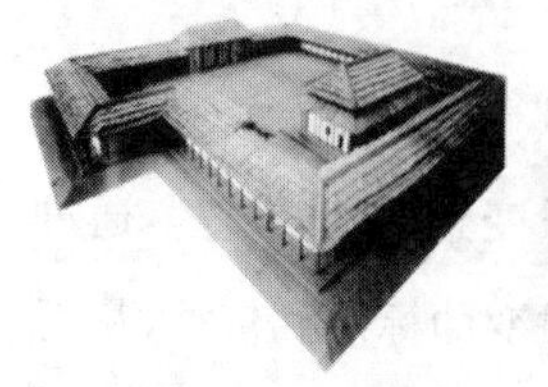

图 3-5 “二里头遗址”宫殿复原图、考古挖掘墓葬现场以及出土文物

引导学生阅读以上材料,向学生提出两个问题:

(1) 概括部落时代到夏朝有哪些变化?

(2) 基于以上变化,总结夏朝作为早期国家的特征。

两个问题的设置呈现出一定的梯度性,引导学生由表入里、由浅入深思考问题,培养学生的历史思维能力。通过对材料的分析,学生能够概括出夏朝出现了以下新的变化:王位世袭制代替了禅让制;出现了都城城市;设立军队、监狱、刑法;出现了贫富差距;手工业发展,生产力水平提高。基于以上变化,进一步引导学生总结夏朝作为早期国家的特征:王权世袭,产生公共权力;设立国家机器;阶级分化。与此同时,出示“国家”的历史解释,并补充夏朝并未根据区域进行国民的划分和管理的相关材料,让学生理解夏朝是国家的初级阶段,即早期国家。

板块二:早期国家的发展

课程问题 2:早期国家经历怎样的发展?

课程问题 1 解决了早期国家的形成问题,让学生通过分析部落时代到夏朝的变化,理解夏朝是中国历史上第一个王朝,是中国早期国家的开启阶段。接下来要解决的便是早期国家的发展问题。对此,将其拆分为两个小问题进行突破。

小问题(1)为“早期国家自夏朝之后又经历了怎样的发展演变?”,

对此，教材按照时间顺序进行了叙述，学生可通过阅读教材提取信息，从而得出结论：早期国家经历了夏商周的更替。除此之外，还需要让学生明白中国早期国家夏商周时期具有奴隶制特点，可选用教材中“相关史事”的材料进行论证。

小问题(2)为“西周如何对国家进行有效管理?”，该问题的设计引出了分封制，进而突破本课时的难点问题：了解西周分封制等重要制度。分封制是初一学生系统学习历史学科后，接触到的第一个政治制度概念，理解起来有一定的难度。好在教材对分封制的目的、内容和影响有详细的论述，学生能够通过阅读，归纳和理解其目的和内容，但对分封制的影响理解起来难度较大，故需要教师进行进一步讲解和引导。这里选择两则材料以问题驱动，引导学生突破难点。

材料一：西周封建(实行分封制)给古代国家与社会结构注入了新的内容，从而对我国早期国家向成熟国家的转变具有重要意义。它使中央王朝对地方的统治发展到一个新水平。周室将自己家族的子弟派到各地区做诸侯，改变了过去外服诸侯全为地方土著的格局。他们是周王室的亲属，与周王朝之间的关系，非夏商外服诸侯可比……在整个西周，这些诸侯未发生过商代土著方国那样时叛时服的情况。

——摘编自沈长云《先秦史》

材料二：分封制在联系制度上就已经决定了周天子的政权不稳、国家的动荡。面对众多力量强大且不受约束的诸侯，假使一家的实力真正成长到能够与天子抗衡，那么王朝的覆灭也就不远了。况且世袭制的延续性，就能够让一方诸侯持续累积实力。

——摘编自陈鑫高、刘红琪《郡县制较于分封制优势分析与反思》

阅读以上两则材料，向学生提出问题：如何评价西周的分封制?

该问题的设置对于初一学生而言有一定难度。在引导学生分析材料、解答问题之前，应对问题进行解读。何为历史评价？按照马克思主义历史理论，历史评价指的是按照人类历史发展的客观规律尺度，对历史人物、历史事件、历史现象等客体，给出肯定或否定、赞扬或批判等价值判断。历史评价应具有客观性、科学性、史鉴性、全面性和辩证性。基于理论，教师应指导学生将历史事件、历史人物或历史现象置于历史长河之中，科学、全面、客观、辩证地看待。通过对材料的分析，学生可以认识到分封制的积极和消极影响：虽保证了周王朝对地方的控制，但为后期形成地方割据势力埋下了隐患。除此之外，还应该将分封制置于大单元、大概念之下，理解其对我国早期国家向成熟国家转变的重要意义。因此，材料一的选择就包含了此切入点，进一步讲解分封制是中央对地方统治管理的新突破，受封诸侯与地方人民随着时间的推移逐渐打破血缘关系的壁垒，形成新的共同体。这为以后按照地区划分和管理人民，也就是划地置郡县奠定基础。

板块三：早期国家的文明

课程问题3：早期国家孕育了哪些文明成果？

前两个板块解决了早期国家的形成与发展问题，接下来将深入了解早期国家所孕育的文明成果代表：青铜器和甲骨文。通过对青铜器和甲骨文的学习：一方面，能够让学生通过史料了解早期国家的社会情况，提升史料实证素养；另一方面，能够让学生感受到中华文化的源远流长，培育家国情怀。

新课标强调树立学生为主体的教学理念，注重学生自主探究的学习活动，鼓励教学方式的创新。初一学生求知欲、表现欲强，具有一定的信息搜集、整理和分析能力，但知识的系统性和思维的深度性不足。结合学情特点和新课标要求，笔者将结合问题教学引导学生进行自主探究，以解决该课程问题，教案设计如下。

第一阶段:设计问题

通过对教材的分析,使学生知道青铜器和甲骨文是早期国家文明的代表。教师可先提出问题:青铜器和甲骨文为什么能够代表早期国家文明?接下来,设计如下任务问题,再分组进行布置。

1. 青铜器是如何制作的?

2. 青铜器的种类和用途有哪些?

3. 请介绍你最喜欢的一件青铜器。

4. 甲骨文是如何发现的?它记载了哪些内容?

5. 甲骨文和汉字有何相似之处?甲骨文有何特点?

6. 你能通过青铜器和甲骨文获取夏商周时期的哪些信息?

第二阶段:过程指导

按任务问题分组后,教师需要进行学法指导。首先,指导学生进行资料搜集、整理和分析;其次,关注学生的进度,及时解决学生在探究期间遇到的难题;最后,指导学生汇总资料,形成成果。

第三阶段:成果展示

各组派代表进行成果展示。展示后,进行学生自评、生生互评和教师评价,将教学评一体化落到实处。

(二) 主题二:早期国家的变革与转型

新课标关于本单元这一部分的要求为"知道老子、孔子的生平与思想;通过了解这一时期的生产力水平和社会关系的变化,初步理解春秋时期诸侯争霸局面的形成、战国时期商鞅变法等改革和'百家争鸣'局面的产生"。新课标这一部分体现了对唯物史观的培养,通过列举春秋战国时期的经济、政治和思想领域的变革,让学生初步了解"生产力决定生产关系"和"经济基础决定上层建筑"的唯物史观。

春秋战国是早期国家向成熟国家变革和转型的关键时期。这一时期"在诸侯纷争的剧烈阵痛中孕育出新的经济因素;在列国变法的革故鼎新中孵化出新的治理体系；在礼崩乐坏的精神迷离中催化出新的治国理念；在战争频仍的乱世政局中铸就出新的华夏认同”①。

基于课标和历史阶段分析，再将单元大问题进行拆分，提出该教学主题下的次级问题：“早期国家是如何变革和转型的？”确定课程大问题之后，便是基于教材对大问题进行分解，拆分为课程小问题，再逐一进行破解。

板块一：春秋战国时期经济大发展

课程问题1：春秋战国时期的经济有何发展？

春秋后期铁制农具和牛耕出现，到战国时期进一步推广，极大地促进了生产力的发展。随着农业生产力的发展：一方面，农业生产组织形式逐渐发生巨大变化，即西周时期集体耕作的生产劳动形式向个体小农经济转变；另一方面，这也进一步促进了手工业和商业的发展。春秋时期的经济大发展诱发了摧枯拉朽式的社会巨变：政治变革和思想解放，进而推动早期国家向成熟国家转型。

如何让学生理解经济大发展对春秋战国时期的影响？对此，笔者精选了多种史料，设计了梯度问题，以问题为驱动引导学生进行思考，突破难点。

材料一 ：《春秋战国时期的农具与酒器》（图3-6）

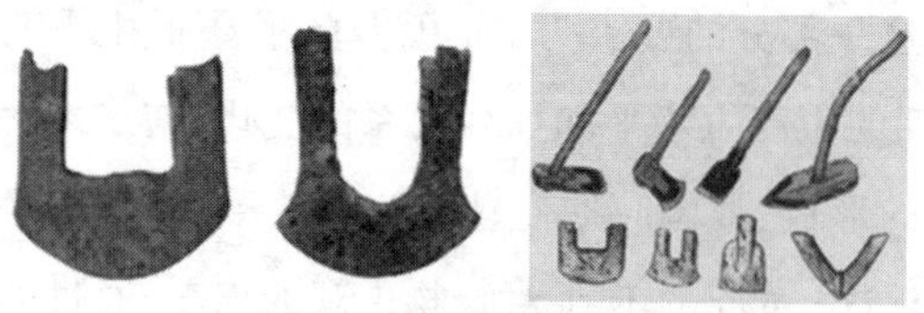

春秋战国时期出土的铁器及用途示意

春秋时期穿有鼻环的牛尊

图3-6 春秋战国时期的农具与酒器

① 杨国纬，李惠军.历史新课程单元教学探微与实践（四）——《中外历史纲要（上）》第一单元整体统揽与主旨统摄[J].历史教学（上半月刊），2022（1）：29－35.

材料二：在农业发展的同时，手工业的规模不断扩大，青铜业、冶铁业、纺织业、煮盐业以及漆器制造业等都有所发展。随着产品的增加，商业活动逐渐活跃，很多城市出现了商品交换市场，金属货币被更多地使用。

——摘编部编版《中国历史》七年级上册第 29 页

引导学生阅读以上材料，向学生提出三个问题：

1. 春秋战国时期农业生产方面有哪些新变化？

2. 概括春秋战国时期经济发展的表现。

3. 分析春秋战国时期经济发展对社会局势的影响。

三个问题围绕着唯物史观“生产力决定生产关系”和“经济基础决定上层建筑”两个观点梯度性展开，引导学生从浅入深、由表及里地思考经济大发展对春秋战国时期社会变革的巨大影响。通过对历史文物图片的观察，学生能够回答出春秋战国农业出现的新变化为铁制农具和牛耕的出现、推广。在此基础上，教师进一步引导，使其明白铁制农具和牛耕的出现、推广提高了农业生产力，加之这一时期修建了以都江堰为代表的大批大型水利工程，极大地推动了农业的发展，进而促进手工业和商业的繁荣。经济大发展使各地诸侯国实力大幅度增加，纷纷设置县、郡，委派官员管理，加强对地方的控制，分封制开始走向瓦解。权力此消彼长，诸侯权力增强则王室力量衰微，甚至出现了桓公十三年（前 707 年）“射王中肩”事件，天子威严扫地。“礼乐征伐自天子出”逐渐转向“礼乐征伐自诸侯出”。

可见，在经济大发展背景下，春秋战国时期正在酝酿一场社会巨变，旧秩序趋于崩溃，新秩序逐渐建立。

板块二：春秋战国时期政治大变革

课程问题 2：春秋战国时期的政治怎样变革？

春秋战国时期生产力进步和经济大发展，必然会对原有的政治体制造成巨大的冲击。其历史逻辑体现了马克思“经济基础决定上层建筑”的唯物史观。一旦经济基础因生产力的发展而发生变化，政治制度等上层建筑也会相应发生变化。随着王室力量衰弱，诸侯国实力增强，诸侯国内部权力纷争和外部争霸、兼并不断。在权力更迭和政局动荡的压力下，各国纷纷进行变法革新，力求富国强兵。其中，商鞅变法是持续时间最长、涉及面最广、改革最为彻底的一次变法，具有代表性和影响力。这一系列的变法运动促进了局部统一，壮大了新兴地主阶级力量，发展了封建制度，并最终导致以君主制为核心的集权国家体制的逐步形成，加速了早期国家向成熟国家的转型。

对于初一学生而言，理解“经济基础决定上层建筑”难度较大。因此，结合学生认识水平，笔者选用地图和文献等多种史料，精心设计问题链以突破难点，让学生初步感受到经济发展会对政治制度和社会结构造成影响。

材料一：教材《春秋争霸形势图》《战国兼并形势图》（图略）

材料二：民有二男以上不分异者，倍其赋。有军功者，各以率受上爵；为私斗者，各以轻重被刑大小。僇力本业，耕织致粟帛多者复其身。事末利及怠而贫者，举以为收孥。宗室非有军功论，不得为属籍。明尊卑爵秩等级，各以差次名田宅，臣妾衣服以家次。有功者显荣，无功者虽富无所芬华。

——《史记·商君列传》

引导学生阅读以上材料，向学生提出三个问题：

1. 对比春秋和战国两幅形势图，诸侯国的数量和名称有何变化？

2. 归纳商鞅变法的内容。

3. 以商鞅变法为例，分析变法推动了社会的哪些变化。

三个小问题的设置旨在通过列强纷争和变法运动深挖早期国家

的社会转型，并体现了对学生时空观念、史料实证、唯物史观和家国情怀历史核心素养的培育。三个问题按照逻辑关系先后解决了变法背景、变法内容和变法影响的知识点。首先，通过让学生对比观察《春秋争霸形势图》和《战国兼并形势图》，引导学生得出在争霸、兼并战争之下，诸侯国内部政权变化（晋国被韩赵魏取代）和诸侯国数量减少，民族交融和局部统一趋势加强的结论。在战争压力之下，诸侯国为了提升实力，纷纷进行变法。其中，商鞅变法最具代表性，故以商鞅变法为例，选用《史记·商君列传》中的文献史料，引导学生归纳商鞅变法的内容。但由于初一学生对文言文的理解有一定难度，教师在引导分析的时候可结合学情适当进行讲解，帮助学生理解和分析史料，提升史料实证的能力。最后，通过商鞅变法的内容，分析变法是如何推动了社会的转型：一方面，其促进了血缘管理向地缘管理的转变，加速了奴隶制度的瓦解和封建制度的发展；另一方面，变法也使秦国的实力大增，为以后秦国结束动乱一统天下、建立早期成熟国家奠定了基础。

板块三：春秋战国时期思想大活跃

课程问题3：春秋战国时期的思想如何活跃？

思想大解放是春秋战国时期经济大发展和政治大变革在思想领域的反映。春秋战国社会动荡、礼崩乐坏，催生了社会思想的变化，刺激了学派学说的兴起。不同学派的思想家们根据不同的价值判断，提出不同的解决方案，力求乱世求治，无不展现出一种强烈的政治责任感，最终形成了“百家争鸣”的思想繁荣局面。“百家”指的诸多颇具当时学识而又各有一定理念的个人或者群体，“争鸣”指的是争论中的共鸣。

新课标中关于春秋战国时期思想领域的教学要求是使学生“知道

老子、孔子的生平与思想”和“初步理解‘百家争鸣’局面的产生”，故以标定学，确定本板块的重点为孔子、老子以及百家争鸣的背景。除此之外，既然将本板块置于“早期国家的变革和转型”的大问题下，还应侧重突破“春秋战国思想大解放对早期国家向成熟国家转型所起到的作用”这一问题。基于以上分析，笔者进行如下教学设计，对课程问题进行拆分，逐一进行突破。

材料一：春秋战国之际的历史发展孕育出“百家”，同时也造就了“争鸣”的条件和可能性。一方面，奴隶主贵族的政治统治在崩溃瓦解，失去了权威；另一方面，新兴封建地主才开始登上政治舞台，开始建立自己的政治统治，但还不够巩固和强大。所以，此时的政治统治普遍松弛和无力，从而大大减轻和削弱了政治权力对思想文化的束缚和压制。

——谭风雷《对春秋战国之际“百家争鸣”的几点分析》

材料二：诸侯并争，厚招游学。

——司马迁《史记·秦始皇本纪》

引导学生阅读以上两则材料，并结合所学知识，概括春秋时期思想活跃的原因。

通过对两则材料的分析，学生能够概括出生产力发展引发社会变革，政治权力的衰落使得思想文化领域的束缚和压制得到减轻。诸侯国为了在争霸、兼并中取胜，也迫切需要吸纳大量的人才。这就为“百家争鸣”的产生提供了可能。诸子百家在失序的乱世中，提出不同的治国观点，力图重建社会秩序。

教材上对诸子的学派和思想已有较为详尽的论述，可通过设计表格任务的形式引导学生阅读教材，搜集信息。具体可以请学生阅读教材，找出春秋战国时期不同学派的代表人物及主要思想，完成表3-5的填写。

表 3-5　春秋战国时期学派与思想

时　期	学派	代表人物	主要思想
春秋时期	道家	老子	无为而治、顺应自然、对立转化
	儒家	孔子	仁、以德治国、有教无类
战国时期	道家	庄子	顺应自然和民心，追求精神自由
	儒家	孟子	仁政、民贵君轻
		荀子	礼治
	墨家	墨子	兼爱、非攻、尚贤
	法家	韩非子	以法治国

如表 3-5 所示，诸子就治国平天下各有所想。但“争鸣”绝非只有“争论”，“争”中亦有“共鸣”。李振宏在《论“先秦学术体系”的汉代生成》中指出：“按照学派的划分去认识先秦思想，容易重视各学派的个性而忽视共性，忽视各学派共同的思想文化前提，忽视三代文化对于先秦学术的奠基意义。”①因此，教师还需要引导学生探寻异中之同，进而理解春秋时代的思想大活跃对社会转型和文化发展的重要价值。为了突破这一难点问题，笔者补充了如下文字材料。

> 材料三：诸子之学的目的是一致的，只是准则各异，方法不同罢了。他们的思想之所以具有生命力，就是在于他们具有共同的政治责任感，具有强烈的历史使命感，正是这种责任感和使命感驱使着他们直面现实的苦难，积极逆挽世运，以图天下大治。
>
> ——桓占伟《百家争鸣中的共鸣——以战国诸子“义”思想为中心的考察》

引导学生阅读材料并结合所学知识，概括诸子百家的共性，并分析百家争鸣的影响。

---

① 李振宏.论“先秦学术体系”的汉代生成[J].河南大学学报(社会科学版)，2008(2)：1－12.

通过材料,学生能够概括出诸子百家的共鸣之处在于:都具有政治的责任感和历史的使命感;都是图天下大治。百家的各种学说是在共同文化基础上产生的不同见解,殊途但同归,都致力于逆挽世运。该问题的解决:一方面,能够让学生感受诸子百家的生命力和价值所在,能够明白百家争鸣奠定了中国文化发展的基础,能够理解春秋战国的活跃思想为早期成熟国家即封建国家的建立提供了思想方案;另一方面,能够让学生感受到诸子身上的责任感和使命感,提升学生的家国情怀。

四、结语

上述教学示例是在大主题、大概念和大问题下的新尝试。对整个单元围绕“早期国家”的大概念设置了“早期国家是如何形成、发展和转型的?”这一单元大问题。随后将单元大问题进行拆分,依次设置次级问题和课程小问题。在逐一破解问题的过程中,学生能够明白随着公共权力的产生、国家机器的设立、阶级分化的出现以及青铜文化的繁荣,夏商周早期国家形成并发展;随着生产力的进步,经济大发展引发了社会大变革和思想活跃,地缘将取代血缘,封建将取代奴隶,早期国家也将转型为成熟国家。至此,单元大问题也迎刃而解。

可见,在大主题、大概念视野下的问题教学既能让学生在破解问题的过程中搭建起历史的框架,认识历史发展的规律,又能让学生在搜集、解读和感悟史料的过程中,提升历史核心素养。钱乘旦先生曾说:“历史不仅是一种知识,更是一种智慧。”历史教学也是如此,教师需要进行不断实践和探索,力求实现高效教学。

第四节 “问题教学”与专制主义中央集权制度

在社会环境发生深刻变化的当下,课程改革也在与时俱进。《义务教育历史课程标准(2022年版)》就新增了相关要求,强调“学生的核心素养是在解决问题的过程中发展的”。因此,教师在分析教学内容的基础上,要以问题为引领开展教学。无论针对单元学习,还是每课学习,都要结合教学内容的逻辑层次,设置需要解决的问题,并形成递进性的问题链,构成教学过程的逻辑层次,使学生在解决问题的过程中掌握知识,发展思维,形成新的迁移,获得新的认识。教师不仅要在教学设计中注重探究问题的设置,而且要将教学过程的实际操作转化为学生解决问题的活动过程。同时,要注重培养学生的问题意识,提升学生的批判性思维。在此背景下,以下将以部编版七年级历史上册教材第三单元为例,浅谈“问题教学”的分析与实践。

一、单元解读与问题分析

(一) 单元分析

部编版七年级历史上册教材第三单元为“秦汉时期:统一多民族国家的建立和巩固”。本单元的新课标在学业要求上提出要使学生“能够通过了解中国古代历史发展的总体趋势,认识统一多民族国家形成、巩固和发展的重要历史意义”,又建议“围绕中国古代历史上重大的、综合性的问题进行探究并展开讨论,如‘统一多民族封建国家建立与巩固的重要意义’等,通过探究与讨论,强化国家认同、民族认同、文化认同”。

本单元教材共有7课,包括第9课《秦统一中国》、第10课《秦末农民大起义》、第11课《西汉建立和“文景之治”》、第12课《汉武帝巩固大一统王朝》、第13课《东汉的兴衰》、第14课《沟通中外文明的“丝绸之路”》、第15课《两汉的科技和文化》。内容涵盖了秦朝建立专制主义中央集权制度,汉朝对专制主义中央集权制度的巩固,以及统一多民族国家在对外交流和科技文化方面取得的成就、国家治乱兴亡的经验教训。有学者认为“秦汉王朝是官僚帝国的奠基时代，它确定了中华帝国的各种基本特征。此后两千年中，那些基本特征在制度形式上不断完善，不断精致化”①。在中国两千多年的历史长河中，虽然有三国两晋南北朝、五代十国等分裂状态，但在秦汉的影响下，中国历史发展的主流依旧是统一。也正是由于秦汉时期的奠基，使得古代中国在经济、对外交流、文化等方面高度发展，从而走在世界文明的前列。这些都与秦汉统一多民族国家的大背景是分不开的，也与专制主义中央集权制度有着不可分割的历史联系。该制度也是理解秦汉奠基作用的核心问题。

(二) 拟定问题

基于以上分析，将第三单元的大问题确定为“专制主义中央集权制度的出现，对中国历史有着怎样的深远影响?”。七年级学生通过对前两个单元“史前时期”和“夏商周时期”的学习，对历史发展中的政治、经济、文化进步情况已有初步了解，但历史常识储备较碎片化，尚未形成宏观的知识体系。学生还无法理解大一统、专制主义、中央集权的概念，也很难回答出本单元提出的宏观大问题，需要将单元大问题进行拆分。

教材第 9 课《秦统一中国》与第 11 课《西汉建立和“文景之治”》、第 12 课《汉武帝巩固大一统王朝》都涉及大一统国家对封建国家治理体系的建立和巩固的意义。第 14 课《沟通中外文明的“丝绸之路”》和第 15 课《两汉的科技和文化》主要列举了汉朝对外交流、科技文化代表性成就。这五课都可以归为第一个次级问题，即“专制主义中央集权制度如何促进统一多民族国家的发展?”。第 10 课《秦末农民大起义》和第 13 课《东汉的兴衰》主要包括秦朝建立至二世而亡、东汉衰败

---

① 阎步克.波峰与波谷[M].北京：北京大学出版社，2017：14.

的史实，可归为第二个次级问题，即“专制主义中央集权制度与王朝祸乱衰亡有何关系？”。两个次级问题是整合每节课的课程内容之后，在依据教学目标的基础上对大问题进行的拆分。

为了帮助学生理解每节课程的内容，次级问题需要进一步细化。为使学生深刻认识秦朝各项措施及其背后的原因，第 9 课的课程小问题设计为“秦朝如何解决国家面临的社会问题？”。秦朝空前强大，却仅仅存在短短十来年。根据历史脉络，第 10 课的课程小问题设计为“秦朝速亡有何教训？”。第 11 课讲述了刘邦建国，中国进入汉朝，汉高祖、汉文帝、汉景帝在位期间的统治策略都有共通之处，而本课的小问题就设计为“汉初统治政策有何特点？”。第 12 课小问题设计为“汉武帝如何解决国家面临的社会问题？”。第 13 课出现光武中兴和外戚宦官交替专权导致衰亡的政局演变，课程小问题设计为“东汉兴衰有何启示？”。第 14 课重点讲述丝绸之路兴起的历程，可设置小问题为“丝绸之路如何沟通中外文明？”。第 15 课可以设问：“两汉有哪些科技文化成就？”至此，本单元的一个单元大问题、两个次级问题、七个课程小问题均已拟定，形成图 3-7 的问题体系。那么如何将每个课程小问题落地教学？这是以下想要讨论的另一重点。

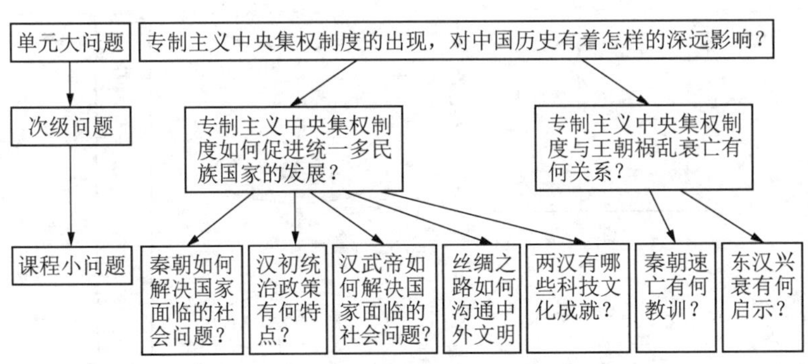

图 3-7 “秦汉统一多民族国家的建立和巩固”单元问题体系

二、课程小问题的教学突破

(一) 专制主义中央集权制度的起点

李白曾言:“秦王扫六合,虎视何雄哉!挥剑决浮云,诸侯尽西来。”第三单元的开篇第一课,首先需要学生掌握秦灭六国的史实概况。学生已经学习过春秋战国时期各诸侯独自统治地方的政权分裂时代,而与“分裂”两字相对的就是“统一”,人民渴望结束战乱,统一安定是人心所向。学生通过回忆商鞅变法的影响,能理解为什么是秦国实现了统一大业,此时只需要教师补充嬴政的个人才能、作战谋略等课外史实,就能帮助学生进一步认识统一多民族国家建立的背景。

公元前221年,中国历史上第一个统一多民族国家建立,其面临的社会问题自然远超历代诸侯国。要解决本课“秦朝如何解决国家面临的社会问题?”这一课程小问题,教师可首先引导学生思考“若你作为灭六国、建秦朝的嬴政,将面临最显著的社会问题是什么?”。学生大多能得出“六国旧民会不服秦朝统治”的结论。为使广大国土的人民臣服新政权的统治,加强新政权和新统治者的影响力,秦朝制定了如图3-8所示的专制主义中央集权制度。

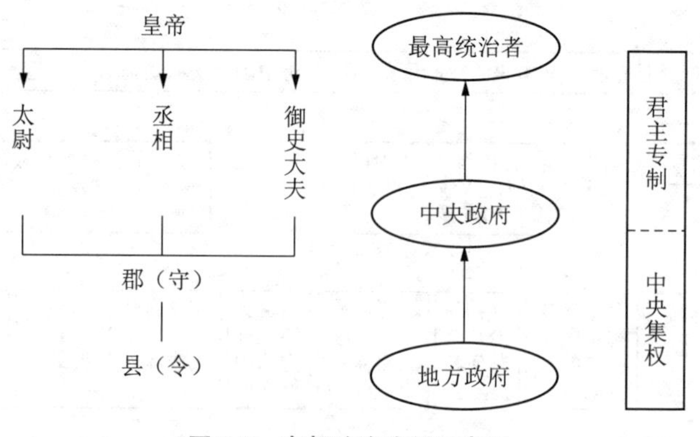

图3-8　秦朝政治建制示意图

图 3-8 是本课重点亦是难点，需要教师进行专业解读，图中右侧标示的中央集权和君主专制是两个不同的概念。中央集权是与地方分权相对而言，主要指地方在政治、经济、军事和文化等方面必须严格遵从中央的指令，无法脱离中央进行独立决策。“郡县制”就是使地方听命于中央的制度之一。通过展示西周分封制的相关知识表格，促使学生主动建构并对比“郡县制”的内容。学生能够清楚认识到分封制容易导致地方割据势力与中央抗衡，而郡县制下的官吏是由中央直接任免，不得世袭。这使郡县制成为适应国家大一统的背景且利于加强中央集权和国家统一的官僚政治体系。中央集权与专制主义密不可分，但是专制主义又不能等同于中央集权。在秦朝，专制主义的主要代表是君主专制，其与民主政体相反。司马迁的《史记·秦始皇本纪》记载“天下之事无小大皆决于上”。意即君主至高无上，职位世袭，一人掌握最高统治决策权，包括行政权、军事权等。但皇帝需要有人提供意见、办事执行，因此有三公九卿这样的官僚机构辅佐。至此，“中国之政，得秦皇而后行……自秦以来，垂二千年，虽百王代兴，时有改革，然观其大意，不甚悬殊”。①秦朝最重要的国家治理体系正式建立，中华帝国初步奠定了它的“常态”。

除政治问题外，秦朝在文化、经济、交通、军事等方面都面临各种社会问题。通过图片史料展示，学生能清晰看见秦朝面临的问题：文化上，七国文字书写各异；经济上，七国货币不同，度量衡标准不一；交通上，各国路隘众多，沟通受阻；军事上，北方匈奴南下犯边，南方百越不服王化。面对这些问题，秦朝施行了统一文字，统一货币，统一度量衡，统一车辆和道路宽窄，北击匈奴，修建长城，开凿灵渠等措施。从秦朝在国家政治、经济、文化、军事等方面的治理过程中，不难发现统

---

① 夏曾佑.中国古代史[M].石家庄：河北教育出版社，2000：245.

一、专制主义、中央集权几个词是联系在一体的，难以割裂开来。此时，教师不妨进行追问：为什么秦朝政府可以有效组织全国人力、物力和财力解决这些社会问题？原因就在于大一统国家建立的以皇权为中心的中央集权制度所发挥的积极作用。这些巩固统一的措施本身亦是专制主义中央集权制度的重要组成部分，奠定了中国的疆域基础，加强了中央和地方的联系，利于政令在全国的传达，便于国家的赋税征收，最终促进了统一多民族国家的建立和发展。

至此，学生已经解决了“秦朝如何解决国家面临的社会问题?”这一课程小问题，也能对“专制主义中央集权制度如何促进统一多民族国家的发展?”这一次级问题有所理解。

（二）秦朝二世而亡的启示

本课要想解决“秦朝速亡有何教训?”这一课程小问题，就必须让学生分析秦速亡的原因。对于初一学生而言，教材重点讲述秦速亡的主要原因是秦的暴政。教材中列举了秦朝“沉重赋税”“徭役、兵役繁重”“残酷的刑罚”“焚书坑儒”等暴虐表现，也佐证了“秦朝通过推行郡县制加强了对人民的统治，然而由于始皇帝时期大兴土木工程动用了极多的农民劳动力，农民负担急剧加重，这无疑导致了农民的贫困与动乱。但是，大范围的农民动乱并未在始皇帝时期发生，而爆发在秦二世时期。其中的必然原因是秦二世政府进一步加剧了对农民的暴敛诛求”①。在了解秦的暴政表现后，学生比较容易掌握陈胜、吴广、项羽、刘邦等人为何掀起反秦浪潮，也能从秦亡的历史中感悟到注重民生民心的历史教训。同时，教师可以对学生稍加点拨，引导学生思考秦的暴政与专制主义中央集权的关系，使学生意识到专制主义中央集

① 西嶋定生.秦汉帝国：中国古代帝国之兴亡[M].顾姗姗，译.北京：社会科学文献出版社，2017：47.

权有其弊端性。例如，专制主义之下，皇帝很难受到约束，皇权具有极大随意性，专权皇帝的个人好恶容易导致暴政局面的出现，从而阻碍国家的发展。这是专制主义中央集权制度对历史的消极影响，也是秦速亡留给后世的教训之一。

（三）汉初的“休养生息”

相较于秦朝的“短命”，汉朝出现了国富民强的盛世局面。“中国盛世局面之所以能够成为盛世的一个必要条件：政权要长期稳定，经济必须长期稳步发展。盛世像一个有机的生命体，有发育、壮大、衰落三个阶段，没有足够长的时间很难成长、壮大。西汉、唐朝、清朝的盛世都经过了一个世纪左右才能到达顶峰，在盛世的发育阶段都奉行了长时期的休养生息、轻徭薄赋的政策以恢复国力。”①教材第11课《西汉建立和“文景之治”》所述的历史就可谓处于汉朝盛世的准备酝酿阶段。然而，西汉初期民生凋敝，村舍残破荒凉。正如《汉书·食货志》记载：“民失作业，而大饥馑。凡米石五千，人相食，死者过半……天下既定，民亡盖臧，自天子不能具醇驷，而将相或乘牛车。”

对于汉高祖、汉文帝、汉景帝三位皇帝分别采取了哪些措施来转变这一局面，需要调动学生通过归纳教材提供的材料和教师提供的历史数据，自主对比三位皇帝的施政措施。例如，赋税上，汉高祖时采用十五税一，文景二帝减至三十税一；刑罚上，汉高祖时废除了“族刑”和连坐之法，文帝时将部分肉刑改为笞刑；景帝时多次减少笞刑的数量。通过在赋税、刑罚、徭役等方面的归纳比较，学生可得出其措施的共同点，即都有减轻人民负担，恢复生产，安定社会秩序的特点，这也是休养生息的中心思想。本课的课程小问题得以解决。《史记·平准书》中对汉初休养生息政策的效果有如下描述：“汉兴七十余年之间，国家

① 侯杨方.盛世：西汉[M].北京：中信出版集团，2019：10.

无事，非遇水旱之灾，民则人给家足，都鄙廪庾皆满，而府库余货财。京师之钱累巨万，贯朽而不可校。太仓之粟陈陈相因，充溢露积于外，至腐败不可食。众庶街巷有马，阡陌之间成群，而乘字牝者傧而不得聚会。”

汉文帝曾言：“方春和时，草木群生之物皆有以自乐，而吾百姓鳏、寡、孤、独、穷困之人或阽于死亡，而莫之省忧。为民父母将何如？其议所以振贷之。”这是中央集权抚恤鳏寡孤独的体现。汉文帝君主本身也慎用民力，带头节俭，促使全国效仿，营造社会崇尚节俭的风气。由此可见，汉初君主坚持轻徭薄赋，宽政减刑，积极利用统一多民族封建国家中皇帝、中央的各项权力调整生产关系，最终促进西汉初期生产生活的恢复和发展。

（四）专制主义中央集权制度的巩固

本课共有四个平行子目，包括“推恩令”的实施、“罢黜百家，独尊儒术”、盐铁专卖、北击匈奴。这四个子目分别对应了汉武帝在政治、文化、经济、军事方面的措施，需要学生从这四个方面去分析解决“汉武帝如何解决国家面临的社会问题？”这一课程小问题。

《史记》记载：“天下初定，骨肉同姓少，故广强庶孽，以镇抚四海，用承卫天子也。”这表明汉初君主为了巩固统治而采用了分封同姓王的方法。同时，汉初又承袭了秦朝推广的郡县制，此为“郡国并行”。教材第 61 页的“课后活动”部分有一幅关于西汉初期中央和封国力量的对比图。图中数据表明：西汉初期中央人口约 450 万，诸侯封国控制人口却达 850 万；中央管辖的郡有 15 个，封国辖郡却达 39 个。封国可以自行任命官员，也可以征收中央政府规定的各项赋税，除小部分以“献费”的名义上交给中央皇帝，大部分由王国自行处置。通过直观的对比数据和补充史料，学生能够发现：随着时间的推移，郡国并行会造成地方封国权力过大，中央集权受到威胁的政治问题。为此，汉武帝颁布“推恩令”，规定诸侯王可以将封国的封地划分给除嫡长子以外的儿孙，儿孙的新侯国称号由皇帝拟定。在给予诸侯恩赐的名号下，地方诸侯的封地越来越小，实力也就大为削弱。另外，《史记·田叔列传》记载“天下郡太守多为奸利”，《汉书·酷吏传》也指明地方的突出问题是“吏民益轻犯法，盗贼滋起”。汉武帝又推行刺史制度以监察地方。不难发现，这些政治措施都是为了削弱地方势力，巩固中央集权。

专制主义中央集权制度的巩固需要在思想上树立权威。汉初君主主要推崇黄老之学，这是具有道家风格的思想。学生通过第 8 课《百家争鸣》的学习，可知晓道家宣扬“无为而治”“顺应自然”，能够理解这是适合汉初“休养生息，缓和矛盾，恢复经济”的思想。受此思想影响，中央长期“无为”，也逐渐出现中央权弱的问题。在此背景下，汉朝儒学“由于吸收黄老和各家思想，而又高于黄老和各家思想，适应了巩固大一统的封建集权的需要，适应了社会全面发展的需要，很快取代了黄老的地位而成为社会和政治的指导思想”①。至此，汉武帝“罢黜百家，独尊儒术”，儒家文化被政府推崇且主导中国思想界两千多年。

“汉初，盐铁为私人经营，国家仅设官收税而已，特别是文帝时，对盐铁经营采取放任政策，于是富商大贾、豪强地主往往占有山海，或采矿冶铁，或煮海制盐，一家冶铁或煮盐使用的人，多至千余名。他们‘专山泽之饶’，垄断了对国计民生有重要影响的冶铁煮盐业。这不仅影响中央财政的收入，而且也助长了分裂割据势力。”②通过分析此段材料，学生能够发现，问题依旧是地方富商大贾削弱中央经济大权。为此，朝廷统一铸造五铢钱，采取盐铁专卖，均输平准，以便加强中央

① 金春峰.汉代思想史[M].北京：中国社会科学出版社，1987：76.

② 朱绍侯，张海鹏，齐涛.中国古代史[M].福州：福建人民出版社，2000：260.

对全国财政的控制。

随着中央对地方的控制加强，边疆问题不容忽视。汉武帝认为“今中国一统而北边未安，朕甚悼之”。学生对匈奴侵犯边疆地区的问题不是第一次接触，较容易掌握本课最后“北击匈奴”的相关内容。各族之间的民族战争爆发后，部分边疆民族内迁中原，壮大了统一多民族国家的力量。

《汉书·晁错传》记载汉武帝时期“国家无事，非遇水旱之灾，则民人给家足”。反映了随着专制主义中央集权制度的巩固，西汉这个统一多民族国家也发展到鼎盛时期。

(五) 东汉兴衰的反思

本课的“光武中兴”描述了东汉社会稳定、经济发展的局面，与“外戚宦官交替专权”“黄巾起义”两个子目呈现的东汉衰落内容对比鲜明。教材简述了光武帝刘秀采取的治理措施，“合并郡县”目的在于加强中央集权，“释放奴婢，减轻刑罚”在于与民休息。其后续影响可以通过出土的光武帝时期的东汉庭院画像砖来侧面反映。画像砖表现了屋中主人与人饮酒，家中奴仆打扫庭院，旁边鸟雀起舞，反映出当时民众生活较为祥和安逸的景象，这是统一多民族国家得以恢复和发展的表现。

东汉中期以后，外戚宦官交替专权，出现社会政治混乱之相。深究其因，与“皇权专制”大有关联。早在东汉初期，光武帝就通过官制改革来加强皇权。在中央，将丞相改为司徒，成为主要是管理民事、典礼的官员。相较于《汉书》记载的西汉丞相“掌丞天子助理万机”，东汉的丞相权力大为削弱。皇权的加强总是伴随臣僚被排挤，即皇帝利用外戚宦官而排挤群臣。若君主昏庸懒政或年少无知，就极其容易出现手中有权的外戚宦官开始专权的局面。教材第 66 页的《东汉后期 10 位皇帝继位年龄及寿命》一图就显示了皇帝年幼的状况，由此引起外戚宦官交替专权的风气日盛。追根溯源，导致此现象出现的根源就是皇权至高无上。最终，统一多民族专制主义中央集权国家治理体系的弊端再次暴露，阶级矛盾大爆发，引起黄巾起义等农民起义，打击了东汉王朝的政权统治。

（六）大一统国家的丝绸之路

英国学者彼得·弗兰科潘在《丝绸之路：一部全新的世界史》一书中这样形容古丝绸之路："古代社会确实是我们今日社会的原始模板：充满生机，竞争进取，成熟高效，精力旺盛。一个布满了城镇的区域带，形成了一条横跨亚洲的锁链。西方开始注视东方，东方开始注视西方。东西方共同增进了印度、波斯湾和红海之间的交流沟通——古丝绸之路充满了生机。"这条充满生机的古丝绸之路从长安出发，经过河西走廊、塔里木盆地，越过帕米尔高原，连接中亚和地中海地区。汉朝的海上丝绸之路则连接朝鲜半岛、日本、印度半岛、锡兰等地。学生可以通过教材第 69 页和第 70 页的地图来了解汉朝陆上丝绸之路和海上丝绸之路的具体路线。教材更多的篇幅在于对陆上丝绸之路的着墨，把张骞"凿空"西域的经过、丝绸之路上的贸易文化交流描述得较为详细，利于学生掌握开辟这条"文明交流之路"的经过和其影响。其中尤其需要学生深刻理解丝绸之路对世界文明交流的深远影响。

在这条东西方往来的大动脉中，丝绸无疑是最显眼的贸易品。以至于有学者认为"中国内地沿这条皇家驿道出口的商品中，无论在数量和地位上，都没有哪一样能与华美的丝绸相媲美。两千年前，中国丝绸是世界贸易中最受崇尚、最受欢迎的商品"①。也正是因此，汉朝

---

① 斯文·赫定.丝绸之路[M].江红，李佩娟，译.乌鲁木齐：新疆人民出版社，2013：202.

在东西方贸易中处于优势地位。同时，通过这条商路，靠西的胡麻等经济作物进入汉朝，丰富了汉朝人们的物质生活；异域良马的引入促进汉朝骑兵的改进和军事实力的增强；发源于印度的佛教也东传汉朝，影响了人们的思想意识。不难发现，丝绸之路的开辟利于汉朝对外贸易的扩大，从而促进汉朝经济进一步繁荣；异域的文化也带给汉朝诸多新的活力；政治方面则推动汉朝设置西域都护，以加强对西域的管理和经营。这最终都促进了这个统一多民族国家的持续强盛。

回到最初，大汉王朝又有何条件支持张骞“凿空”？通过第 11 至 13 课的学习，学生已经对汉朝政治、经济发展情况有所了解，能够归纳出汉武帝时期政治上巩固了专制主义中央集权，经济上稳步发展且国力强盛。拥有如此稳定的大一统环境、雄厚的物质支持，为丝绸之路的开通提供了良好的社会条件。至此，学生便能理解丝绸之路的开辟与大一统国家的兴盛之间是相互促进的关系。

(七) 科技文化的繁荣

学生在理解统一多民族国家的发展促进丝绸之路的开辟和延续后，也能将此背景迁移到本课内容中。若把大汉王朝比作一棵树，国家统一、经济发展、交流频繁等因素构成这棵树的主干，而造纸术、医学、史学著作、宗教等就是这棵树的枝丫。两汉的科技文化成就可以用如表 3-6 的形式进行总结。

蔡伦改进造纸术后，其历经后世改良又逐渐传播到世界各地。1150 年，欧洲第一家造纸厂在西班牙建立，随后英法德意等欧洲国家也相继掌握了造纸技术，他们的造纸工艺和设备与中国传统造纸相差无几。当欧洲的羊皮书写逐渐被纸张书写所取代时，欧洲文化的普及率也得到了提高，最终为 14 世纪意大利兴起的文艺复兴运动奠定了文化基础。除了造纸术这一标志性技术和教科书所列举的典型成就，汉朝的科技文化成就还有很多。“汉代在天文科学和历法改革方面

表 3-6 两汉科技文化成果汇总

行业	代表	具 体 成 就
科技	造纸术	西汉时期,中国人已懂得造纸的基本方法;西汉的麻纸是世界上最早的纸;东汉时期,蔡伦改进造纸工艺(蔡侯纸)
医学	张仲景	①《伤寒杂病论》发展了中医学的理论和治疗方法,提出辨证分析病情对症治疗和“治未病”理论;②张仲景是中医临床理论体系的开创者;③张仲景被称为“医圣”
	华佗	①擅长针灸、汤药和外科手术;②发明“麻沸散”;③编创“五禽戏”
文学	《史记》	《史记》是中国古代第一部纪传体通史。其内容记述了从黄帝到汉武帝时期约 3000 年的史事
宗教	道教	产生:东汉末年,是中国本土宗教; 派别:张角的“太平道”、张陵的“五斗米道”
	佛教	产生于公元前 6 世纪的古印度;张骞通西域后,佛教通过丝绸之路传入中国;东汉明帝时,佛教逐步在社会上传播开来。白马寺是中国最早的佛教寺院

取得了很大的进展,在地学方面曾有一项卓越的发明,开始奠定动植物分类学的基础。”①通过了解两汉灿烂的科技文化成就及其影响力,学生能感受到汉朝的辉煌,也能增加对我国科技文化的自信。

三、单元问题小结

专制主义中央集权制度的历史影响是一个非常复杂的问题,秦汉时期又是专制主义中央集权制度得以开创和初步巩固的时期。秦汉后,中国两千多年封建政治制度的基本模式和原则都未发生根本性的改变。因此,让学生通过本单元的学习,对此制度的影响有初步了解,有利于帮助他们深入理解古代中国封建社会的施政背景和朝代更迭等历史史实。在本单元的问题教学中,教师先是帮助学生解决每课的

① 李约瑟.中国科学技术史・导论[M].袁翰青,王冰,于佳,译.北京:科学出版社,1990:113.

课程小问题。在学习教材第9课《秦统一中国》、第12课《汉武帝巩固大一统王朝》时，学生通过解答秦始皇、汉武帝面临的社会问题和解决措施这一课程小问题，能够理解此制度可以促进国家大一统局面的形成和巩固。教材第11课《西汉建立和“文景之治”》的学习，则使学生掌握了汉初中央贤明君主采用休养生息促进恢复生产的史实，理解集权政府对调整生产的推动作用。教材第14课《沟通中外文明的“丝绸之路”》和第15课《两汉的科技和文化》，可帮助学生理解集权政府能够对促进文明交流提供管理等方面的支持，对科技文化发展提供资金等条件。至此，通过这些小问题的解决，学生也能够突破解决第一个次级问题“专制主义中央集权制度如何促进统一多民族国家的发展?”。教材第10课《秦末农民大起义》和第13课《东汉的兴衰》两课的学习，使学生能在吸取王朝衰亡的教训启示中知晓此制度的弊端，理解第二个次级问题，即“专制主义中央集权制度与王朝祸乱衰亡有何关系?”。最终，教师再抛出本单元的大问题“专制主义中央集权制度的出现，对中国历史有着怎样的深远影响?”，学生自然而然能得出结论。

专制主义中央集权制度的出现对中国封建王朝的发展影响深远。首先，中央集权有利于国家的大一统局面的延续。纵观中国两千多年的封建王朝历史，总会发现这样的规律：中央集权加强时，国家呈现统一情况；中央集权被削弱时，又往往出现地方分裂势力。封建王朝的大一统表现在疆域一统、政治一统、经济一统、文教一统等多个方面。尤其是在封建社会前期，这些方面的统一有利于增强国家实力，抵御其他民族的侵犯，以及经济文化的交流和发展。在政局的持续稳定中，反对分裂、维护统一成为君主和百姓的共识，这是中华民族的向心力和认同感得以加强的表现。其次，专制主义中央集权制度能有效组织社会生产。此制度的产生是以中国分散的小农经济为基础，农民需要强权政府提供稳定的社会环境来保护农业生产，地主需要强权政府维护地主利益和镇压农民阶级的反抗。

历代中央政府都采取了众多促进生产的措施，比如兴修水利工程，奖励耕织，限制土地兼并，打击豪强地主，赈济灾民等。这些都需要依赖集权政府的国库资金支持，有些活动甚至需要强权政府动员几十万乃至上百万人参与。斯塔夫里阿诺斯也在他的《全球通史》中指出“中国封建之下国家完全履行了一个国家应有的职能，这一点比其他世界上任何一个政权都做得好”。最后，此制度推动了文明交流和科技文化的发展。举世闻名的万里长城、从古至今推动中外文明交流的丝绸之路、为文化传播做出突出贡献的造纸术等，都是在统一多民族国家的大背景之下才能取得的辉煌成就。但是另一方面，此制度的消极影响也已经在秦汉时期就初现端倪。自秦汉开始，封建社会总是讲究皇帝至上，其地位永远高于法律，君主的过错很难真正受到法律的制裁。皇帝的个人品性影响着国家的兴衰走向，“圣明”之君能使国家走向“文景之治”“光武中兴”等兴盛局面，“昏庸”之君也能激化阶级矛盾，将国家引向衰败之路。另外，皇权集中于一人之手也容易导致如东汉末年宦官专权的局面。随着历史的演进，此制度下滋生了更多统治阶层腐败问题，资本主义萌芽被严重抑制，人们的思想愈发被禁锢从而阻碍科学文化的进步。针对这些问题，“后来的不少地主阶级政治家和思想家虽然也在一定程度上发现了这些弊端对封建王朝的长治久安所造成的威胁，并想出了各种对策企图加以避免或减缓，在某些时期也取得了一定的效果，但却无法从根本上断绝”①。

① 孟祥才.中国政治制度通史(第3卷)[M].北京：人民出版社，1996：433.

第五节　三国两晋南北朝："问题教学"下的嬗变与重塑平衡

一、单元大问题的提出

新时代对中学历史教学提出了更高的要求，教学不应该只是停留在让学生对历史有一个大致印象的阶段，而是要让学生对历史发展，尤其是中国历史上一些特殊时期的发展，拥有清晰认知，从而帮助学生建立起对中国历史的高度认同感、荣誉感，使家国情怀核心素养油然而生。因此，中学历史教师的使命不仅是做一名合格的知识搬运工，更要立志成为中国历史的把脉人，扮演把握历史脉络，传授历史价值的角色。"教师在分析教学内容的基础上，要以问题引领作为展开教学的切入点，结合教学内容的逻辑层次，设置需要在教学过程中解决的问题。"①初中历史教学也可以采用类似的方法，以问题引导教学。

本单元教材的编写是按照时间顺序展开的。教材第 16 课《三国鼎立》，围绕官渡之战、赤壁之战描述如何形成三国鼎立，而又在最后一段介绍了南北方的开发发展；第 17 课《两晋的短暂统一和北方各族的内迁》讲述两晋的建立和相应的战乱，以及战乱中大规模的人口迁徙、民族交融；第 18 课《东晋南朝时期江南地区的开发》讲述东晋南方地区的政治经济发展，此时南方经济得到开发的重要原因是民族的交融；第 19 课《北魏政治和北方民族大交融》讲述南北方势力的淝水之战以及北方民族交融和北魏孝文帝改革，尤其指出了北方地区的民族交融为后世隋唐的发展提供了充足活力；第 20 课《魏晋南北朝的科技

---

① 中华人民共和国教育部.普通高中历史课程标准(2017 年版 2020 年修订)[M].北京：人民教育出版社，2020：51.

与文化》全面介绍了以农业、数学领域为代表的科技发展,以及书法绘画与雕塑、石窟艺术等内容。

从内容上看,本单元以时间顺序分别呈现了政治(包括军事和战与民族交融)、经济、文化三方面。教材第 16 课中东吴与台湾地区的交流、第 17 课中北方各族的内迁、第 18 课中南方地区经济的发展、第 19 课中北方民族大交融、第 20 课中科技文化的发展等表明了本单元几乎每一课都或多或少包含了民族交融的内容,也就是说民族交流交融贯穿整个单元,这应该是本单元的教学主线索,教学过程应该围绕民族交融展开。从逻辑上来说,民族交融是这一时期历史发展的主要推动力,这一趋势使各民族从战乱中走向统一,推动了经济的发展,促使北魏孝文帝发动改革,带动了科技文化的大发展。

因此笔者认为,本单元的教学应该把握以下两点。一是要懂得取舍,把握主流。本单元所述内容在整个教材体系中是中国作为统一多民族国家得到巩固并发展的重要阶段,单元重点是这一时期如何孕育了统一。战争虽是走向统一的一种方式,可能发挥过一锤定音的作用,但不是实现统一的主要方式,也不是推动统一的主要动力,因此战争不是本单元重点,相关部分可仅简单讲述。二是要提纲挈领,一以贯穿。通过讲述民族交融来帮助学生理解战争是走向统一的一种重要路径,但不是中国古代史的主流,天下大势分久必合,合久必分,要让学生认识到正是在民族交融的大环境下才有了一系列诸如南方经济的开发、科技文化的进步成就。北魏孝文帝改革顺应了民族交融并推动了民族交融,是民族交融过程中的典型代表,而不是民族交融的起点。三是要深挖主题,落实意义。三国两晋南北朝时期的民族交融对中华民族的发展产生重大影响,这种影响不仅在当时是巨大的,在之后的一千多年中也发挥着作用。

具体而言,要如何设计本单元教学呢?笔者认为要先梳理三国两晋南北朝历史发展的主要脉络。这一时期是中国历史发展脉络中极为特殊且极为重要的时期。不同于秦汉和隋唐大一统王朝的璀璨夺目，在普通人的印象中，魏晋南北朝是中国历史上十分混沌的一段时期，但熟悉历史的人们会发现这一时期却是中国历史上少有的重塑和创新时期，是治乱循环中的重要一环。魏晋南北朝上承秦汉大一统，下启隋唐新高峰，是中国历史上震古烁今的大嬗变、大转型时期。这一时期的变化是全方位的，我们可以用几条脉络来形容。一是血脉。民族交融是魏晋南北朝时期中国历史的最大特点，直接影响了后世一千多年历史的发展。二是政脉。军事方面虽征战不断，然天下大势分久必合，这些战争大多发生于重新走向大一统的过程中，犹如伤口愈合必经阵痛之路。民族大交融推动汉族政权不断吸收各民族政治制度的特点，灿若繁星的少数民族政治家在历史长河中熠熠生辉，促使专制主义中央集权制度更替升级。三是财脉。经济上受益于特殊的历史背景，南方在这一时期得到前所未有的开发，对后世可谓影响深远。四是文脉。这一时期的文化上更是呈现出中外交流、民族融合、海纳百川、经典频出的景象。

铜山西崩，洛钟东应。历史的发展是以整体的姿态循序渐进，魏晋南北朝以民族大融合为基础，在政治、经济等要素的综合作用下推动了中国历史向前发展。这种发展打破了之前中国历史发展的不平衡，最终重塑了中国。其所改变的不平衡表现在：魏晋南北朝之前的经济发展以中原地区为中心，南方广大地区相对落后，这是经济资源上的不平衡。魏晋之前的民族是以汉族为核心，少数民族大多扮演从属角色，这是人力资源的不平衡。秦汉时期文化虽有发展，但本质上仍然是中原汉族文化一家独大，这是文化资源的不平衡。以上诸多不平衡之破除肇始于魏晋南北朝时期，其历史虽短，但影响久远。

囿于教材篇幅所限以及教学任务繁重，在七年级乃至整个初中历史教学中，魏晋南北朝历史所占比重较小，教学安排也不尽详细，仅凭教材尚无法达到彻底梳理该时期的脉络，厘清线索。历史教师在教学过程中应适当加入教材以外的内容以进行增补和编排，不可仅依靠教材内容。

综上所述，笔者认为本单元的教学可以采用单元大问题的方式进行。核心大问题(单元主题)是魏晋南北朝如何在混乱中实现中国历史的嬗变与重塑平衡，从而推动隋唐大一统繁荣盛世的出现。依靠问题教学方式，可构建学生对历史整体脉络的认识，增强学生历史解释素养能力。

二、拆分大问题，拟定教学目标

新课标的课程内容要求是使学生“通过了解三国两晋南北朝时期的政权更迭和北魏孝文帝改革、人口迁徙和区域开发，认识这一时期民族交往、交流、交融的历史特点及其对中华民族发展的意义；通过了解这一时期的科技和艺术成就，如祖冲之的数学成就，认识传统文化的继承与创新”①。将教材的课程设置脉络与新课标的要求相结合，可确定教学目标如图 3-9 所示。

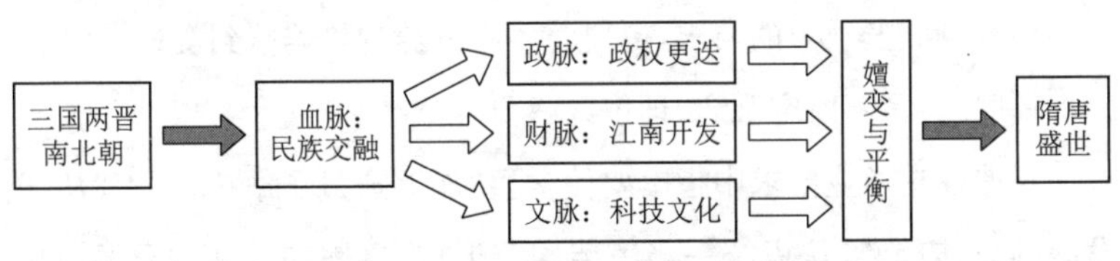

图 3-9　三国两晋南北朝主题体系建构

作为最高层级问题，本单元的单元大问题可以拟定为“三国两晋

① 中华人民共和国教育部.义务教育历史课程标准(2022 年版)[M].北京：北京师范大学出版社，2022：13.

南北朝如何酝酿隋唐盛世”。将这一单元大问题按照学情予以拆分，可呈现为四个课程小问题，即“血脉：三国两晋南北朝时期的民族交融的原因、特点、影响”“政脉：民族交融背景下的政权更迭的本质、影响”“财脉：民族交融背景下的经济发展的原因、特点、影响”“文脉：民族交融背景下的科技与文化发展的表现、特点和影响”。接下来，笔者将教材内容与教学目标相结合，调整课本内容顺序并整合课本内容，将上述四个小问题分别投射于第四单元的各课中，进行以下内容组合：将教材第 17 课的“北方游牧民族的内迁”子目和第 19 课的“北魏孝文帝改革”“北方地区的民族交融”合为一课；第 16 课全部内容和第 17 课“西晋的建立”、第 18 课“东晋的兴亡”“南朝的政治”，以及第 19 课“淝水之战”组成一课；第 20 课独自成为一课。四个课程小问题就是每一课教学中要引导学生解决的核心问题，应围绕这些问题展开对核心素养培养的落实，进而完善教学设计。

三、实施教学，落实核心素养培养

明确了单元大问题并拟定教学目标之后，在新课标的指引下将本单元的教学内容进行拆分重组，重新设计为四个课时。这四个课时不仅要体现“问题教学”的要求，更要将核心素养的培养落到实处。

课时一：重塑时空观念，理解政权更迭

新课标在学业要求中指出要使学生“能够通过了解中国古代历史发展的总体趋势，认识统一多民族国家形成、巩固和发展的重要历史意义”①。“天下大势，合久必分，分久必合。”学生该如何理解这句话的含义？笔者认为应该从多个方面入手，强调以下两点。第一，统一是

① 中华人民共和国教育部.义务教育历史课程标准(2022 年版)[M].北京：北京师范大学出版社，2022：13.

大势所趋。第二，分是走向合的过程，合是分的必然结果。因此，针对本课时提出的课程小问题为“政脉：民族交融背景下的政权更迭的本质、影响”。

为了达成课标要求，攻克课程小问题，首先应组织学生对教材资源进行梳理并归类。学生可知教材中的内容包括了官渡之战、赤壁之战之后形成的三足鼎立，进而逐渐演进为西晋的建立；以西晋皇室为代表的统治阶级采取了缺乏远见的统治政策，导致八王之乱，西晋走向衰亡；经过南北朝时期的战争，如淝水之战，分裂的局面逐渐走向局部统一。

首先，教师展示一组地图，其中包括《东汉形势图》《三国鼎立形势图》《西晋内迁少数民族分布图》《东晋形势图》《北魏与宋对峙形势图》《北周—陈对峙形势图》等。将这些地图随机打乱，让学生对其进行排序，并根据地图来绘制魏晋南北朝演进示意图，然后思考东汉到三国两晋南北朝历史的发展有何特征。引导学生思考后得出结论如下。首先，天下大势合久必分，会在分裂中走向统一。统一是主流，历代王朝和各个政权都把统一视作己任。其次，各民族在斗争和交融中共同铸造了中华民族共同体，共同推动中国历史向前发展。

接着，教师指导学生对官渡之战和赤壁之战进行自主学习，把握其发生的时间、地点、人物、战况以及影响。尤其是赤壁之战，课本介绍其“为三国鼎立局面的形成奠定了基础”。教师可提问学生，为何三国鼎立会形成，或者为何三国中没有一国在当时背景下可以统一其他国家？如何理解三国鼎立的本质。学生根据材料分析可知其根本原因是经济方面均势。三国鼎立的本质是由局部统一走向全国统一的过程，也就是分久必合。通过这一环节的教学，使学生理解经济基础决定上层建筑，经济能够决定政治发展，落实唯物史观核心素养。

材料一：三国鼎立局面出现的根本原因，在于各个地区经济的发展，导致了分裂倾向的加剧。长江流域上下游几个区域的经济，发展到了勉强可以自给和彼此均衡的程度，给南方孙、刘的割据提供了物质基础。同一时期北方的国家则由于社会经济受到割据混战的严重摧残，无力消灭南方的国家以统一全中国。但是统一的历史在中国已存在过四百多年，统一的因素仍在程度不等地起着作用，统一仍然是中国历史发展的趋势。所以在无数割据者角逐的混乱局面中，终于出现了魏、蜀、吴三大割据范围，它们的统治者在各自的区域内削平了较小的割据势力，巩固了内部的统一，并且都力图打破均衡局面，实现全中国的统一。

——翦伯赞《中国史纲要》①

结束三国鼎立局面的西晋为何只存在了从公元280年到公元316年的短短36年？其原因学生可以从教材第85—86页内容中一瞥端倪。首先，统治政策失当，西晋王朝实行的分封制开历史的倒车，是日后导致八王之乱的重要原因。其次，西晋王朝对内迁各民族实行暴政，是西晋灭亡的另一重要原因。通过这一部分的自主学习，教师可帮助学生理解包括民族政策在内的政策因素是除经济因素以外的、维护统一多民族国家稳定的重要因素。在民族交融大背景下，只有正确的民族政策才能维护社会的稳定和发展。

接着，教师指导学生绘制南北朝时期政局图，理解南北朝并立的时代特征，落实时空观念。教师简单介绍前秦苻坚的民族笼络政策，说明在一系列政策促使下，“前秦统一了整个北方……成为十六国时期疆域最大的国家”②，但这一时期统一全国的时机并不成熟，“前秦虽

① 翦伯赞.中国史纲要[M].北京：北京大学出版社，2006：178.

② 朱绍侯.中国古代史教程[M].开封：河南大学出版社，2010：363.

然统一了北方，但政权并不稳固。当时境内民族众多，除中原的汉族外，关陇地区有卢水胡和羌人，今山西和陕西北部有匈奴……苻坚为了巩固统治，曾分关中氐族子弟15万户于各方要镇，反而削弱了氐族在关陇地区的力量"①。但苻坚没有清醒认识这一局势，不顾众人反对，发动对东晋的战争，最终不仅没有实现投鞭断流，反而陷入"风声鹤唳，草木皆兵"的境地。苻坚铩羽而归，不久北方再次陷入分裂战乱。教师可简单介绍东晋之所以能够战胜前秦，与其自身实力相对较强分不开。但东晋王朝在进入南朝时代以后也出现了大规模战乱，最终导致在南北实力对比中处于明显劣势。北朝在进入北周统治以后逐渐孕育出了再次统一全国的实力。最终统一大业被北周外戚隋文帝杨坚实现，中华大地再次走向统一。

课时二：梳理中华血脉，认识民族交融

新课标在学业要求中指出要学生"能够通过了解中国古代历史发展的总体趋势，认识统一多民族国家形成、巩固和发展的重要历史意义；通过中国古代历史上各民族的交往交流交融，认识中华民族共同体的形成是中国历史发展的必然结果，树立正确的中华民族历史观"②。因此，针对本课时提出的课程小问题为"血脉：三国两晋南北朝时期的民族交融的原因、特点、影响、代表"。

为了达成课标要求，帮助学生回答课程小问题，首先应当梳理教材资源。在本课时中，教师可先给予学生自主阅读的时间，然后指导学生以小组为单位，在第四单元的内容中寻找有关民族交流交融的同类内容，学生可以找到教材第16课第83页"孙权派人到达夷洲，加强大陆与台湾的联系"、蜀汉诸葛亮"改善民族关系，加速了西南地区的

---

① 朱绍侯.中国古代史教程[M].开封：河南大学出版社，2010：364.

② 中华人民共和国教育部.义务教育历史课程标准（2022年版）[M].北京：北京师范大学出版社，2022：13.

开发”等内容，以及教材第17课第87页“北方游牧民族内迁”、第19课第94—95页“北魏孝文帝改革”“北方地区的民族交融”等内容。教师则补充七年级上册教材第6课《动荡的春秋时期》第31页春秋争霸过程中“中原的‘诸华’‘诸夏’在同周边的戎、狄、蛮、夷等民族长期交往和斗争中，出现了大规模的民族交融”，以及七年级下册关于民族交融的内容。进而帮助学生得出中国古代民族交融的第一个特点：延续时间长，使其认识到民族交融是中国历史发展的主要线索之一，是中国历史的主流，从而实现学生对我国历史发展普遍性、规律性的认识，落实历史解释素养的培养。

接着，教师可指导学生根据《三国鼎立形势图》《西晋内迁少数民族分布图》《北魏孝文帝改革地图》(图略)认识三国两晋南北朝时期民族交融在时空方面的表现，落实时空观念素养的培养。东吴政权与台湾地区的交流位于东南地区。三国时期蜀汉政权则对西南地区进行治理，推动了民族交流发展。西晋到北魏时期民族交融的主要地区是北方。学生可根据地图和教师的提问得出：民族交融在西南、东南、东北、西北等地区都有出现，民族交融具有范围广、分布广、规模大的特点。

接下来，学生可通过教师展示的教材内外文物图片(图3-10)，总结出民族交融的其他特点。其中，文物一为南北朝时期西北甘肃一带少数民族政权前凉所造“太清丰乐”和“凉造新泉”货币。文物二为嘎仙洞刻石拓片。文物三为西北地区出土汉人胡食画像砖(蒸馍与烙饼、食用烧烤)。文物四为(北魏开凿)云冈石窟第20窟中的主佛。学生观察文物可知：经济方面，少数民族使用汉族惯用的圆形方孔钱；文化上使用汉字，佛教石窟艺术登峰造极，并且佛像的服装造型和容貌特征具有外域特征；生活习俗方面，汉人学习少数民族的生活方式如食用烧烤，吃面食等。由此得出民族交融的内容丰富，汉族与少数民族相互学习,存在中外交流等结论。这部分学习可以帮助学生落实论从史出,培养历史解释素养。

文物一

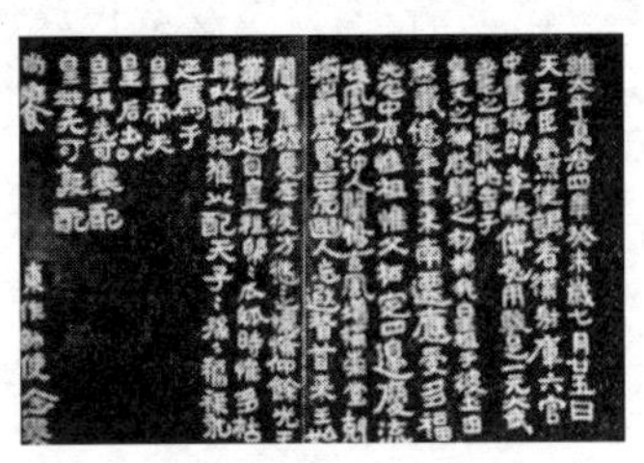

文物二

文物三

文物四

图 3-10 魏晋南北朝部分文物展示

由此,学生便可掌握这一时期民族交融的特点:延续时间长;范围广,规模大;交融内容丰富,民族间相互学习,掺杂中外交流。以上教学过程重在通过文物展示、地图实例的潜移默化,使学生学会论从史出,培养史料实证、时空观念素养。

为何会在此时出现如此大规模的民族融合?首先需要明确的是,民族融合的基本途径就是民族迁徙。三国两晋南北朝是中国历史上重要的各族大迁徙时代。民族间的迁徙主要表现在边疆少数民族向内也就是向汉族聚居区的迁徙,以及随着西晋的灭亡带来的北方汉族人民向南方地区的大量迁徙。为什么会出现民族大迁徙现象?可引导学生通过材料进行总结以得出以下结论。首先,汉族统治者的政策和经济发展的需要推动了这一时期各少数民族内迁和民族融合。其次，少数民族对汉族地区有着从经济上到生活方式和文化上的倾慕。

材料一：众多少数民族内迁是魏晋统治者“广辟塞垣，更招种落”“抚旧怀新，岁时无怠”大力招徕的结果。其目的在于解决北方地区长期战乱所造成的人口稀少、劳力短缺、田园荒芜及兵源不足等问题。魏晋政府实行相比较宽松的内迁安置政策，对内迁各族在统治方式上因族制宜、区别对待，在赋役征发上予以优惠减免，这既有利于内迁各族的经济与社会发展，又有利于汉族居民与内迁各族人民之间的交流与融合。

——《简明中国历史读本》①

材料二：东汉以来，西、北边陲的许多民族陆续向内地迁移，在辽西、幽并、关陇等地，同汉族人民犬牙交错地住在一起。这些民族的社会经济都在向上发展，在汉族的影响下，它们都在不同程度上向定居的农业生活或半农半牧生活过渡。

——翦伯赞：《中国史纲要》②

材料三：匈奴族与中原接触地带很广而时间又很长，自然要受到汉文化的某些影响。特别是西汉呼韩邪单于以后，匈奴贵族的衣服、食品、用具、乐器、刀甲、车舆、仪仗都是汉朝供给的，汉文化对匈奴的影响是更多更深了……南匈奴和许多北匈奴人愿意内附居住汉地，显然不仅是生活上的要求，同时也是对汉文化有所爱慕。

——范文澜、蔡美彪：《中国通史（第二编）》③

---

① 中国社会科学院历史研究所.简明中国历史读本[M]，北京：中国社会科学出版社，2012：175.

② 翦伯赞.中国史纲要[M].北京：北京大学出版社，2006：192.

③ 范文澜，蔡美彪.中国通史（第二编）[M].北京：人民出版社，1994：230.

那么民族融合带来怎样的影响，可引导学生通过以下文字材料进行分析。

材料一：秦文化受草原文化影响很深，隋朝的政治基因中也有深重的草原因素。其实不光是隋，初唐政治也受到鲜卑文化的深刻影响。统一了整个中国的隋唐，是鲜卑化了的汉人政权……隋朝的创立者杨坚也是一个鲜卑化的汉人……杨坚娶鲜卑柱国独孤信之女为妻，因此隋炀帝杨广身上至少有一半鲜卑血统。正是因为已经鲜卑化，所以杨坚从自己的外孙——北周的末代小皇帝周静帝手中夺取政权时，得到大多数鲜卑贵族的明确支持。隋朝建立之后，从中央到地方，从文臣到将军，鲜卑贵族都占据着非常重要的位置。这是理解隋代历史的一个重要背景。

——张宏杰：《简读中国史》①

材料二：谭其骧先生估计，从 4 世纪初期到 5 世纪中叶约 160 年间，南迁人口不少于 90 万，即北方平均每 8 个人中就有 1 个人南迁，南方平均每 6 个人中就有 1 个人来自北方。我的估计则是在这 160 年间，南迁人口及其后裔大约有 200 万。在北方，就以北魏王朝的近 150 年来说，移民次数将近 200 次，移民总数累计达到 500 万人以上。我们知道，人是文化的创造者与承载者，如此规模的人口迁移当然全面而深刻地改变了这个时代许多地区的文化面貌，比如今天的南京、镇江等地，正是在这样的背景下，告别了吴侬软语，其语言逐渐转变为夹有吴语的北方话。

——《中国通史大师课》②

材料三：少数民族的内迁也将其优秀文化以及生产生活方式

① 张宏杰.简读中国史[M].长沙：岳麓书社，2019：137－139.

② 胡阿祥，等.中国通史大师课[M].长沙：岳麓书社，2019：321.

带到了中原地区，为中原地区的发展注入了新鲜血液，丰富和发展了汉文化。如少数民族尚武勇健、粗犷豪放的气质传入中原地区，改变了中原地区清谈柔媚的社会风气，呈现了慷慨、激越、豪放的气质。

——《魏晋南北朝时期北方民族融合局面初探》①

材料四：魏晋南北朝时期的民族融合，不仅给汉族注进新鲜血液，使之不断壮大发展，而且还使汉族汲取了其他民族的文化精华，大大丰富了自身的物质文化和精神文化。其主要表现在以下几个方面。第一，少数民族的畜牧业生产品种、技术乃至一些农产品传入中原地区……第二，胡服、胡饼、胡床等的普遍制作和使用，对汉族衣食住行方面产生颇大影响……第三，汉族在语言、文学、艺术等方面吸收了少数民族的精华，胡歌、胡乐、胡舞、胡戏等的流行，给汉族为主体的中原文化增添新鲜色彩。

——《论魏晋南北朝民族融合对汉族发展的影响》②

通过以上材料学生可以得出几个结论。首先，民族间的交融推动了后世隋唐政治的发展，尤其是经过多年的发展，逐渐培养了一批优秀的政治人才，把魏晋南北朝这样混乱的时代带入了一个全新的稳定的盛世，开启了中华文明的又一个新时期。其次，以大量人口迁徙为背景的民族交融推动了中国大江南北文化面貌的变迁，对后世影响深远。此外，在相互交流学习过程中，不同生产方式和不同类型的游牧和农耕文明得以相互借鉴，推动经济文化发展。学生由此可知各民族之间的交往和交流、交融是推动“中华民族多元一体”这一发展主题的主要动力。民族关系的良好发展对国家统一具有重大历史意义，中华

---

① 秦静.魏晋南北朝时期北方民族融合局面初探[J].中学历史教学参考，2019(7)：80.

② 白翠琴.论魏晋南北朝民族融合对汉族发展的影响[J].民族研究，1990(4)：50－51.

文明之所以历经几千年风雨仍然经久不衰、开枝散叶，是因为其强大的接纳力和融合性，并建立在人类社会发展中人口迁徙这一历史现象基础之上。在迁徙中，北方汉族南下对南方的生产和生活产生积极影响，同时周边游牧民族逐渐融入中原农耕经济区域，两种不同经济类型的文明在交流互鉴中逐渐融合。

讲清楚以上内容之后，学生学习并理解北魏孝文帝改革就轻而易举。教材中对于这部分内容的描述是按照先介绍“北魏孝文帝改革”，再讲述“北方地区的民族交融”。这种叙事方法利于突出北魏孝文帝改革的重要性，但在逻辑上，学生容易把北魏孝文帝改革和民族交融的逻辑关系搞混。笔者认为，先有民族交融，才有北魏孝文帝改革。首先，北魏孝文帝改革的大背景就是民族交融，这也是这一时期中国历史发展的极大特点，顺之者昌，逆之者亡。北魏孝文帝改革的本质就是顺应民族交融这一潮流。其次，改革的内容也呈现出顺应并推动民族交融的意图。最终，北魏孝文帝改革促进了民族交融，也增强了北魏的实力。按照这一顺序开展教学，当本课时提出的课程小问题“血脉：三国两晋南北朝时期的民族交融的原因、特点、影响”得到解决之后，三国两晋南北朝时期民族交融的代表“北魏孝文帝改革”的问题自然迎刃而解。教学过程中指导学生对教材相关内容进行阅读，并以表格的形式将北魏孝文帝改革的内容进行梳理即可。当然，为了营造更活跃的课堂效果，教师可以把教材第 95 页《北魏帝王出御图》和大同市博物馆藏“游猎出行彩绘陶俑”的照片进行对比，让学生更直观理解北魏孝文帝改革以后，鲜卑族在生活方式上发生重大的变化，如服饰由原来的衣袖紧窄，交领左衽，腰述革带，下着裤装，脚蹬革靴，变为峨冠博带（高帽子和宽衣带，古代儒生和士大夫的装束）和长袍宽袖。

由此可知，民族交融重塑并扩大了中华民族共同体，促进了这一时期人力资源的平衡发展，推动后世繁荣盛世的出现。

课时三：再现南北经济，梳理统一财脉

通过课时一和课时二的学习，学生们已经掌握了三国两晋南北朝的时空概况，理解了民族交融对于这一时期政治、经济、文化发展产生的重要影响，所以课时三的教学就相对容易许多。首先引导学生自主梳理教材，了解这一时期经济发展的主要表现是教材第 18 课《东晋南朝时期江南地区的开发》第三子目"江南地区的开发"所述内容。三国两晋南北朝之前的经济发展呈现出一种不平衡性，北方经济的发展形势比南方地区好很多，但在这一时期，随着江南地区的开发，这种不平衡性被打破。随着北方地区政治军事形势的逐渐趋于缓和，其经济的发展也逐渐恢复。这种南、北方经济的共同发展为中国再次统一做好了经济上的准备，同时也为中国古代走向新的盛世局面——隋唐盛世做了铺垫。由此，本课时的课程小问题确定为"财脉，民族交融背景下的经济发展的原因、特点、影响"。

引导学生根据以下材料回答教师提问：三国两晋南北朝经济发展的背景是什么，表现有哪些？

> 材料：汉魏以来，不断有百姓南徙。西晋惠帝初年，北方发生了"八王之乱"，前后混战达十六年之久，再加上天灾连年，人民无法生活下去，纷纷外逃。有的迁徙辽东，有的移居西北，但更多的是迁往江南……南来百姓和当地人民一起，对江南的农业生产在两汉、孙吴的基础上进一步加以发展。主要的农具犁又有改进，过去的火耕水耨已渐被淘汰，改为采用粪肥。南方一向植稻，这时除了水稻以外，也开始种麦……三国两晋以来，由于南方的农业生产发展比较快，中国在传统上农业中心稳居北方的形势已经渐渐改变，农业生产的重心已渐向南方转移了。
>
> ——《中国古代经济简史》①

① 复旦大学，上海财经学院.中国古代经济简史[M].上海：上海人民出版社，1997：122－123.

学生分析材料可知这一时期经济发展的大背景是北民南迁，也就是在民族的融合大背景下南方地区的经济获得发展。结合之前学习的形势图可知南方地区虽也有战争肆虐、政权更迭，但是相对于北方的持续战乱和政权林立，仍处于相对稳定的局面。越是稳定的环境，对于经济的发展、社会秩序的恢复越有利。接着，可引导学生根据材料并结合教材第 91—92 页内容，得出经济发展的表现有生产工具的改进、生产技术的换代，以及小麦的种植和经济作物的种植等。除了农业，手工业和商业也发展较快。学生可由此得知本课小问题的答案：此时期经济发展的特点是农业、手工业和商业都获得发展，影响是农业生产的重心逐渐向南方转移。

这一时期北方经济的发展在教材中的地位并不重要，也不属考查内容，因此做简单处理。相对于南方的快速发展，北方地区经济的发展呈现出波动局面。比如在北魏初期，农业经济获得较好发展，并呈现出民族融合对经济发展的影响。“总之，在北魏统治初期，经济构成是比较复杂的，从生产部类来看，牧畜经济占着重要的位置，而农业经济也在迅速发展。”①但在战乱时期，经济发展较差。

总而言之，通过以上教学，学生可以理解这一时期中国古代经济发展在地理范围上逐渐扩大，传统的经济发达地区不再局限于北方的黄河中下游地区，而扩大到了长江中下游，中国经济的发展逐渐趋向于南北方平衡的局面。

课时四：梳理文化成就，探寻文化密码

在前三个课时的基础上，学生掌握了民族交融推动三国两晋南北朝政治、经济发展的史实。以此为基础，本课时重点关注民族交融背

---

① 汤明檖.中国古代社会经济史（春秋战国至南北朝）[M].郑州：中州书画社，1982：252.

景下科技与文化也获得发展，并且呈现出新特点，影响深远。因此本课时的课程小问题定为“文脉，民族交融背景下的科技与文化发展的表现、特点和影响”。

首先，引导学生自主梳理教材并以表格的形式将魏晋南北朝的科技与文化进行总结。

表 3-7　魏晋南北朝文化成果汇总

领域	人　物	成　就	门　类	地　位
科技	贾思勰	《齐民要术》	农业生产	我国现存最早的一部完整的农书
	祖冲之	圆周率、《缀数》《大明历》、机械制造	数学、天文历法、机械	圆周率的计算领先世界近千年，《大明历》是当时最先进的历法
艺术	钟繇、胡昭、王羲之等	楷书、《兰亭集序》、魏碑	书法	《兰亭集序》被称为“天下第一行书”，王羲之被誉为“书圣”
	顾恺之等	《女史箴图》《洛神赋图》	宗教画、人物画、山水画	宗教画占主要地位，山水画开始形成
	劳动人民	云冈石窟、龙门石窟	石窟艺术	四大石窟、艺术瑰宝

教师向学生询问根据表 3-7 可知这一时期科技文化发展有哪些特点。学生根据表格可回答出特点一是魏晋南北朝的科技文化呈现出科技与艺术并行，内容丰富，成果显著等特点。教师继续提问，请学生结合教材和材料回答这一时期的科技文化还具有哪些特点。学生根据教材第 97 页内容可知贾思勰“整理古书中记载的农业知识”；从第 98 页相关史事和人物介绍可知祖冲之“借助了中国人发明的一种古老的计算工具——算筹”，而祖冲之的研究成果收集在其所著《缀数》一书中，该书在唐朝时被官方规定为算学的主要课本；从第 99 页内容可知书法艺术建立在科技成就造纸术的发明和改进的基础之上，书法艺术的发展也历经几朝，出现了楷书、行书、魏碑等艺术形式；从第 101 页内

容可知石窟艺术继承了秦汉以来的优良传统。通过这些内容,学生可以顺利得出特点二是魏晋南北朝的科技、文化具有继承性和创新性。

学生通过祖冲之在数学以及其他方面的成就可知其发明中很多都是为解决生活中的实际问题。接着教师可展示《齐民要术》概要并介绍贾思勰长期与劳动人民生活在一起,广泛搜集,观察,实验,才完成《齐民要术》这样的伟大著作,并指出"齐民"是指平民百姓,"要术"就是指谋生的方法。

材料一:最终形成的全书计十卷九十二篇……大致分布如下。

卷一:垦荒、整地一篇,收种子一篇,种谷子一篇;

卷二:各种粮食、纤维、油料作物的栽培种植共十三篇;

卷三:主要蔬菜的栽培共十三篇,杂说一篇;

卷四:木本植物栽培总论二篇,各种果树共十二篇;

卷五:材用树木和染料植物等共十一篇;

卷六:畜牧和养鱼共六篇;

卷七和卷八上半:货殖一篇,涂瓮一篇,酿造酒、酱、醋、豉共九篇;

卷八下半和卷九大半:食品加工、保存和烹调共十七篇;

卷九末:制胶和制笔墨二篇;

卷十:"五谷、果蓏、菜茹非中国物产者"一篇。

——贾思勰:《齐民要术》①

材料二:他作《齐民要术》时"采捃经传,爰及歌谣,询之老成,验之行事"把丰富的书本知识同农民的生产经验以及自己的实践密切结合在一起,这样就更增加了《齐民要术》的科学价值。

——翦伯赞:《中国史纲要》②

---

① 贾思勰.齐民要术[M].石声汉,译注.北京:中华书局,2015:14-15.

② 翦伯赞.中国史纲要[M].北京:北京大学出版社,2006:264.

学生根据以上材料可知《齐民要术》处处重视农业技术，作者也亲自参加农业生产，所以它体现了以民生为本的务实精神，有着脚踏实地服务于民的特点。同时《齐民要术》几乎面面俱到地记载了农、林、牧、副、渔等诸多内容，十分全面而丰富。此外《齐民要术》还体现了民族交融的特点。学生由此可得出魏晋南北朝科技、文化的第三个特点是民族融合，全面丰富，继承创新，以民为本，脚踏实地。

教师继续展示材料并设置提问，通过材料中的图片可知这一时期文化具有什么特点。引导学生通过小组探讨的方式得出魏晋南北朝科技、文化的第四个特点是融合外来文化特色。

材料一：《云冈石窟第 20 窟的主佛》(图略)

材料二：不过应当说，佛教影响中国民众非常之深，在中国历史上还没有一个宗教像佛教这样深入地影响着中国……接受了佛教思想的中国人，同样也接受了佛教关于解脱的方法，如开石窟、修寺庙、建佛像、抄经卷。那个时候，无论是南方还是北方，都修建了大量的石窟、寺院。

——葛兆光：《古代中国文化讲义》①

教师继续提问，请学生根据材料分析佛教在中国的发展呈现出怎样的趋势，体现了中华文明具有怎样的特点。引导学生得出结论，即佛教在中国的发展呈现出中国化特点，与中国的政治、社会相融合。中华文明是具有海纳百川特性的代表。

材料三：在中国，佛教也出现了不同宗派，(这些宗派)对佛教经典的排序也不同。但天才的中国人善于融会贯通。中国佛教吸收了早期佛教的经典和冥想修行方式，也吸收了大乘佛教思想，描绘了一系列佛陀的形象……都体现了唯一的终极存在。中

① 葛兆光.古代中国文化讲义[M].上海：复旦大学出版社，2012：87.

国佛教还吸收了佛教苦修派的经典和修行方式。最后，在天台宗里，中国人把以上各方面结合起来，视作唯一真理的不同层面……佛教在社会层面上也适应了中国现实……此外，中国和印度佛教的另一个不同点是在中国，佛教受到国家的更多管理。就像佛教不能破坏家庭的完整性，佛教也不能减少国家的土地税收。因此，国家对僧尼和寺庙土地的数量都进行了限制，并且僧尼出家前要获得国家的许可。但实际上，这些规定常常得不到执行。

——《哈佛极简中国史：从文明起源到20世纪》①

本课时通过以上教学内容，最终帮助学生认识中华文明的文化密码：脚踏实地，具有以民生为本的务实精神；仰望星空，继承创新的浪漫情怀；兼收并蓄，具有海纳百川的广阔胸襟；消化吸收，产生造福中华的自信从容。

通过以上教学，学生可知这一时期文化的发展从内容到特点，都突破了原有的黄河中下游汉族地区中心文化范围，吸收了不同文化成果，突破了固有的汉文化一家独大的文化结构，从而实现了重塑经济、文化平衡，发展了中华文明。

四、组问题，成结构

至此，"问题教学"对本单元内容进行的拆分重组以及重组后对课程小问题的回答都已经在教学活动中完成。通过四个课程小问题的分别攻克，已经为本课的单元大问题的解决奠定了基础。在课程的最后，可以引导学生将四个已经取得的课程小问题的答案予以重新梳理和总结，使学生进而形成一套完整的第四单元的知识体系，帮助学生

① 阿尔伯特·克雷格.哈佛极简中国史：从文明起源到20世纪[M].李阳，译.北京：中信出版社，2019：86.

解决“三国两晋南北朝:嬗变与重塑平衡”这一单元大问题,使这一单元的“问题教学”告一段落。

参考文献

一、中文部分

[1] 中华人民共和国教育部.义务教育历史课程标准(2022年版)[M].北京:北京师范大学出版社,2022.

[2] 吴汝康.古人类学[M].北京:文物出版社,1989.

[3] 贾兰坡.中国猿人及其文化[M].北京:中华书局,1964.

[4] 苏秉琦.满天星斗:苏秉琦论远古中国[M].北京:生活·读书·新知三联书店,2022.

[5] 恩格斯.劳动在从猿到人转变过程中的作用[M].北京:人民出版社,1971.

[6] 郑师渠,王冠英.中国文化通史:先秦卷01[M].北京:北京师范大学出版社,2017.

[7] 孙铁钢.中国旧石器时代[M].台北:文史哲出版社,1985.

[8] 缪雅娟.中国新石器时代考古八十四年文献目录[M].北京:社会科学文献出版社,2017.

[9] 斯塔夫里阿诺斯.全球通史:从史前史到21世纪[M].北京:北京大学出版社,2011.

[10] 张岂之,刘宝才,等.中国历史·先秦卷[M].北京:高等教育出版社,2007.

[11] 司马迁.史记[M].北京:中信出版集团,2018.

[12] 李玄伯.古史辨[M].上海:上海古籍出版社,1982.

[13] 费孝通.中华民族多元一体格局[M].北京:中央民族大学出版社,1999.

[14] 中共中央马克思恩格斯列宁斯大林著作编译局.马克思恩格斯选集[M].北京:人民出版社,1972.

[15] 阎步克.波峰与波谷[M].北京:北京大学出版社,2017.

[16] 夏曾佑.中国古代史[M].石家庄:河北教育出版社,2000.

[17] 西嶋定生.秦汉帝国:中国古代帝国之兴亡[M].顾姗姗,译.北京:社会科学文献出版社,2017.

[18] 侯杨方.盛世:西汉[M].北京:中信出版集团,2019.

[19] 金春峰.汉代思想史[M].北京:中国社会科学出版社,1987.

[20] 朱绍侯,张海鹏,齐涛.中国古代史[M].福州:福建人民出版社,2000.

[21] 斯文·赫定.丝绸之路[M].江红,李佩娟,译.乌鲁木齐:新疆人民出版社,2013.

[22] 李约瑟.中国科学技术史·导论[M].袁翰青,王冰,于佳,译.北京:科学出版社,1990.

[23] 孟祥才.中国政治制度通史[M].北京:人民出版社,1996.

[24] 翦伯赞.中国史纲要[M].北京,北京大学出版社,2006.

[25] 朱绍侯.中国古代史教程[M].开封:河南大学出版社,2010.

[26] 中国社会科学院历史研究所.简明中国历史读本[M].北京:中国社会科学出版社,2012.

[27] 范文澜,蔡美彪.中国通史(第二编)[M].北京:人民出版社,1994.

[28] 张宏杰.简读中国史[M].长沙:岳麓书社,2019.

[29] 胡阿祥,等.中国通史大师课[M].长沙:岳麓书社,2019.

[30] 复旦大学,上海财经学院.中国古代经济简史[M].上海:上海人民出版社,1997.

[31] 汤明檖.中国古代社会经济史(春秋战国至南北朝)[M].郑

州：中州书画社，1982.

［32］贾思勰.齐民要术［M］.石声汉，译注.北京：中华书局，2015.

［33］葛兆光.古代中国文化讲义［M］.上海：复旦大学出版社，2012.

［34］阿尔伯特·克雷格.哈佛极简中国史：从文明起源到20世纪［M］.李阳，译.北京：中信出版社，2019.

二、英文部分

［1］Scott Alan Metzger，Lauren McArthur Harris. The Wiley International Handbook of History Teaching and Learning［M］. Hoboken：John Wiley & Sons，Inc，2018.

［2］Jill M. Gradwell. Using Sources to Teach History for the Common Good：A Case of One Teacher's Purpose［J］. The Journal of Social Studies Research，34(1).

［3］Stacy Duffield，Justin Wageman，Angela Hodge. Examining how professional development impacted teachers and students of U.S. history courses［J］. The Journal of Social Studies Research，2013.

第四章　初中历史“问题教学”课程实例：七年级下册部分

作为七年级上册的延续，七年级下册教材依旧保持了中国古代史所独有的特征，将政治史、经济史、科技文化史相结合，按照通史体例进行编排。这样的教材安排，显然非常有利于学生基础知识的获得以及知识体系的构建。同时，因为七年级上册的学习，学生在此时已经获得了足够的基础知识，对如何学习中国古代史也已经掌握了足够的技能，使得教师在安排七年级下册的教学时，对于其学习能力的要求可以做进一步提升。当然，这并不意味着七年级下册的学习对于初一的学生而言就已经没有难度。相反，相对于七年级上册，下册最大的不同在于，单元的数量和课时的数量都明显增加。与之相对应的，七年级下册教材中所包含的朝代、所囊括的知识点，也都要庞杂得多，这些都给七年级下册的教学制造了不少难度。对于“问题教学”的实施来说，这既是挑战，也大有裨益。

第一节　教材概况总论及本章实例说明

在史实编排上，七年级下册教材的内容完全无缝衔接七年级上册。从隋朝的建立与统一开始，七年级下册的第一单元将中国历史引入了最为强盛的隋唐时代，并且对唐朝进行了全方位、立体化的展示，课程包含唐朝前期的贤君时代、唐朝的经济文化成就、唐朝的民族关系与对外交流、唐朝的衰亡，等等，向学生展示了一个全景式的唐朝。

从第二单元开始，教材呈现了宋元时期的历史，包括处于民族政权分立时期的辽宋夏金时代各个政权所经历的政治变迁与双边关系，重点阐述了两宋时期中原与江南地区的经济繁荣。对于元朝的建立，教材中最为重要的内容，即是论述元朝独树一帜且具有开创性和实效性的边疆治理模式。

在第三单元中，教材详细展现了明清时代进入封建社会晚期的中国在政治变迁、经济发展与科技成果等方面的成就，同时也揭示了明清两代中国所面临的盛世之下的危机。当然，对于明朝辉煌的郑和下西洋，以及清朝的边疆治理等内容，教材自然是大书特书，予以详细阐述。换言之，整个七年级下册的教材，做到了对各个朝代进行总体上的完整梳理，同时也做到了对每一个朝代所拥有的独特的阶段特征加以突出。例如，对于隋唐时代，教材不惜篇章地突出了隋唐统一多民族国家局面之下的繁荣与强大。宋元时代，中国从政权分立走向堪称“大中国”的元朝统一，经济空前繁荣，科技发展领先于世界，边疆治理初见雏形。在明清时代，从郑和下西洋到戚继光抗倭，从伊犁将军府的功绩到雅克萨之战，中国在外交和边疆治理上都取得了相当夺目的成果。因此，七年级下册的教学，将会向学生展示一个古代世界最强大最繁盛的中国，并同时让学生明白，今日中国所歌颂的伟大复兴之任重道远，从而激发学生的时代责任感。

毫无疑问，在七年级下册开展“问题教学”，完全不会缺乏单元大问题设计上的灵感和路径，毕竟教材中的各个主题在初步审视的过程中就已经非常鲜明，接下来要做的，就是要将这些主题转化为“问题教学”体系中的单元大问题，然后再结合具体的单元内容进行拆分重组即可。

本章内容由朱英老师撰写的《“问题教学”与“隋唐时代”》、陶然老师撰写的《“问题教学”与“辽宋夏金元”时代》，以及姚敏老师执笔的

《“问题教学”视阈下的“明清时期”》三部分构成。来自重庆八中宏帆中学校的朱英老师，作为本书作者团队中极其年轻的成员，在教学、教研与写作方面都有很高的天赋，这从她的文章中足见一斑。来自重庆市育才中学校的陶然老师与姚敏老师，长期在教研组内担任中坚力量，无论在教学方面还是在教研方面，都对其他青年教师起着示范引领的作用。陶然老师的教研方向偏重于文化史，姚敏老师则对思想史情有独钟，两者的写作风格都颇具个人色彩。同时，两人对教研的严谨态度，也在文中鲜明可见。

第二节 “问题教学”与“隋唐时代”

一、“隋唐时期”的问题构建

（一）单元大问题的提出

部编版教材七年级下册第一单元所述的历史时期正处于三国两晋南北朝这个分裂时期之后的大一统时代。这也是中国历史上第二个大一统时期，它不仅结束了数百年的政权分立状态，而且在政治、经济、文化、艺术、民族关系、对外交流等各方面取得了丰硕的成果。隋唐时期的诸多创新不仅深刻影响了后世，更推动了世界文明的发展进程，如日本吸收隋唐先进文化完成了社会的转型。因此，隋唐王朝不论是在中国历史上，还是在世界历史上，都有着举足轻重的作用。

从课程标准来看，要求学生们了解科举制的创建、大运河的开通、文成公主入藏、鉴真东渡、玄奘西行等史事，从制度、经济、文学艺术、民族交融、中外文化交流等方面认识隋唐王朝在世界历史上的重要地位①。从

① 中华人民共和国教育部.义务教育历史课程标准(2022 版)[M].北京：北京师范大学出版社，2022：13.

中可以看出，课标强调了隋唐王朝在各个领域的重大成就及其对世界所产生的重要作用。

从本单元课时构成来分析，本单元一共包含五个课时的内容。教材第1课讲述隋朝从统一到衰亡的过程和隋朝的两大创举：开通大运河和科举制的创立。这两大创举不仅为隋唐的发展奠定了重要的基础，更深刻影响了后世数千年。科举制开创了通过考试选拔人才的方式，这种方式一直持续至今，而大运河的开通更为当时和我们今天南北的交流沟通做出重大贡献。教材第2课至第4课分别从不同的维度阐述唐朝走向鼎盛的过程以及大唐繁荣与开放的具体体现。其中，第2课讲述的是唐朝前期在几位帝王的励精图治下一步步走向盛世的动态过程；第3课从经济、文学艺术、民族交融和社会风气等几个方面呈现盛唐时期的繁盛景象。教材第5课则讲述了盛极一时的唐朝突然衰亡的原因和陷入五代十国分裂时期的历程。

纵览整个单元，隋朝的占比非常少，只有1课时的内容，因此刚开始笔者将本单元核心词确定为“大唐盛世”，将单元大问题定位为“大唐何以走向鼎盛？”，而将隋朝作为大唐盛世出现的背景。这样的逻辑虽然没有问题，但本单元的单元标题是“隋唐时期：繁荣与开放的时代”，可见教科书编写者想传达的意思是繁荣与开放不仅仅局限于唐朝，而是包含整个隋唐时代。众多史书的记载都反映了隋朝的富有，如马端临在《文献通考》中称“古今称国计之富者莫如隋”，可见隋朝不可谓不繁荣。隋朝科举制的创立则使下层人民得以参政，从某种意义上来说打破了上层贵族对政权的垄断，是政治上对下层人民的开放。隋朝时期还通过各种方式促进了民族间关系的发展和交融，如日本派遣使节来到隋朝学习，称为“遣隋使”，在课后知识拓展内容中也提到了隋炀帝派人三赴琉球，加强了台湾与大陆的联系，隋朝不可谓不开放。由此可见，不能因为隋朝存在时间短、课时内容少就忽略这个短暂而绚烂的王朝。

故此，笔者将本单元的核心词锁定为“盛世隋唐”，再结合单元的教学内容将本单元的大问题设置为“盛世隋唐如何兴起、鼎盛，最后走向衰亡?”。这一问题不仅囊括隋唐从兴起到衰亡的历史发展进程，而且还包含其出现的原因以及表现，非常宏观，可谓凌驾于单元之上，因此要将该大问题进行拆分，便于更好地与课程教学相结合。

(二) 单元大问题的拆分

针对本单元中的内容，将刚刚提出的单元大问题进行拆分，形成下列几个与教材课程设置相符合的次级问题。

次级问题一：隋唐何以成就盛世?

次级问题二：盛世隋唐有怎样的风采?

次级问题三：盛世隋唐为何覆灭?

以上三个次级问题是根据单元大问题来进行拆分形成的，依旧很宏观，为了更好地与教材内容相结合并融入课堂教学中，需要设计形成课程小问题。

次级问题一的核心是盛世隋唐出现的原因，其所涉包含了教材第1课和第2课的内容。教材第2课《从“贞观之治”到“开元盛世”》可以说是介绍唐朝盛世的表现，但是仔细研读就会发现其关注的是唐朝从兴起到走向鼎盛的过程，具体讲述了唐太宗、武则天和唐玄宗所采取的政策，因此也可以理解为唐朝盛世出现的原因，即三位统治者的励精图治。基于以上分析，笔者将第2课纳入次级问题一中进行探讨。隋唐成就盛世的原因很多，就本单元而言，涉及政治前提即国家再度统一，大运河的开通促进南北经济交流，科举制的确立为统治集团选拔大量人才，以及隋唐前期统治者的一系列励精图治的措施，因此在实际教学过程中，可以将次级问题一拆分为两个课程小问题，即“隋唐为何能再度实现大一统?”“隋唐帝王如何为盛世助力?”。第一个小问题涉及隋统一的原因以及隋唐的更迭，第二个小问题涉及隋文帝、隋炀帝、唐太宗、武则天、唐玄宗等皇帝在治国理政等方面所采取的具体措施。这样的课程小问题，既能够非常精准地在教材中找到相关信息来解答，也符合初一学生的学情。

次级问题二主要涉及第3课和第4课的内容，但是前面出现的“开皇之治”“贞观之治”以及“开元盛世”都属于盛世风采，即隋唐出现的诸多繁荣时期，并且这部分内容在次级问题一也已涉及，所以这里只需要简单提及即可。那么结合教材的单元标题“繁荣与开放的时代”，可以将次级问题二拆分为两个课程小问题，即“隋唐繁荣具体体现在哪些方面？”“隋唐对周边少数民族和其他国家是如何开放的？”。第一个小问题可从经济和文化两个角度切入，涉及隋朝的“开皇之治”，唐朝农业、手工业和商业的发展，以及唐朝诗歌、书法、绘画等方面的内容。第二个小问题则分为对内和对外。对内即民族关系的交往交融和开放的社会风气；对外即唐朝与日本、新罗、古印度的文化交流。这样的设计打破了课时与课时之间的壁垒，要求学生对课程内容较为熟悉，有一定的教学难度，但是可以很好地帮助学生从宏观把握隋唐的时代特征，也可以提升学生自主学习和探究的能力，以及对信息进行提取、归纳的能力。

解决了以上两个次级问题之后，次级问题三所涵盖的内容相对来说就非常简单了，结合教材可以将该问题拆分为两个课程小问题，即“隋朝为何短暂而亡？”“安史之乱带来怎样的历史影响？”。第一个课程小问题对应第1课隋炀帝的残暴统治的具体措施，第二个课程小问题完全与第5课相对应，即安史之乱发生的原因、经过以及对唐朝和后世的影响。由此，三个次级问题已经全部安排妥当了（见图4-1），接下来我们要探讨的是如何在实际的教学实践中去落实拆分出来的课程小问题。

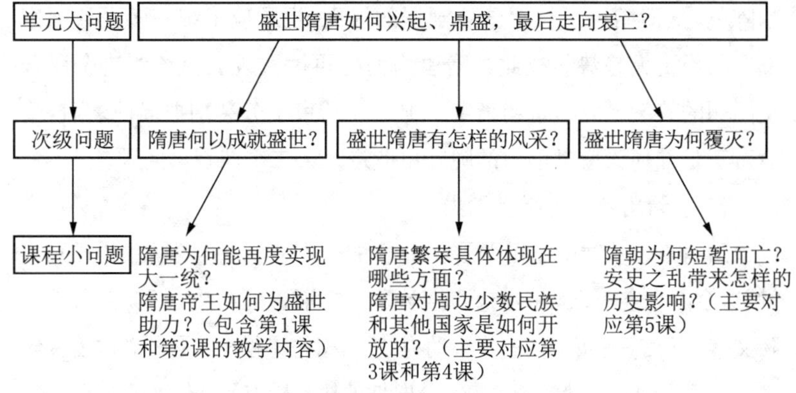

图 4-1　隋唐主题的问题体系建构

二、“盛世隋唐”主题问题的落地

完成了以上对单元大问题和课程小问题的拆分之后，接下来就要把这些课程小问题落实到教学实践中。

（一）隋唐王朝大一统的原因

隋唐王朝能够结束三国两晋南北朝的分裂割据局面，再度重构大一统王朝是历史必然性和偶然性的统一。因此，在针对这一个课程小问题的教学中，教师应该首先回顾三国两晋南北朝的历史，引导学生理解三国两晋南北朝以来历史发展的大趋势，即在打破重组中孕育着统一的因素，如北方少数民族内迁、北魏孝文帝改革等不仅促进了民族间的交流与交融，也为中华民族的发展注入了生机和活力，丰富了中华民族的物质文化和精神文化，文化认同心理逐渐形成。学生可以得出结论，三国两晋南北朝的民族交融不断深入，使得分裂割据局面走向终结，中华民族重归统一成为历史的必然。对于历史的偶然性，则是英雄人物杨坚的出现。杨坚凭借外戚的身份掌握了北周的大权，建立了隋朝，在他的精心策划下，最终南下消灭了南方的最后一个王朝陈朝，从而结束了长期分裂割据的局面，也顺应了统一多民族国家发展的历史大趋势。故此，“隋唐为何能再度实现大一统?”这个课程小问题的答案已经非常明晰了。那么在结束了分裂割据局面之后，隋唐帝王是如何为盛世助力的呢？由此进入第二个课程小问题。

（二）隋唐帝王为盛世助力

隋唐王朝从结束三国两晋南北朝的分裂割据一直发展到“开元盛世”这个国力空前强大的鼎盛时期，是一个渐进的历史过程，它离不开隋文帝、唐太宗等帝王的一步步助力，所以相关课程小问题的解决需要学生以时间为顺序梳理各个帝王在位时期的执政措施及其带来的影响。

首先是隋朝的两个皇帝隋文帝和隋炀帝。隋文帝在统一之后，在经济和政治上采取了一系列措施。例如，经济上编订户籍，统一币制和度量衡；政治上初步形成三省六部制，加强中央集权，使隋朝人口和垦田面积增加，成为国力强盛的王朝，史称“开皇之治”。接替他的隋炀帝虽然备受历史争议，但其开通大运河和确立科举制确实是两项创举。开通大运河加强了南北交通，促进了南北经济的交流和发展。科举制的确立，使真正有才学的人得以参政，为盛世的到来选拔了大量的统治人才。由此可见，隋朝两位君主为盛世的到来打下了坚实的基础。在这一部分的教学里面，教师略讲隋炀帝的具体措施时，重心无疑是讲隋炀帝的两项创举。对于大运河开通的原因和意义，教师可展示以下材料。

材料一：江南之为国盛矣……会土带海傍湖，良畴亦数十万顷……荆城跨南楚之富，扬部有全吴之沃，鱼盐杞梓之利，充仞八方，丝棉布帛之饶，覆衣天下。

——南朝·沈约《宋书》

材料二：（隋炀帝）将兴辽东之役，自洛口开渠，达于涿郡，以通运漕。

——《隋书》

材料三：舳舻千里泛归舟，言旋旧镇下扬州。借问扬州在何处，淮南江北海西头。

——杨广《泛龙舟》

通过对材料的解读，使学生知道大运河开通的原因既有隋炀帝加强对江南统治的需要，也有他个人想要游玩江南的私心。大运河的开通改变了原来南北之间交流不便的状况。对于大运河的组成，教师需要运用地图让学生知道大运河是在已有的天然河道和古运河的基础之上开凿的，开凿过程中投入了大量的人力、物力、财力，从而为后面辩证评价隋炀帝做铺垫。

其次是说明唐朝三位君主在位时期的措施促进了盛世隋唐的到来。在讲唐太宗之前，教师可先简单讲解唐朝建立的概况。618 年，隋炀帝在江都被杀，同年李渊建立唐朝，随后唐朝统一了全国。唐朝初期经历了储位之争，在玄武门之变后，李世民即位，是为唐太宗。接下来的重点就是探讨唐朝的帝王采取了哪些具体措施使唐朝的国力一步步变得更加强大，最终走向鼎盛。在讲这个问题之前，因为学生对唐朝皇帝的继位顺序和人物关系的认识比较模糊，教师可以先通过展示时间轴的方式，帮助学生简单梳理唐前期重要帝王的继位顺序，使学生形成基本的时间框架。

图 4-2　唐初帝位继承简图

再次，在分析唐朝走向盛世的原因之前，教师在这部分内容的教学中，可以先采取表格归纳法（见表 4-1），让学生从教科书中归纳三位帝王在政治、经济、文化等方面采取了哪些措施。在学生归纳，教师补充之后，再引导学生透过现象看本质，思考唐朝能够走向盛世的原因。

例如,统治者重视人才,心存百姓;统治者虚心纳谏,采取了利国利民的措施等。对这个问题的思考可以引导学生感知英雄人物对历史发展起到重大推动作用,培养学生的唯物史观核心素养。这样的问题设计,不仅可以培养初一学生自主阅读、分析问题的能力,也可以在教学过程中慢慢渗透历史学科核心素养,为后面的学习打下基础。

表 4-1　唐太宗、武则天与唐玄宗的治国政策对比

帝　王	政　治	经　济	文　化	其　他	影　响
唐太宗	重视人才,完善三省六部制和科举制	减轻人民负担		制定法律,减轻刑罚	史称“贞观之治”
武则天	重视人才,大力发展科举制,创立殿试	重视农业,减轻人民负担		击败突厥,扩展边疆	“政启开元,治宏贞观”
唐玄宗	整顿吏治	重视发展经济	注重文教,编修典籍		史称“开元盛世”

把第二个课程小问题讲解清楚之后,学生们已经可以感知到在历代统治者的励精图治下,隋唐的繁荣已经呼之欲出。那么隋唐盛世有怎样的风采呢?由此可自然而然进入下一个课程小问题的学习。

(三)隋唐繁荣的具体体现

结合教材我们知道,隋唐的繁荣主要指经济和文化的繁荣。对隋朝经济繁荣的学习主要集中在第 1 课中的“开皇之治”,前面的课程小问题中已经涉及,这里略讲即可。

接下来我们重点要探讨的是唐朝经济的繁荣,即从农业、手工业和商业三个方面向学生展现唐朝经济的繁荣。对于农业,教材上有三幅图(《雨中耕作图》《曲辕犁》《筒车示意图》)以及一段材料来辅助学生理解唐朝农业的发展。如何深挖教材,通过图片和材料解读帮助学生体会唐朝农业的发展呢?首先,教师引导学生整体感知《雨中耕作图》,询问其看到了什么?图上有哪些人?他们在做什么?学生可看到图上乌云密布，天空即将下起大雨；有的人在抓紧时间往家里运送收割的稻草；左侧的人左手挥舞着鞭子，右手扶犁驾牛，在田间加紧耕作；下方有几个人在急匆匆吃饭。整体感知后，教师从犁这个小细节入手，通过对比曲辕犁和直辕犁，使学生知道这个时期唐朝的生产工具较之前进步了，不仅出现了曲辕犁这种省力轻巧的耕作工具，还出现了灌溉工具，即筒车。结合曲辕犁、筒车的史料和图片，引导学生理解生产工具的进步推动了社会经济的发展。

除了生产工具的进步推动了唐朝农业的发展，教师可再引导学生仔细思考：从图片中，你发现唐朝经济繁荣的原因除了生产工具进步所起的推动作用，还有什么其他重要因素呢？学生最终会发现人民群众的辛勤劳动也是重要的原因之一，教师可由此帮助学生明白人民群众是历史的创造者。唐朝手工业的繁荣体现在很多方面，如蜀锦、瓷器、陶器等，教师在实际教学中不可能面面俱到地细细讲解，可只以唐三彩为典型例子进行分析。教师展示唐三彩骑驼乐舞俑的仿制品，引导学生从颜色、造型、人员构成等进行观察并讲解。从学生的直观感受中，教师可引导学生从文物理解那个时代，看到一个繁荣、强大、开放、包容的唐朝。关于商业，教材上有货币、唐长安城平面示意图和相关事实材料。这里教师完全可以从长安城平面示意图出发，从它的布局、人员构成、人口数量等方面剖析唐朝商业的繁荣，也可以将此时的长安城和世界上其他城市的人口和规模进行对比，使学生更直观地感受到唐长安规模的宏大和繁荣。

其次是艺术的繁荣，唐朝的诗歌、书画、绘画作品在教材上都有呈现，教师可以通过和学生一起分析诗歌，从诗歌中看唐朝，也可通过观察、欣赏颜真卿、柳公权、吴道子等人的作品，从作品中去感知那个时代的气象。通过以上对教材和文本的深入解读，唐朝一派繁荣的景象已经历历在目，而在这个过程中，学生的观察力、思维力、想象力以及学科的核心素养都得到了有效培养。隋唐经济和艺术的繁荣也为它的开放提供了强大的底气。接下来就可与学生探讨隋唐对外开放是如何具体开展的。

(四) 隋唐对周边民族和其他国家的开放

首先是对周边民族地区的开放。关于隋朝的开放,教材所涉内容很少,只在课后知识拓展中讲到隋炀帝与台湾的联系,教师可以简要阐述,为后面元朝时期学习中央政府对台湾的管理做铺垫。我们重点要讨论的是唐朝的对外开放。隋唐时期能够对外开放,跟统治者本身的情况关系密切,教师可以简单提及唐太宗身上有鲜卑族的血脉。除了唐太宗,整个隋唐王朝跟少数民族,尤其是鲜卑族的联姻非常频繁,如隋文帝与鲜卑族独孤伽罗联姻,唐高祖的母亲也是鲜卑族的女子,所以隋唐时期民族间的隔阂已经变淡了。其次可出示《资治通鉴》中记载的唐太宗的一句话:“自古皆贵中华,贱夷狄,朕独爱之如一。”通过对该材料进行细细解读,学生可以感知唐朝民族政策开放的原因,由此引出唐与周边民族交往的具体史实。对于唐与周边民族的交往政策,教材提到的帝王很多,主要有唐太宗、唐高宗、武则天、唐中宗、唐玄宗、唐穆宗,为了帮助学生理清思路,教师仍然可以采取表格归纳法帮助学生建构。

表 4-2 唐朝的民族与边疆政策

	民族	措施	意义
唐太宗	吐蕃、西突厥	文成公主入藏,击败西突厥,设置安西都护府	促进吐蕃的发展,加强了对西域的统治
唐高宗	回纥、突厥	灭西突厥	中央政权完全统一西域
武则天	突厥	设置北庭都护府	加强了对西域的管理
唐中宗	吐蕃	金城公主入藏	加强唐与吐蕃的联系
唐玄宗	回纥	册封渤海郡王、怀仁可汗、云南王	民族交融进一步加强
唐穆宗	吐蕃	订立盟约	促进民族关系的发展

学生在完成填表后，教师再进一步引导学生思考：唐采取了哪些措施促进了与周边民族的关系的发展。学生不难发现，唐朝通过和亲、战争、册封、设置机构等各种方式加强了对周边民族的管理，促进了周边民族地区的发展，也促进了民族交融。民族间的交融就是相互学习，你中有我，我中有你，唐朝时期人民在衣食住行很多方面都受到西北少数民族的影响，有着尚武豪迈的气象，教师可以解读教材上唐朝女子骑马、下棋、演奏乐器等图片，引导学生感知这不仅仅体现了当时的民族交融，更是唐朝社会风气开放的表现，他们敢于学习其他民族的文化。这种开放和包容，不仅是唐文化繁荣、自信的体现，更是中华文明历经千年绵延不绝的原因之一。通过以上的学习，学生对唐朝如何促进与周边民族的关系已经有了全面深入的了解，也感知到了唐文化的开放与包容，其为唐文化的传播和对外交流打下了基础。

唐文化的自信不仅局限于吸纳周边民族的文化，唐人更是敢于吸纳外国优秀文化，同时也愿意把自己优秀的文化传播到其他地方。教材第 4 课《唐朝的中外文化交流》从双边关系阐述唐朝的文化盛况，其内容看似简单，但是如何把历史课上得生动有趣是非常具有挑战性的。历史教学的本质是要回归人，因此本课可以以唐文化为核心，讲述那些为了传播文化而历经千辛万苦的人们的旅途，来帮助学生感知人生没有一条路是平坦的，每一条路都充满了挑战、荆棘和磨难，而我们一旦选择了就要坚守下去，最终一定能走出人生的新路。

具体而言本课可以划分为三个篇章，即唐文化的影响力、唐文化的传播力、唐文化的求真力。唐文化的影响力包括隋唐时期日本为了学习中国先进文化，不远万里派遣使节来到中国，以及新罗对唐文化的学习；唐文化的传播力对应鉴真东渡；唐文化的求真力对应玄奘西行。因为玄奘就是为了要去古印度看看最原始版本的经书里面的内容到底是什么样的，笔者认为这是一种求真的精神。这三个板块都涉及很多人，如络绎不绝的使节、花甲之年的鉴真以及孤独坚毅的玄奘，他们中有的人年龄很小，如崔致远和一些留学生，而有的人年纪非常大了，如鉴真已经六十多岁了。这些人都为了文化交流贡献了自己的巨大力量，很多人因此献出了生命。本课应该重点讲人，通过人物精神来培育人。比如在讲遣唐使时教师可以讲到：唐与日本虽然一衣带水，相隔不远，但那是对于整个世界的体量而言的，实际上当时指南针还没有被应用于航海，中日两国隔着“漫无边际”的日本海，决心来中国就意味着他们选择把国家使命置于个人生命之上，准备随时牺牲自己。教师也可以通过《弘法大师行状绘词》这幅教材上的插图深入历史，引导学生想象他们在海上可以会遇到的困难，从而感知遣唐使的不易，凸显历史学科育人的本质。同样，在鉴真东渡和玄奘西行的教学中，教师也可以深入历史，引导学生感知鉴真和玄奘的艰辛不易。通过以上教学，学生不仅从整体上了解了唐朝时期中外交流的盛况，也可从一个个“小人物”的事迹中感知到他们的伟大精神，培养家国情怀。同时，学生也看到了一个繁荣、强大、包容、开放的隋唐王朝，那么是什么原因导致隋唐王朝走向灭亡，学生内心一定充满了好奇。接下来就可进行次级问题三的两个课程小问题的教学。

（五）隋朝短暂而亡的原因

隋朝和秦朝一样，是历史上短暂而亡的王朝。在人治社会的古代，君主对王朝的兴衰起着至关重要的作用，隋朝短暂而亡可以说就是隋炀帝造成的。教师可让学生归纳隋炀帝暴政的具体表现，然后利用教材上的图片和辅栏材料进行细节补充即可完成该部分的教学。但也要注意对历史人物和开凿大运河的辩证评价，教师可以展示以下材料。

材料一：尽道隋亡为此河，至今千里赖通波。若无水殿龙舟事，共禹论功不较多。

——唐・皮日休《汴河怀古》

材料二：千里长河一旦开，亡隋波浪九天来。锦帆未落干戈起，惆怅龙舟更不回。

——唐·胡曾《汴水》

这两则材料中，作者对大运河开通的评价是不同的，一个基本肯定，而另一个基本持否定的态度，可通过这两则材料引起学生的思考，引导学生辩证评价大运河开通的影响。虽然隋炀帝导致隋朝速亡，但是他的历史功绩也是不容忽视的。教材开头部分引用了唐朝诗人皮日休的诗《汴河怀古》，也意在表达对隋炀帝功过参半的历史评价。隋朝灭亡原因的教学内容很简单，接下来如何引导学生分析唐朝走向衰亡的历史原因就非常重要了。

（六）安史之乱的影响

对于这部分内容，首先教师要讲清楚安史之乱爆发的原因，教师可以展示以下史料。

材料一：玄宗少历民间，身经迍难，故即位之初，知人间疾苦，躬勤庶政。加之姚崇、宋璟等守正之辅，孜孜献纳，故致治平。及后承平日久，安于逸乐，渐远端士，而近小人……李林甫以奸邪惑上意，加之以国忠，故及于乱。

——《旧唐书》

材料二：从 713 到 755 年，唐对吐蕃用兵 26 次，对突厥用兵 12 次，对契丹用兵 9 次，对南诏用兵 6 次……在这些战役中，唐朝军队是经常吃败仗的……再有其他方面的部族的反抗斗争，唐朝的边境局势是烽火不断、战火绵延。

——李飞《安史之乱背景分析》

材料三：朱门酒肉臭，路有冻死骨。

——杜甫

材料四：既有其土地，又有其人民，又有其甲兵，又有其财赋，以布列天下。然则方镇不得不强，京师不得不弱……

——《新唐书》

通过引导学生分析材料，使学生知道安史之乱的爆发是因为唐玄宗怠政导致奸臣专权、民族矛盾和阶级矛盾激化等多种因素共同导致的。关于安史之乱的过程，教师可以结合地图和时间轴进行讲解。历时八年之久的安史之乱虽然最终被平息，唐朝能恢复到昔日景象吗？教师可展示《安史之乱前后全国人口及户数统计图》（见图 4-3）以及《唐朝安史之乱之后藩镇割据分布图》（图略）。

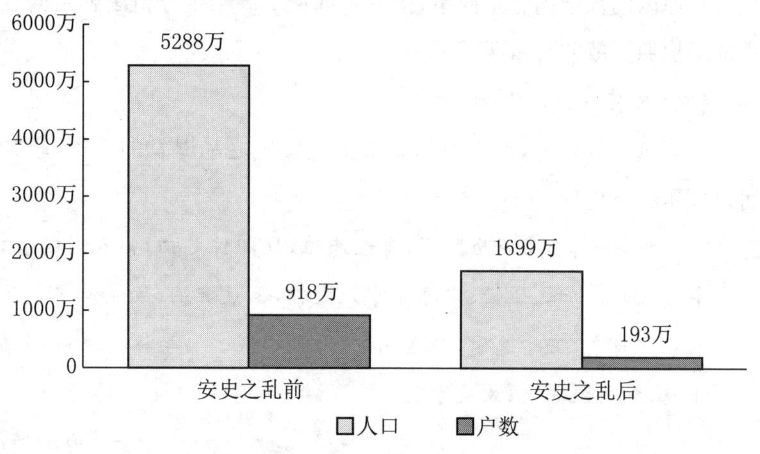

图 4-3　安史之乱前后全国人口及户数统计图

《安史之乱前后全国人口及户数统计图》以及《唐朝安史之乱之后藩镇割据分布图》分别展现了安史之乱对唐后期的影响。通过观察不难发现，安史之乱最直接的影响就是使得唐朝人口锐减，北方地区遭遇了一场浩劫，使得曾经盛极一时的唐朝由盛转衰。间接的影响就是唐为了平定叛乱，不得不设置更多的节度使，以藩治藩，而这不仅让藩镇时刻挑战中央的权威，也为五代十国的分裂割据局面埋下了隐患。

通过以上图片和史料的教学，学生已经非常清楚为什么强大的隋唐王朝会走向灭亡。在教学过程中,引导学生研读材料,观察图片,分析数据,能有效提升学生的史料研读能力、观察力和思维力,提升学生历史学习的基本素养。

(七)重组大问题

至此,本单元所有的课程小问题已经全部解决,学生对隋唐盛世出现的原因、盛世的风采以及盛世走向落幕的原因已经有了较为全面的理解。但是简单了解历史的现象是不够的,古人说"以铜为镜,可以正衣冠;以史为镜,可以知兴替;以人为镜,可以明得失",历史学最重要的功能是借鉴功能,而中学历史又承担着育人的重任,所以在解决了每一个课程小问题之后,应该引导学生思考:从盛世隋唐的学习中,你能得到什么启示呢?

通过本单元的学习,学生至少可以得出以下启示。

首先,国家统一和社会稳定是国家繁荣、富强的前提。隋唐结束了三国两晋南北朝时期的分裂割据局面,为盛世的到来奠定了政局上的基础。历史上任何一个盛世都是在政局稳定、国家统一的前提之下出现的,如"文景之治""开皇之治""贞观之治""开元盛世""康乾盛世",因此我们今天要实现中华民族的伟大复兴,就必须要坚定不移地维护国家统一,并努力实现国家统一。国家统一是全体中华儿女的心声,也是历史发展的必然。同时我们也要维护社会的稳定,坚决打击破坏社会稳定的影响因素,积极构建和谐社会。

其次,英雄人物对历史发展起到重大作用,人民群众是历史的创造者。古代很多帝王如唐太宗、唐玄宗等无疑是英雄人物,对中国历史的发展起到巨大的推动作用。隋唐盛世的出现离不开历代君王的励精图治,但是我们更要引导学生明白,盛世隋唐的出现不仅仅是英雄人物的努力,更多的是默默无闻的劳动人民的贡献。他们也许是田间勤劳耕作的农民、街坊里努力生产的手工业者、集市里来来往往的商人等，是因为了有了千千万万勤劳的百姓才有了盛世隋唐。盛世的出现，历史人物起到推动的作用，但人民群众才是创造盛世的主力军。

第三，综合国力在国际关系中起决定性作用。隋唐时期因为社会稳定、经济繁荣、文化璀璨、国力强盛才吸引了诸多少数民族以及周边国家的使者来到长安学习，但是安史之乱后王朝由盛转衰，周边的民族开始反叛，有的甚至兴兵进攻唐朝，使得唐王朝内忧外患，最终走向衰落。所以从历史中我们可以看到，一个国家想要长期存在，长期受到尊重，唯一办法就是自强，不断强大自己各方面的实力，才能立足于世界民族之林，才能使人民幸福安康。

第四，要加强民主和法治。漫长的古代社会是人治社会，国家的兴衰基本是由君主的个人品德的好坏决定的。君主勤于政务，心存百姓，励精图治，则国家兴；君主昏庸怠政，无心朝政，沉迷酒色，那么国家就会走向衰亡，这就是历史周期律。如何摆脱历史周期率，毛泽东在延安窑洞里面给出的第一个答案是让人民监督政府，也就是民主，只有让人民监督政府才能防止权力的腐烂；而近年来习近平总书记等中国共产党领导人又给出了第二个答案，那就是勇于自我革命。因此，我们想要摆脱历史周期律，想要长期繁荣昌盛，一方面需要坚持加强民主和法制，另一方面就是要敢于自我革命。

第五，中华文化具有极强的包容性和生命力。由于隋唐王朝的综合国力非常强大并且中华文明具有极强的吸引力和向心力，所以隋唐成为文明交流非常频繁的时期，通过战争、和亲、册封、派遣使者等多种方式促进了中原王朝和少数民族、中国和外国之间的文明交流和往来。这种双向的文明交流，不仅促进了其他地区的发展，也为中华文化注入了生机和活力，展示了中华文化的包容性，成就了中华文明的生命力，使得中华文明在五千年的历史长河中能够奔流不息，绵延不绝，一直到今天依旧焕发出勃勃生机。

第三节 “问题教学”与“辽宋夏金元时代”

知识要点精细化，学习内容主题化，单元结构体系化。这些毫无疑问，都是部编版初中历史教材的优势所在。伴随着2022年初中阶段历史新课标的出台，如何以部编版教材为主阵地，培养学生的核心素养已经成为当下初中历史教师所面对的最急迫也是最具使命感的任务。如何更好地在现行教材与新课标的指导下寻找突破口，提升教学能效，打造优质课堂，最终提升学生的素养，是广大一线教师长期以来都在思考的问题。

尽管在目前国内的中学教育界，“大单元教学”“大概念教学”已经成为最火的热词，在教研学术圈中的探索成果也相当可观，但是笔者始终相信，任何教学模式都不是固化的，任何教学活动的开展，都应当以学生的基本情况、各地区的教育水平差异为基准线。既然部编版教材已经实现了全国初中历史教材的统一化，那么教学思维以部编版教材为基础进行构建仍是合理的。笔者相信，通过对教材的深挖，在宏观把握教材内容的基础之上，尊重学生的发展规律，进行教学思路的创新，始终是值得推崇的。毕竟，一切围绕学科核心素养的教学，是为了“厘清本学科教育对学生成长和终身发展的独特贡献”①。

此处想要探讨的教学核心思路是“问题教学”，顾名思义是期望通过深入剖析教材逻辑，挖掘教材内容，并且在此基础上，以教材原有的教学单元为单位，在宏观上设置单元大问题，并结合单元之中具体课程的内容与结构，构建上下三至四级的问题体系。在每一课的课堂教学之中，教师需要引导学生在教学过程中，以学生为主体，具体落地该

---

① 方勇.核心素养视阈下的中学历史教学设计[M].上海：上海大学出版社，2019：13.

课程所属的小问题。在该单元学习完成之后，学生就能够凭之前打下的基础，自行总结出更上一级的问题的答案，并最终对这一单元的单元大问题有宏观上的把握。

为了更加具体、更加细节化地论证“问题教学”的内涵与实施方略，接下来将结合部编版七年级下册教材的第二单元“辽宋夏金元时期：民族关系发展和社会变化”进行论述。通过对这一单元进行“问题教学”的架构，以期达成素养落地、结构明晰、提质增效的最终目标。

一、单元大问题的提出与问题体系的构建

七年级下册第二单元所述内容，正好又是中国历史上一个大动荡、大发展的时期。即便是对初一的新生而言，仅仅从单元标题就可以感受到这一时期民族政权分立、经济文化空前繁荣的时代特征。客观上讲，本单元的课程内容非常丰富，涉及领域相当广泛，可是说教材内容基本做到了对辽宋夏金元时代的政治、经济、文化、科技、民族关系等方方面面进行全景式展现。充实的教材资源、充裕的课时，虽然为教学提供了不少便利，但是对很多新教师而言，如此庞杂的教材内容，反而容易让人陷入以教材教知识的僵局怪圈之中。很多教师往往会非常希望将这一单元的知识面面俱到地教授给学生，却忽视了单元教学的整体性，以及课程重难点之间的差异性。

笔者想要展示的“问题教学”，其实施方式首先便是通过宏观上把握单元的时代特征，设置能够覆盖单元主题的单元大问题。就本单元的实际情况而言，由于其涉及领域众多，导致在设计单元大问题时不得不略显宽泛。考虑到本单元内容大致由政治体制发展（教材第 6 课《北宋的政治》、第 11 课《元朝的统治》）、民族关系发展（教材第 7 课《辽、西夏与北宋的并立》、第 8 课《金与南宋的对峙》、第 10 课《蒙古族的兴起与元朝的建立》）、经济文化科技发展（教材第 9 课《宋代经济的

发展》、第 12 课《宋元时期的都市和文化》、第 13 课《宋元时期的科技与中外交通》)三个大方向组成,因此单元大问题就可以从宏观上设置为"辽宋夏金元时期的政治制度、民族关系、经济文化都呈现出怎样的特征?"。

这一问题显然是教师先通过对整个单元的内容进行宏观把握,随后按照逻辑梳理总结提炼出来的。对于刚上初一的新生而言,想要在接触新课之时就解决如此宏观的问题,几乎是不可能完成的。因此,如果"问题教学"想要真正落地,对单元大问题的拆解就是不可避免的。根据单元大问题自身所包含的指向性非常明确的三个大方向,结合单元内部的课程分布,可将单元大问题拆分为以下三个方面。针对第 7 课、第 8 课与第 10 课,设置一个次级问题,即"辽宋夏金元时期,各民族政权之间发生了怎样的对峙与更迭?"。随后,针对第 6 课与第 11 课,设置一个次级问题,即"辽宋夏金元时期,中国政治制度有怎样的演变?"。针对第 9 课、第 12 课与第 13 课的内容,设置一个次级问题,即"辽宋夏金元时期为什么能够成就中国科技文化的又一个高峰?"。

虽然从表面上看,三个次级问题各自的指向性非常明显,从政治、经济文化与民族关系三个方向设问的方式也能够清晰地显示出其中的逻辑,但是考虑到学生的实际情况,这三个次级问题对于学习新课的学生而言,依然拥有较高的门槛。如果希望学生能够在解决问题的过程中提升自我素养,就必须要结合每一课的内容,对三个次级问题进行进一步拆分,使其真正落地于每一课时中。由此,得到了图 4-4 中的三个层级的问题体系。

在上述问题体系中,虽然能够看到从上到下的三个层级,但事实上,学生在新课学习的过程中,能够直接接触并且予以解决的,只有位于问题体系最下方的这七个课程小问题。由此可见,"问题教学"在问

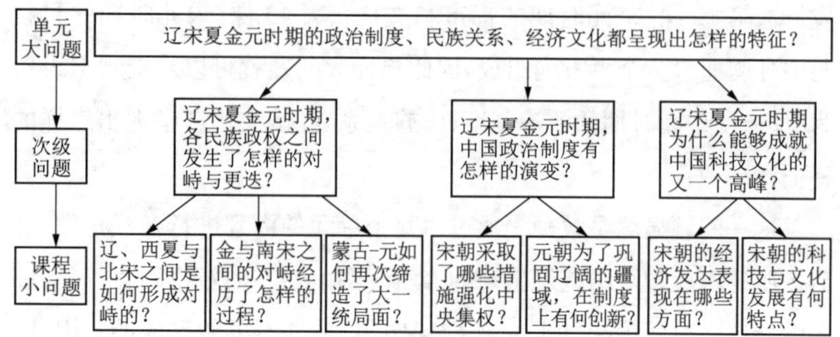

图 4-4　辽宋夏金元主题的问题建构

题设置环节上虽然是以从上到下的顺序在设置与拆解问题，但是在引导学生解决问题的过程中，却是反其道而行之，通过学生的实践，即通过"历史学科的思想方法分析历史，(培养)提出自己看法的能力"①，从下至上逐一解决问题。这就是"问题教学"的精髓所在。

二、问题体系的解决

以上已经对三个次级问题进行拆解，得到了七个课程小问题。在第三单元的新课教学中，为了充分发挥"问题教学"的作用，教师要做到眼中有教材，心中有问题。本单元八课内容的教学，都应当围绕着解决这七个课程小问题而展开。在设置教学活动时，引导学生自主探究来解决这些问题，应当成为教学活动的主旨之一。

本着这样的宏观思路，接下来就如何解决七个课程小问题展开微观的实践。

(一) 民族政权的交锋与更迭：地图推演

有关于辽、北宋与西夏的对峙，金、南宋与西夏的对峙，以及其后

① 郑林，等.基于学生核心素养的历史学科能力研究[M].北京：北京师范大学出版社，2020：17.

蒙元兴起之后的统一过程，教材用了三个课时予以解决，其中不乏澶渊之盟、岳飞抗金等重大历史事件，内容不可谓不翔实。但是考虑到需要解决课程小问题，就要求教师在三课的新课教学中，引导学生学会抓住三课中每一课的主线，即这些政权之间的对峙局面，或者说其相互更迭的局面是如何形成的。

首先，对于新生而言，在面对这三课内容时，其中一个比较普遍存在的教学难点，在于其对辽、西夏、两宋、金等政权之间的地理方位、建国先后顺序等基本信息都没有一个明确的认识，对如澶渊、郾城、大散关等地理概念也没有知识积累。如果在缺乏地理方位知识储备的前提下学习各政权之间的征伐与往来，学生在史实掌握上是有难度的。正是在这样的考虑之下，教材几乎在每一课都专门配置了相关的“形势图”以辅助教学。为了更好地帮助学生解决第一个次级问题之下所包含的三个课程小问题，应借助必要的历史地图。当然，具体问题也需要结合课程的具体内容进行分析。

1. 宋辽对峙：“固态”地图的动态使用

教材在讲述辽、北宋与西夏的对峙时，有一个非常有意思的设定，即这部分内容的文字部分，集中在教材的第 7 课中，而相关的形势图则出现在教材的第 6 课《北宋的政治》中。这种图文“错位”，其实并不影响正常教学中对地图的使用。因为虽然教材中的地图是固定地从属于某一篇课文，但并不代表其作用也被限制于这一课中。事实上，固态地图完全可以被动态运用。在进行第 7 课的教学时，教师完全可以引导学生回顾第 6 课中的《北宋时期形势图》。利用这张地图，教师可以引导学生对第 7 课内容做更加深入的剖析。

首先，通过阅读教材，学生能够在地图中标出辽、北宋与西夏先后建立的时间，并且观察其疆域分布。如此一来，学生就可以看到，辽与北宋的对峙，与历史上中原王朝与北部游牧民族之间的对峙是非常相似的。秦汉与匈奴、唐与突厥等都曾经呈现过类似的对峙局面。但是通过对第 7 课的学习，学生又能够结合图文，找到宋辽对峙不同于前代的特别之处。例如，契丹族早在隋唐时期就与汉族有密切的往来，而通过观察，学生能够看到，辽国与西夏国领土的大部分，早在汉唐时代就已经归属中原王朝，势必会受到中原汉文化的影响。地图上的内容又恰恰与教材正文中所描述的契丹、党项模仿汉文创立本族文字，西夏模仿中原官制等内容形成互证。

其次，在第 7 课中提到的一些重要的地理名词和一些重大的历史事件，都能够在第 6 课所提供的形势图上找到注记。例如，辽国首都上京、辽宋争端的焦点地区燕云十六州、宋辽战争的转折之地澶渊，都在地图上有清晰的注记。对这些地理概念进行直观感受，能够帮助学生更加深刻地了解宋辽战争爆发的原因，以及澶渊之盟能够对两国边境贸易带来的推动作用。

由此，通过引导学生自主进行地图动态使用与图文之间的结合对比，能够使学生更加直观地了解辽、北宋与西夏三个政权的建国顺序、辽宋战争的缘由与转折等本课的重点内容，并且对澶渊之盟之后的辽宋和平局面有更加深刻的印象。

2. 宋金战争与对峙：图文结合

在第 8 课中，教材较为详细地叙述了女真族建立金国的过程，并较为简略地讲述金灭北宋的过程。这两部分内容都不是教学的重点。本课中最为重要的内容，是金与南宋之间的战争与对峙，而这部分内容完全可以通过结合本课所配置的《金、南宋、西夏形势图》进行推演。

与之前的情形相似，学生通过观察地图可以看到金国的疆域有相当一部分在隋唐时期就曾属于中原王朝。金国自建立之日起，就注定是一个受到中原文化影响颇深的政权。金国在灭掉北宋，占据宋都开封之后，更是将大片中原土地收入囊中。金国统治者往往重视与中原文化的融合，尤其是在金熙宗时期，“不再推行辽制，而是启用降金的宋臣，以唐宋制度为模式，为金朝创立一种新的汉官制度”①。这些措施在客观上强化了女真族向中原文化的靠拢，也促进了中原各族与女真族的交融，有利于中华民族多元一体格局的形成。

同时，学生通过对教材正文的学习，能够了解到宋金战争中非常重要的两个地理概念，一为郾城，二为淮水—大散关一线。前者是抗金名将岳飞创造军事奇迹的地方，而后者则是宋金议和之后的政权分界线。如果学生能够在地图上对这两个地点进行统一对比，不难发现，虽然岳飞在淮河以北取得了辉煌的郾城大捷，一度击退了金军，但奉行偏安的南宋政府却一再对金国妥协退让，并最终尽数失去了岳飞收复的领土，不惜将大片领土拱手相让，以淮水—大散关为界换取和平。

通过图文相结合，学生能够看到，宋金对峙至少经历了金军南下、岳飞北伐与双方媾和三个过程。最终，由于金国扩张已至极限，加上南宋偏安的政策，双方的疆域才最终稳定下来，形成南北对峙的局面。

3. 蒙元的统一：模拟地图之上的推演

教材在第10课中用相当精练的文字，先后介绍了蒙古族的兴起、成吉思汗对蒙古各部落的统一、成吉思汗南下灭亡西夏与金的过程、元朝征服南宋战争等重大历史事件。这一过程虽然很显然伴随着血腥的杀戮，但却也推进了中国历史再度走向大一统。因此有必要帮助学生对这一过程建立起更加宏观、更加具体的认识。

考虑到在本课中教材并没有配置相应的地图，有必要在科学合理的前提下，以模拟地图的方式，构建起最简单、最直接的形势演变过程以帮助学生理解。

---

① 李锡厚，白滨.辽金西夏史[M].上海：上海人民出版社，2020：211.

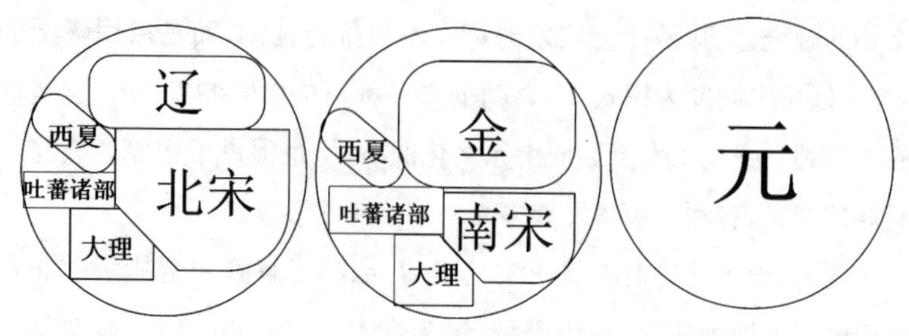

图 4-5　辽宋夏金元对峙形势推演图

通过图 4-5 模拟的形势演变图，学生可以看到，元朝是在辽宋夏金时代开始之后，第一个完成真正意义上大一统的朝代。蒙元不仅消灭了长期对峙于中原和北方的西夏、金和南宋，同时也出兵消灭了割据西域的西辽，云南一带的大理国以及青藏高原的吐蕃诸部落也先后被元朝纳入正式的统治之中。通过对地图的直观认识，学生不仅能够建立起对元朝统一过程的清晰认识，也能够为接下来学习元朝对地方的管理和对边疆地区的管辖等相关知识打下坚实的基础。

至此，有关于辽宋夏金元时期民族政权之间的对峙与更迭，学生已经有了充分的认识，对第一个次级问题的答案也已经了然于胸。学生的时空观念、历史解释能力都得到实质性的训练。同时，学生也在这一过程中学会以唯物史观的视角来审视历史，辩证地看待历史。

（二）宋与元的制度进步：思维导图的创建

如果说在解决上述次级问题的过程中，最为依赖的教学手段是地图的灵活运用，那么在面对接下来的次级问题，即解决"辽宋夏金元时期，中国政治制度有怎样的演变？"这一问题时，问题的主要领域显然已经转移到了偏重于政治制度史的方向，那么教学方式也就应当随之改变。

尽管这个次级问题所预设的前提条件非常宽泛，即辽宋夏金元时代，但事实上这一时期在制度建设上最具代表性的依然是宋与元，至于辽、西夏与金的政治制度很大程度上都在借鉴中原王朝，影响力有限，在中学阶段的范畴之中也不需要予以深度研究。因此，在解决第二个次级问题时，主要的关注点就集中在宋朝与元朝的政治制度建设上。

虽说如此，宋朝与元朝因为统治者的统治理念不同，所面临的具体国情也不尽相同，所以在具体的制度发展上也有不同的侧重点，这一点在进行“问题教学”时需要非常明确地区别对待。

1. 宋：以国内稳定为制度基准

在学习教材第 6 课《北宋的政治》时，教师不妨花一点时间，引导学生回顾第 5 课的《五代十国形势图》。通过对这张地图的观察，学生可以看到自唐末到五代十国，中国历史最为鲜明的时代特征即为藩镇割据。在这个“几十年中间，军队要谁做皇帝，谁就得做”①的时代，统治者上台后的头等大事，就是确保自己的王权平稳持久。当宋朝以数年之间基本完成中原一统、结束了五代十国的动荡混乱局面之后，这种武将通过政变进行改朝换代的可能性依然存在。毕竟这种武力政变在五代十国时期屡见不鲜，几乎成为政坛传统。那么，作为同样依靠武力政变上台的宋太祖而言，如何让自己建立的王朝不再重蹈历史的覆辙，成为大于一切的头等要务。这也是整个第 6 课中，宋朝所采取的各种政治制度革新的出发点。

很多教师在本节课的教学中，容易受困于繁多的专有名词，尤其是宋朝所设置的那些大大小小、数量惊人的官职名称，实在令教师和学生都感到头痛。事实上，从“问题教学”的角度来看，要求学生识记宋朝具体的官职名称，或者要求学生能够默写宋朝的官职体系，都是

---

① 钱穆.中国历代政治得失[M].北京：九州出版社，2015：79.

不符合初中阶段新课标要求的无用功。在这一部分内容的学习过程中，如果能够做到由学生自行动手，依据教材内容梳理出宋朝为加强中央集权、稳定国内秩序而构建起的完整的政治体系，那自然是甚好的结果。但更为重要的是，教师需要引导学生通过观察这一体系，梳理出宋朝政治制度的主要特征。

就教材内容而言，其主要从三个方面阐述了宋朝的政治演变，即军事管理、中央官制与地方官制。如果教师能够在教学时，给予学生足够的时间来自行阅读教材，学生不难梳理出上述三个方面的具体内容。考虑到具体学情的差异，不同层次的学生在梳理的过程中，其完整性可能未必一致，结果也可能不尽完美，但至少大多数学生都能够梳理出以下内容：军事上，兵部拥有发兵权而无统兵权，将领有统兵权而无发兵权，兵将分离，定期更戍，以文臣统兵，以“阵图”束缚武将；中央官制中，拆分相权，在宰相之下又设副宰相，以枢密院管理军政，宰相不再干预军事；地方官制中，以知州管地方，三年一轮职，以通判监督知州，以转运使控制地方财政。

通过对上述内容的梳理，学生不难发现，无论是在军事管理上，还是在中央到地方的官职设置上，宋朝都始终秉持着“权力拆分，相互牵制，以文抑武，权归中央”的原则来进行国家制度建设（见图 4-6）。而正是因为宋朝的统治者始终将内部的稳定视作国家的头等大事，因此在对待外敌时，其态度往往以消极抵抗，积极议和为主。通过对这部分内容的学习，学生就能够对前课的相关内容有更加深刻的理解。除此之外，学生能够认识到宋朝政治制度对其内部秩序的强化，而这种统治秩序的稳定，显然也就促进了宋朝经济的繁荣与科技文化的发展。换言之，宋朝之所以能够达到中国古代史上经济繁荣的高峰，政治秩序的相对稳定起到非常重要的保证作用。

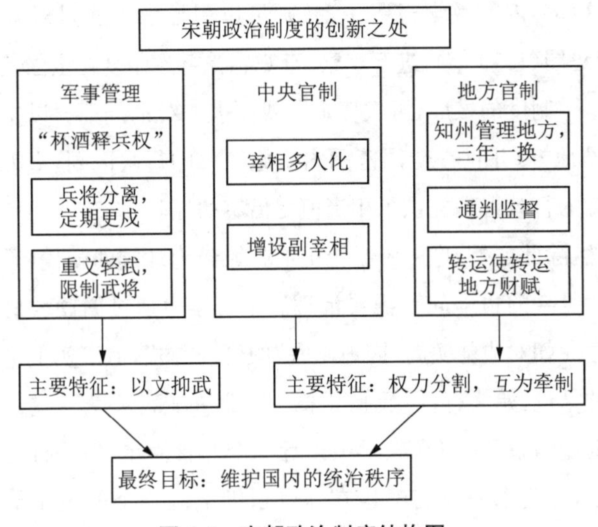

图 4-6　宋朝政治制度结构图

2. 元：大一统视野下的固国之策

脱胎于五代十国的乱世，宋朝的统治者的确有理由为巩固自己的皇位绞尽脑汁，最终让宋朝建立了可能是中国古代史上对于稳定和维护内部秩序最为有利的一套政治制度。两宋对这一套制度的延续，使其最终成为中国古代史上少有的没有被农民起义推翻，反而亡国于外敌入侵的朝代。

与宋朝统治者骨子里带着的那种不自信不同，元朝初年的统治者携蒙元多年来征战天下、横扫欧亚大陆的气度和雄心入主中原，其心态无疑是非常自傲的。正是在这样的心态之下，元朝的政治制度不仅体现出了“拿来主义”的心态，更拥有敢为人先的创新精神。在元朝的中央，能够看到传统汉王朝所设立的机构，例如中书省、枢密院、御史台等，尽管在各自的职能上可能与前代略微有所差异，但依然能够证明元朝统治者对汉族王朝所创立的制度的尊重和学习。当然，除此之外，元朝在制度上对中国历史最大的贡献，就是对地方和边疆地区的治理。

在这部分内容教学过程中，教师可以引导学生通过对教材上的《元朝形势图（1330 年）》进行观察，直观感受行省制度在全国范围内的实行。这一制度的推广，再次奠定了我国大一统的局面。以中央派遣官员管辖地方，并且在全国范围内实施统一的行政区划，毫无疑问为日后地方的行政管理提供了相当值得借鉴的经验。

当然，除此之外，作为中国历史上疆域最为辽阔的朝代，元朝自然也有最为复杂的边疆问题需要治理。尽管学生通过阅读教材就能够轻松知道元朝对边疆实施"因地制宜"的管理方式，但事实上这种靠阅读得出的结论，始终有种"纸上得来终觉浅"的感觉。为了进一步强化学生的时空观念，可以在教学中设计一个非常简单，但是行之有效的学生活动，即要求每一名学生在一张白纸上画一个最为简单的坐标系，并且在这张坐标系上标出西南、东南与西北的基本方位，然后结合教材，将元朝在这三个方位的边疆地区所设置的不同机构填写上去。这样的活动对于学生而言，拥有门槛低、操作性强、参与度高的优势，虽然用不到什么高深的教学理论，但却能够有效锻炼学生对时空观念的把握（见图 4-7）。

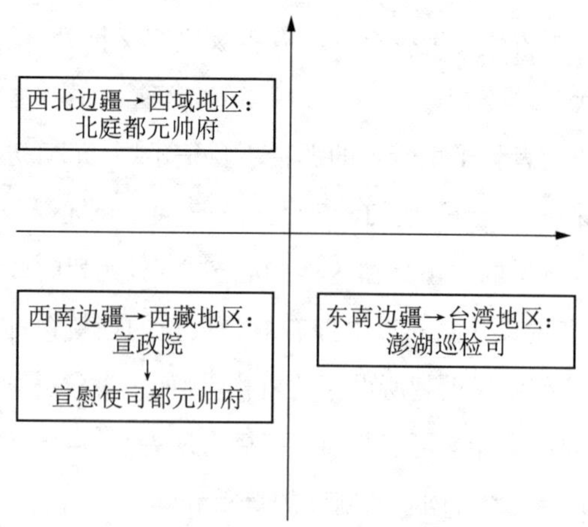

图 4-7　学生绘制"元朝边疆治理"草图

通过这样简单可行的学生活动，学生自然能够对元朝在地方管理与边疆治理方面所进行的制度创新有更加深刻的印象。由此，本课所需要达成的课程小问题也就迎刃而解。

(三) 辽宋夏金元经济与科技文化之辩证

关于本单元最后一个次级问题，即“辽宋夏金元时期为什么能够成就中国科技文化的又一个高峰?”这一问题的解决方式，显然与之前的两个次级问题有很大的不同。因为从问题的设计上讲，前两个问题主要针对的是课程内容中所体现的过程，如宋金对峙形成的过程，抑或是针对某一课内容所体现出的主要特征，如就元朝边疆治理的创新之处进行提问，但第三个次级问题不同。这一问题显然是针对若干课时之间的逻辑关系所提出的，或者说更加偏重于提问影响，而非过程，偏重于逻辑，而非史实。

为了更好解决这一次级问题，结合教材内容，将之拆分为两个课程小问题，融入教材第 9 课《宋代经济的发展》、第 12 课《宋元时期的都市和文化》与第 13 课《宋元时期的科技与中外交通》中。为了更好理解这一时期经济与科技文化之间的关系，最好的办法是首先去了解经济发展的现状与科技文化发展的特征。

在第 9 课中，教材以相当翔实的资源与非常清晰的脉络，为学生构建起了宋朝经济繁荣的全景图。从农业上水稻的推广、江南的开发、经济作物的广泛种植，到手工业领域纺织业、制瓷业与造船业的高水平发展，再到超越前代的商业，包括贸易时间的延长、贸易区域的拓展、纸币的出现、远洋贸易的繁荣。可以说，通过本课的学习，学生几乎是在无须引导的情况下，就能够生成对中华民族历史的认同感与自豪感。因此，第 9 课的课程小问题对学生而言并没有太大的难度。但是教师在本课教学结束之时，应当引导学生进行更加深入的思考:在宋朝高度繁荣的经济中，民众扮演了怎样的角色?

这一问题看似非常简单，相信大多数学生都能够回答出“民众的辛勤劳作是宋朝经济繁荣的基本保证”这样非常符合马克思主义唯物史观之人民是历史的创造者的答案。但是同时我们也需要指出的是，宋朝的民众既是财富的创造者，同时也是财富的享受者。从教材所展示的宋代绘画作品中便可以看到，宋代民众的生活是相对富足幸福的。

宋代《耕获图》

《货郎图》(局部)

宋代张择端《清明上河图》(局部)

图 4-8　教材中反映宋朝经济的绘画

在面对教材上这三张宋代的绘画作品(见图 4-8)时，教师可引导学生逐一进行观察，并且在观察过程中对这些绘画作品进行合理解读。在《耕获图》中，教师可以引导学生思考这幅画名称的由来，学生能够立刻理解，宋代农民虽然也需要承担国家的各种税收，但是他们通过辛勤劳作足以获得足够的收获，因而这幅画才能够被命名为《耕获图》。也正是因为在农业或手工业上能积累下一定的财富，才可能出现《货郎图》中孩童在货郎那里购买喜爱之物的愉悦场景。至于《清明上河图》的宏大场面，更是反映了宋朝民众繁荣多样的市井生活。

虽然分属第 9 课与第 12 课的讲授内容，但在事实上，宋元时期的都市与文化，离不开宋朝繁荣的经济作为基础。正是宋朝繁荣的全民经济缔造了其多姿多彩的市民生活，并在此基础之上形成了宋朝独具一格的文化与科技成就。

第 12 课与第 13 课的课程小问题，都是针对宋元时期文化与科技的发展特点提出的。如果教师能够在第 9 课时就帮助学生理解宋朝民众在宋朝经济中扮演的重要角色，那么在第 12 课与第 13 课时，学生就不难理解，无论是宋朝的文化还是科技，都拥有非常鲜明的特征，即世俗化与全民化。

为什么会得出这一特征呢？如果引导学生对教材第 12 课第一子目"繁华的都市生活"进行阅读，学生可以看到，宋朝有着规模远超前代的市民阶层。正是由于市民阶层都市生活的丰富和精神生活的需要，宋代的主流文学体裁中才会发展出比唐诗更易于表达情感的"词"，元代才会出现更加世俗化、表演形式更加多元化的"曲"。正如吴钩先生所说，"文学、音乐、美术在宋代之前也是上层人玩的高雅品，进入宋代后，才产生了完全属于平民的文学、音乐形式"①，宋词元曲都不是文人墨客的专属，不是上流社会的独宠，而是一种全民的文学、全民的艺术。

---

① 吴钩.宋：现代的佛晓时辰[M].桂林：广西师范大学出版社，2021：162.

同样的情况也出现在科技发明创造上。就教材第13课中所列出的三大发明而言，虽然活字印刷术的发明者确实是北宋的毕昇，但是在此之前，印刷术就已经在中原大地流行数载，毕昇改进印刷术的想法和基础，都来自民众对印刷术的广泛运用所积累的充足使用经验，尤其是在宋代，“正在扩张的社会阶层刚巧在试图通过学习而改进自己……企求通过阅读来获得自己在聆听传奇和诗歌时曾经体验过的快乐”①，印刷术因此不断发展革新。毕昇之后，对印刷术的改进举措更是层出不穷，对此，广大民众的智慧和力量显然是功不可没的。同样的情况也出现在指南针的发明与改进、火药的发现与推广中。换言之，当时最尖端的科技创造，都离不开宋元时期繁荣的全民经济与市民文化的支撑。

通过上述分析，学生最终能够意识到，宋元时期的经济繁荣与文化、科技发展中，群众都是最为重要的主角。他们的广泛参与，缔造了经济、文化与科技的全民化特征。群众的这种活跃程度，又与宋元时期相对稳定的国内环境、多民族之间空前的交融等因素交织在一起，共同构成了宋元时期经济、文化、科技发展到另一个高峰的原因。

三、单元大问题的解决

通过上述三个次级问题、七个课程小问题的先后解决，七年级下册第二单元的单元大问题答案已经一目了然。学生通过对该三级问题体系的解决，能够自行总结出辽宋夏金元时代最鲜明的时代特征：辽宋夏金元是一个民族政权从不断对峙、更迭，最终再次走向大一统的时代；是一个各民族文化相互学习、相互融合，最终实现文化多元一

① 谢和耐.蒙元入侵前夜的中国日常生活[M].刘东，译.北京：北京大学出版社，2020：296.

体的时代；是一个民众创造经济繁荣，享受经济繁荣，并在此基础上缔造文化产品与科技产品的市民化的时代。

在解决上述问题的过程中，学生不断尝试从唯物史观的角度去审视历史问题，在时空观念的不断强化中训练自己的历史解释能力与史料实证能力，同时自然生成尊重本国历史的家国情怀。由此我们可以看到，“问题教学”所希冀的宏观上设置问题，微观上解决问题，在把握学习主题的同时锻炼学生素养的教学目标业已达成。

当然，从上述教学过程也可以看出，“问题教学”的关键要素在于每一级问题的质量是否可靠，提问方式是否合理，涉及领域是否得当，指向性是否明确等。以上所涉及的所有问题，都还具有优化和提升的空间。相信“问题教学”亦有其发展和进一步探索的可能性。

第四节　“问题教学”视阈下的“明清时期”

《义务教育历史课程标准（2022 年版）》的颁行，为教育新理念的探索和实施提供了新方向。新课标要求“将传统教学设计中基于知识授受的教学过程，转变为基于学生核心素养发展的教学过程”①，这意味着教师要在课堂有限的时间内在讲授知识的同时培养学生的核心素养。加上历史学科知识的繁杂性，对教材的梳理与整合就显得至关重要。“大问题”教学模式正是在这种背景下出现的。

所谓“大问题”，即能够“直指本质、涵盖教学重难点、具有高水平的、以探究为主的问题”②。“问题教学”要求教师能够把握教学内容中

---

① 中华人民共和国教育部.义务教育历史课程标准（2022 年版）[M].北京：北京师范大学出版社，2022：58.

② 黄爱华，张文质，等.“大问题”教学的形与神[M].南京：江苏凤凰教育出版社，2013：1.

的关键问题，以问题为线索，整合每课的重点知识，并以此为基础，上升到每单元、每本书，乃至初中历史的所有内容，使学生形成完整的逻辑框架，建构知识体系，真正从传统教学的知识掌握转变为核心素养的发展，达到历史学科立德树人的目的。以下将以部编版七年级下册第三单元“明清时期：统一多民族国家的巩固与发展”为例，探讨历史“大问题”教学的模式与实践。

一、单元大问题的提出与解构

七年级下册第三单元内容较多，横跨明、清两个朝代，共八课内容。本单元讲述了中国封建社会最后两个朝代的发展状况，上承唐、宋、元，继承和发展了中国古代的专制主义中央集权制度，赓续了中华文化，创造了辉煌的经济成就；下启清末和民国，封建制度的落日余晖最终导致中国长达百年的屈辱，是中国由古代步入近代的重要历程。由此可见，七年级下册第三单元对于中国史完整逻辑的构建至关重要。

新课标对本单元有如下要求：“通过了解明清时期加强皇权的举措，初步认识君主专制带来的社会弊端；通过了解明清时期的经济改革和全球性经济互动，初步认识这一阶段中国经济发展的内因和外因；通过郑和下西洋、戚继光抗倭等史事，了解明朝的对外关系；通过了解郑成功收复台湾、清朝在台湾的建制、册封达赖和班禅以及设置驻藏大臣等中央政权在边疆地区的各种举措，认识西藏地区、新疆地区、南海诸岛、台湾及其包括钓鱼岛在内的附属岛屿是中国的领土，理解统一多民族国家版图奠定的重要意义；通过了解《本草纲目》《天工开物》《农政全书》，认识明朝的科技成就及其影响；通过了解小说、戏曲的繁荣，知道明清时期文学艺术的特色；通过明末李自成起义，清中叶以来的政治腐败、故步自封和19世纪的国际局势，认识当时中国社会面临的严重危机。”

综上，本单元的重点在于梳理明、清两个王朝的发展状况，并以此为线索，探究明清时期统一多民族国家的巩固，思考两个王朝的统治对后世产生的重要影响。由此，结合新课标的要求，将单元大问题设置为“作为中国封建社会的最后两个王朝，明清呈现出怎样的发展趋势?”。综合整个单元的内容，可以看出教材主要从政治、经济、文化、对外政策几个方面对两个王朝进行了详细解析。在政治方面，明清的专制主义中央集权进一步加强，至清朝君主专制达到顶峰；经济上，封建小农经济继续发展，并开始出现资本主义萌芽，同时，随着世界新航路的开辟，原产美洲的高产作物也传入中国，推动了农业的发展和人口的增长；文化方面，封建文化继续发展，创造出辉煌灿烂的文明成果，加之西学东渐，明清文化部分吸纳了欧洲先进的文明要素；对外政策在这一时期出现了巨大变化，明初依旧实行开放政策，甚至出现郑和下西洋这一远洋航行的创举，至明中期开始实行断续的海禁政策，至清朝逐渐走向闭关锁国，隔绝了西方的坚船利炮的同时也隔绝了先进的技术成果，在西方世界迅速发展的一百年里中国始终安常习故，最终逐渐落后于世界。

根据新课标要求及对教材内容的分析，将单元大问题拆分为五个次级问题，即“明清时期构建了什么样的政治体制?”“明清时期的经济呈现什么样的发展状态?”“明清时期对外政策的变化趋势是什么?”“明清时期的科技文化成果如何震惊世界?”以及“落日余晖之下的明清存在哪些统治问题?”在这五个次级问题之下，需要打破教材结构并重新进行组合，使学生对这一时期的发展变化有更深入的理解。当然，这几个次级问题对初中学生而言也过于笼统而难以解决，因此，在次级问题之下再进行拆分，设置课程小问题，落实到具体的课堂教学中。体系如图 4-9 所示。

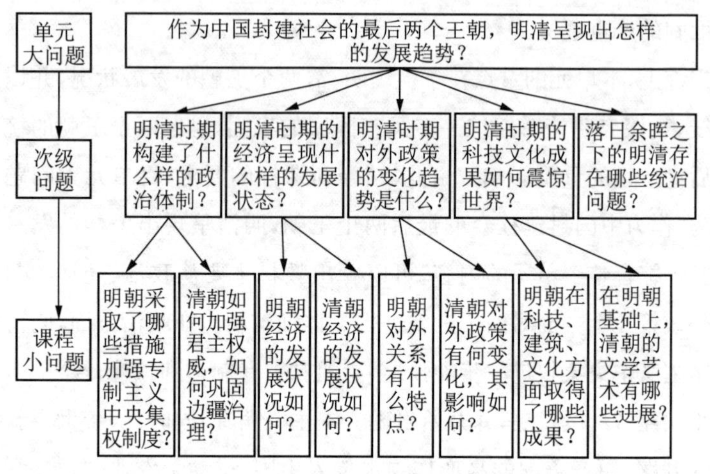

图 4-9　明清主题的问题建构

由此，从单元到课时的问题架构就建立起来了。由大问题总领整个单元的核心内容，再层层递进落实到课堂去解决小问题，使学生能够形成完整的知识体系，掌握分析问题、解决问题的能力。

二、课程小问题的提出与实践

要最终解决单元大问题，必须落实每课的课程小问题。按图 4-9 所示逻辑结构，结合新课标的要求，将本单元的内容进行梳理和重组，引导学生在解决小问题的同时，明确小问题之间的逻辑结构，按朝代先后顺序进行纵向对比，培养学生的唯物史观和时空观念。在此基础之上，将明清时期繁盛而强大的中国展现在学生眼前，培养学生的家国情怀，将核心素养的培养落实到课堂中。

（一）由明到清专制主义中央集权的强化和发展

对于专制主义中央集权制度，学生在七年级上册已经接触过了，相对是比较熟悉的。本单元主要是在学生已有的知识基础上帮助其把握明清集权统治的强化，分析两千年来中国封建制度的连贯性和发展性。

所谓专制主义中央集权，即“把国家一切政治权力，诸如行政权、军权、司法权、立法权、财政权、监察权、选拔用人权等，高度集中到中央政府，最后集中到封建国家的最高统治者和代表——皇帝的手里，形成最高的、唯一的、绝对的政治权力即皇权。皇帝任命各级官僚机构的人员，令他们秉承皇帝的旨意办理政事、统治人民”①。此制度始于战国而成于秦汉，至清亡，在中国存在了两千多年，有着雄厚的历史土壤和文化根基。在生产力水平较为落后的农业社会，要管理中国这样领土辽阔而民族复杂的国家，就必须要有严密完备的规章制度，保证从中央到地方政令通达、执行有力，专制主义中央集权就恰恰满足了这些需求。因此，从秦正式确立这一制度后，历代王朝都对其进行了传承与发展，明清两朝自是不例外。

梳理明朝专制主义中央集权时依旧以以下问题为线索。(1)明太祖在中央和地方分别采取了哪些改革官制的措施？这些措施最突出的特点是什么？(2)除了官制，明朝还实行了哪些强化皇权的手段？同时给学生预留时间阅读教材，根据问题逐次突破，在解决问题的同时了解明朝的统治。

相对于之前的朝代，明太祖设三司、废丞相、分五军都督府等措施，都将官员手中权力进一步分散，使其相互制衡，从而达到强化皇权的目的。但仅此仍嫌不足，在正常的监察机构——都察院外又设特务机关，而他的后代更是将明朝独特的厂卫制度发展到了顶峰。厂卫是极端专制主义中央集权政治的产物，它的出现也标志着君主专制统治的加强。此外，在思想文化方面，明朝提倡尊孔崇儒、兴科举、行八股，为皇帝培养忠实的“仆从”以构成冗杂的官僚体系，在这种情况下，人

---

① 宁可.中国封建社会的专制主义中央集权制度[J].文史哲，2009(1)：89.

们的思想被禁锢，皇帝的权威得到加强。

在梳理清朝专制主义中央集权的强化这一问题时，需要将教材第18课《统一多民族国家的巩固和发展》及第20课《清朝君主专制的强化》部分内容整合到一起进行梳理，并依旧以问题为线索提问，如"入主中原后，清朝采取了哪些措施来巩固自己的统治?""清朝初期中央政权机构经历了怎样的演变?""为了巩固大一统，清朝采取了哪些治理边疆的措施?"，引导学生带着问题阅读教材，了解清朝在明朝基础之上继续加强专制统治的措施，梳理清朝为统一多民族国家的巩固和发展做出的努力。

赵翼在《檐曝杂记》中曾说："国初承前明旧制，机务出纳悉关内阁，其军事付议政王大臣议奏。"叶凤毛在《内阁小志》中也提到："国朝仍前明之制，以内阁为政府，大学士为宰执。"可见，清朝建立之初，在保留满族部分独特的政治习俗的同时，承袭了明朝大部分统治文化，政治上加强中央集权，文化上尊崇儒家学说，继续采用八股取士选拔政治人才。同时，清在承明制的基础上继续发展，从康熙的南书房到雍正的军机处，皇帝的权威在不断加强，军机大臣没有任何实权，只能照旨拟文、跪受笔录、上传下达，而不能把自己的任何意见夹杂进去，方便皇帝乾纲独断。此外，为了保证政权的稳定，清统治者甚至采取了文字狱、禁毁书籍等文化专制恐怖政策，控制知识分子的言论和思想，加强君主专制。总之，"清统治者总结历代帝王独裁专制的经验，使封建的中央君主集权制度发展到了顶峰"①。

当然，专制主义中央集权这种深入骨髓、融入血脉的思想，也使得清朝在巩固大一统、稳定边疆治理问题上迸发出磅礴力量，正如马大正教授所言，"(中国古代的边疆治理)自秦汉时期初具规模，经隋、唐、

---

① 秦国经.明清内阁沿革与职掌[J].历史档案，2009(1):45.

元、明诸统一王朝的充实、完善，到清朝形成了完整体系，清代治边政策可谓集中国封建王朝治边政策之大成”①。在这个时期，清政府因俗而治，或战或和，在西南、西北、东北、东南都采取了强有力的措施，镇压了叛乱，驱逐了外敌，收复了失地，使中央重新建立起对边疆的有效管辖，奠定了清朝辽阔的疆域。同时，强大王朝的凝聚力和向心力，也使各民族产生强烈的认同感，推动统一多民族国家不断巩固和发展，教材所讲的班禅六世拒英和土尔扈特部回归，都能反映这一点。

(二) 由明到清社会经济的发展状况

初中历史对古代王朝经济发展状况的掌握程度要求较低，因此在解决这个问题时可以将教材第 14 课《明朝的统治》第四个小标题“经济的发展”和教材第 19 课《清朝前期社会经济的发展》两部分内容融合到一起，按照农业、手工业、商业三部分，对明清两个王朝的经济发展状况进行梳理，使学生初步认识到这一时期中国经济的主要形式依旧是封建小农经济。

教材关于明朝经济发展状况的内容较少，略去了统治者劝课农桑的治国措施，而清朝作为一个入主中原的少数民族，劭农重谷亦是其家法传承，足见在封建社会农业发展的重要性。明朝的农业在前代的基础上有了突破性的进展，即美洲高产作物的引进，这与世界史上新航路的开辟息息相关。如何处理这个问题，后面还会讨论。这些高产作物在清朝开始广泛种植，使清朝能够在有限的土地上养活更多的人口，加之社会稳定和税制改革，清朝的人口从清初的 4200 万发展到乾隆年间的 3 亿。当然，庞大的人口数量也引起了人地矛盾和生态破坏。

手工业方面依旧是传统丝织业和制瓷业的持续发展。值得一提的是，明清时期棉纺织业发展迅速，无论是产量还是技术，较前代而

① 马大正.清代中国边疆治理研究[M].北京：中国社会科学出版社，2021：563.

言，都取得了突破性的进展。到明代中后期，棉布已经取代传统的丝、麻等成为中国人的主要衣料。此外，这个时期出现了比较成熟的手工业工场，雇佣关系的出现是资本主义萌芽的标志，中国本土资本主义开始崭露头角，这与西方资本主义萌芽出现的时间大体相同。但可惜的是，历来重农抑商的统治政策和保守的农业思想，使得中国的资本主义萌芽并没有真正成长起来，弱小的力量使其无法实现制度的更新，封建制度的枷锁最终没有被打破。

农业和手工业的发展推动了商品的流通，因而明清时期商业比较繁荣，连通全国的商业网和商业市镇发展起来，逐渐形成了实力雄厚的商人集团——商帮，“商帮在明清时期的大发展为中国古典经济造就了最后的繁荣”①。此外，商帮实力的壮大，使其逐渐渗透到政治活动中，与封建统治紧密相连，这也促使中国逐渐形成绅—商—地主三位一体的社会阶级结构。但是与西方“崇商”的思想不同，明清甚至中国古代的商业是为了补充农业的不足而发展起来的，农业始终是“国之大计”，因此，就算是商品经济最为繁荣的宋朝，统治者也没有放弃“重农抑商”的政策，商业的发展与农业始终保持着密切联系。

(三) 从开放走向保守的对外政策

这一部分主要梳理两个王朝不同时期对外政策的变化。明清时期，西方资本主义逐渐发展并开始探寻新航路，世界迎来前所未有的大变局，中国亦被卷入其中。因而，在讲授这部分知识点时，可以适当补充世界史相关知识，对比中西方发展的不同，使学生能够更深刻地认识到闭关锁国政策给中国带来的影响。

1. 明朝对外政策的变化及其与世界的关系

在分析明朝对外关系时，可以将教材第 15 课的内容拆分为以下几

① 徐礼媛.中外传统商业文化与经济发展[J].商业文化，2017(10)：19.

个小问题。(1)明朝的对外关系包含哪几种形式？(2)这几种对外关系出现的国内外因素有哪些？(3)明朝的对外交往产生了哪些影响？通过几个层层递进的问题，引导学生深入剖析明朝对外关系的发展变化。

自汉唐以来，中国始终保持着开放的态度，与世界进行着密切的交往。明朝建立之后，依旧实行相对开放的对外政策。明初对外贸易无论是频率还是体量都是非常庞大的，但这些贸易大多掌握在国家手中，以官方为主导，带有一定的"朝贡"性质，对私人海外贸易则采取比较严厉的限制措施。所谓"朝贡"即"外国使者来朝带来贡物，临行时明廷给以不等的赏赐。一般来说，赏赐的物品多于贡物"①。这与自先秦就逐渐形成的以中国为中心的东亚"宗藩"区域性政治格局息息相关，本课重点——郑和下西洋便是如此。明成祖即位后，得益于稳定的政治局势和繁荣的经济发展，明朝"国力雄厚，成为当时世界上的强国"。明成祖对宣扬国威和对外贸易表现出极大的热情，加上明代航海技术的成熟，始有郑和七下西洋。可结合地图和教材相关史事，引导学生自己讲述郑和下西洋的壮举，并根据壮举分析其深远影响。郑和下西洋"展现的主要是当时中国统治者视野向外的开放性心态"②，同时也带动了民间私人贸易的发展，此后，中国到南洋的人数日益增多，推动了南洋的开发。然而，以郑和下西洋为典型例子的朝贡贸易，与西方的贸易形式完全不同，它受到专制王权的极大的限制，"中国的皇帝能够并的确发布过一道道对其整个国家有约束力的命令，欧洲绝无这样的皇帝"③。因此贸易的开始与结束，更大的决策因素在于皇帝

---

① 张岂之，等.中国历史·元明清卷[M].北京：高等教育出版社，2007：193.

② 赵轶峰.论明代中国的有限开放性[J].四川大学学报(哲学社会科学版)，2014(4)：26.

③ 斯塔夫里阿诺斯.全球通史(下)[M].吴象婴，梁赤民，董书慧，等，译.北京：北京大学出版社，2006：399.

的一纸命令。在郑和下西洋给国家带来巨大的经济负担的时候，朝廷必然会结束这场恢弘的远洋航行，从仁、宣两帝曾将停止下西洋作为惠民措施即可窥其一斑。

戚继光抗倭要介绍清楚倭患的背景，方便学生理解为什么戚继光是伟大的民族英雄。对明朝而言，倭寇问题由来已久。元末明初时期，日本进入南北朝纷争局面，不断骚扰我国东南沿海，这也成为明初朱元璋实行“海禁”政策的重要原因之一。但当时明朝初建，政治清明，国力强盛，倭寇不敢大肆进犯，因而并没有造成太大损失。至明嘉靖年间，日本进入战国时代，频繁的战争促使日本各诸侯纷纷组织武装力量到中国沿海大肆抢劫，加之明朝腐败横行，党争不断，国力衰退，从嘉靖二年（1523 年）的日本争贡事件到嘉靖三十四年（1555 年）倭寇进犯南京，政府始终无法组织起有效抵御，导致倭患严重。教师可在这个背景之下，引导学生阅读教材，了解戚继光抗倭的事迹和取得的成就，理解这场抗倭战争的重大意义。同时深入分析国家强大才能抵御外侮，培养学生的家国情怀。

关于西方殖民入侵，可以将第 18 课涉及的荷兰占领台湾也融合到一起。新航路开辟后，葡萄牙于 1511 年占领了马六甲，随即到中国活动；西班牙人在占领吕宋岛后，即寻求与明朝贸易。明朝对外贸易的格局开始改变，与世界的联系也更为紧密。但与贸易随之而来的是西方殖民者的野心和侵略，葡萄牙攫取澳门居住权，西班牙和荷兰先后占领台湾，“殖民势力在中国南部沿海建立据点，拖动中国更深卷入世界贸易体系”①。这些殖民侵略也引起了明政府的警惕，以徐光启为代表的知识分子开始认为西方列强才是中国将来最大的敌手，“今之

① 赵轶峰.论明代中国的有限开放性[J].四川大学学报（哲学社会科学版），2014(4)：26.

建贼,果化为虎豹矣,若真虎豹者,则今之闽海寇夷是也”。

2. 清朝的闭关锁国及其影响

按照以上分析,明朝虽然实行了局部“海禁”政策,但总体而言仍保持了开放的态度,积极开展对外贸易,接触西方先进的理念和技术,对世界经济和文化的发展也产生了重要影响。

然而清政府则采取了相对保守的对外政策。在讲述闭关锁国时,要让学生明确以下几点。(1)清代闭关锁国政策有哪些特定的时代背景?经历了怎样漫长的形成过程?(2)闭关锁国是不是代表完全封闭国门?(3)从唯物史观的角度如何评价这一政策?明确了这几个问题,可以使学生从深层次全面认识“闭关锁国”。

在“闭关锁国”政策出台前,清廷经历了长达29年的全面“海禁”时期。但这个时期的“海禁”并不是要隔绝与西方的贸易往来,而是为了对付海上的抗清势力,“先因海寇,故海禁不开”①,是一种短暂性的保护政策。因此在清廷收复台湾后,很快便弛海禁而行商贸,一定程度上推动了对外交往的发展。17世纪中叶,世界局势发生了很大变化,以英国为首的西方资本主义国家迅速发展,拉开了血与火的殖民史,中国也面临侵略威胁。清朝统治者对此亦颇为警惕,康熙帝曾表示“即如海防,乃今日之要务,朕时加访问”②,乾隆亦言“非我族类,其心必异,利之所在,瑕衅易滋”,都能体现这一点。在内外因素影响下,清廷最终出台了“闭关锁国”政策。

那么“闭关锁国”是不是真的把国门彻底封闭而完全不与世界往来呢?并不是。清廷依旧保留了广州一口通商,垄断对外贸易而非禁止对外贸易。那一口通商与“闭关锁国”是否矛盾呢?虽然依旧保留

---

① 隽军宁.现象·本质:“闭关锁国”历史概念教学设计[J].中学历史教学,2021(1):21.

② 清实录(第6册)[M].北京:中华书局,1985:649.

了一口通商，但是统治者从贸易规模大小到贸易种类，都进行了及其严苛的限制，又以“广州十三行”全权管理对外贸易，层层加码，从根本而言即是尽可能遏制中国与西方国家之间的联系。此外，清统治者对西方科技的发展亦颇为了解，乾隆时期马戛尔尼访华，带来了自来火枪、地球仪等欧洲科技的精华，乾隆帝也大为震撼，颇感兴趣，但是“这种兴趣始终停留在感知层面，没有采取措施予以学习、研究”①。同时，在明确知道西方的发展和先进后，清廷依旧是傲慢而自信的，乾隆在给英王的敕谕中提到“尔国僻处重洋，输诚纳贡，朕之赐予优加倍于他国”②。依旧以天朝上国自居，而奉行朝贡体制，由此可见，“闭关锁国”也可以从深层次理解为一种思想上的保守和封闭，使中国始终处于一种相对静止的状态。当时的欧洲则因经历了资产阶级革命和工业革命而迅速崛起，中国的静止就导致中国必然无法跟上世界的脚步。

解决了以上问题，就可以很容易地使学生得出对“闭关锁国”的评价：其在一定程度上隔绝了西方殖民者的侵略活动，保卫了国家安全，但总的来说清廷的故步自封使中国逐步落后于世界发展进程，面对虎视眈眈的殖民者，中国必然会走上半殖民地半封建社会的道路。

（四）明清科技文化成果

科技文化成果这一篇章相对而言比较简单，旨在让学生掌握明清时期中国创造的辉煌灿烂的文明成果，培养学生的家国情怀和民族自豪感。因此，本篇章可以充分发挥学生的主体性，引导其自主阅读教材并完成表4-3。

---

① 中国历史研究院课题组.明清时期“闭关锁国”问题新探[J].历史研究，2022(3)：20.

② 周靖.中学历史文献读本[M].上海：复旦大学出版社，2016：99.

表 4-3　明清科技文化成果汇总

<table>
<tr><th>朝　代</th><th>明　　朝</th><th>清　　朝</th></tr>
<tr><td rowspan="3">科技名著</td><td>《本草纲目》(李时珍):总结了我国古代药物学成就,在世界医药史上占有重要地位</td><td rowspan="3"></td></tr>
<tr><td>《天工开物》(宋应星):中国 17 世纪的工艺百科全书</td></tr>
<tr><td>《农政全书》(徐光启):重要的农业科学巨著</td></tr>
<tr><td rowspan="2">建筑成果</td><td>明长城:军事防御体系</td><td rowspan="2"></td></tr>
<tr><td>故宫:当时世界上最宏大、最辉煌的皇家建筑群</td></tr>
<tr><td rowspan="3">小说成就</td><td>《三国志通俗演义》(罗贯中)</td><td rowspan="3">《红楼梦》(曹雪芹):艺术成就最高、影响最深远的小说</td></tr>
<tr><td>《水浒传》(施耐庵)</td></tr>
<tr><td>《西游记》(吴承恩)</td></tr>
<tr><td rowspan="3">艺术发展(书法绘画、戏剧)</td><td>以董其昌、徐渭为书法绘画代表人物</td><td></td></tr>
<tr><td rowspan="2">昆曲:《牡丹亭》(汤显祖)</td><td>昆曲:《长生殿》(洪昇)、《桃花扇》(孔尚任)</td></tr>
<tr><td>京剧:在清朝中期出现并发展</td></tr>
</table>

在学生掌握了基本知识点后,可以适当补充课外材料,凸显明清科技文化成果登峰造极的成就水平。例如,在介绍《本草纲目》时可引入材料:“《本草纲目》不仅是一部药典,也是一部植物学、动物学和矿物学著作,同时它还是一部增广见闻的‘博古’著作……它已被译成日文、拉丁文、法文、德文、英文等多种文字,广泛流传于世。”①通过材料使学生体会其价值和世界性影响,培养学生的史料研读能力。同时,对明清科技文化成果的学习,也可以使学生感悟到中华民族的勤劳智慧和敢于反抗的民族精神。

① 朱绍侯,张海鹏,齐涛.中国古代史(下卷)[M].福州:福建人民出版社,2009:265.

三、次级问题间的逻辑与理路

课程小问题解决了知识点的纵向对比关系，使学生能够按照时空顺序掌握由明到清的制度传承、文化递进等方面的关系，但是更深层次的问题还没有得到解决。例如，为什么明清时期在出现资本主义萌芽的情况下，封建小农经济依旧拥有异常强大的生命力？这与中国的政治制度有什么关联？又比如，为什么在明清时期中国人口能够迎来增长高峰？这与中国的对外政策有什么联系，等等。这就需要学生在纵向对比的基础之上架构起次级问题之间的横向对比，挖掘一个王朝繁盛或衰落的深层原因，可培养学生的历史解释素养。

（一）封建经济与专制制度的相互关系

经济基础决定上层建筑，数千年来中国的封建小农经济与专制制度互相影响、紧密依存，“小农经济的兴衰往往决定封建政权的盛败”①。封建时代的农民为统治者构筑了坚实而稳定的统治基础，也为国家的运转带来源源不断的财富，历朝历代巨额的租税和频繁的战争负担，也都压在农民身上。为了将这种剥削继续下去，统治者需要一种强有力的统治力量，保障农民被固定在土地上成为固定的剥削对象，而专制主义中央集权制度恰恰满足了这种需求。因此，在中国漫长的封建小农经济时代，专制制度始终拥有蓬勃的生命力。此外，小农“不能代表自己，他们的代表一定要同时是他们的主宰，是不受限制的政府权力，这种权力保护他们不受其他阶级侵犯，并从上面赐给他们雨水和阳光”②。马克思给小农群体的定性是非常准确的，这一特性也注定在小农经济背景下，封建专制制度对当时中国而言是一个绝佳

---

① 俞兆鹏.小农经济与封建专制主义统治的关系[J].江西大学学报（社会科学版），1990(1)：60.

② 杨希珍.封建专制主义制度与小农经济[J].文史哲，1982(3)：53.

的选择。

在以小农经济为主体的封建时代，手工业和商业成为农业的附庸，“是为了补充农耕经济的不足和统治者的需要而发展的”①，加之统治者为巩固统治而实行“重农抑商”政策，因此，封建时代的手工业和商业始终无法撼动农业的基础地位，也无法脱离农业而存在。尽管在明朝中后期，出现了资本主义的萌芽和社会转型的趋势，但由于自然经济的强大根基，中国始终没有实现突破性的发展。此时，西方资本主义则迅速崛起，开始不断向外殖民扩张，更凸显出中国小农经济的保守和落后。

另一方面，“国家政权……一旦产生以后，就相对独立于经济之外，而对经济起着巨大的作用，有时甚至在一定时期里和一定条件下起着决定性的作用”②。中国封建专制制度的力量是非常强悍的，对经济的干预也是全方位的。如上所言，为了保障统治的稳固，统治者会采取诸如休养生息和调整土地占有状况、赋税制度等政策来安抚农民，保证政权对农民的稳定的剥削，一定程度上维护了封建小农经济。再者，强悍的中央统治力量也使国家能够集中大量人力物力，兴修大规模工程设施，水利工程的建设推动了农业发展，而农业的发展也使中国一度成为世界上经济最繁荣的国家。“中国一向是世界上最富的国家，其土地最沃，其耕作最优，其人民最繁多且最勤勉。”③此外，统治者的奢靡生活与享乐主义亦注定他们无法脱离手工业和商业生产，而统一的政治环境也有利于经济和商品的交流，因而，虽然是农业的附庸，手工业和商业也取得了卓越的发展成果。

---

① 徐礼媛.中外传统商业文化与经济发展[J].商业文化，2017(10)：16.

② 宁可.中国封建社会的专制主义中央集权制度[J].文史哲，2009(1)：90.

③ 亚当·斯密.国富论(上卷)[M].郭大力，王亚楠，译.北京：商务印书馆，2015：85.

（二）政治、经济与封建文化的相互关系

通过之前的学习，学生已经明白大一统的封建专制统治可方便国家集中大量人力物力兴修大规模工程设施，长城和故宫即是在这种背景下诞生的。长城是中原王朝为保障政权免受游牧民族冲击、保护小农经济的稳定发展而营造的大型军事城防工程，只有统一强大、实力雄厚的政府才能承担起如此大型工程的修筑使命。同时，长城的修建，对于饱受游牧民族入侵的农耕民族而言，也是一堵安稳的城墙。故宫则更凸显了专制制度和封建经济的特性：从故宫的规模布局到摆设的图案纹饰，无不彰显封建帝王高高在上、唯我独尊的磅礴气势；其作为庶民止步的“禁地”，也昭示了等级秩序的森严。此外，统治阶级通过剥削农民而获得财富，再将财富集于一体收归中央，作为高高在上的统治者，自然会首先享有财富的使用权并占据比例相当可观的一部分，这也使故宫作为皇家私人宫殿，成为当时世界上最宏大、最辉煌的建筑群。

封建专制制度之下，注重“仁”和“人道大伦”的儒家思想成为统治者最好的选择。儒家用“天人合一”和“三纲五常”构建起适合中国传统社会和封建经济的思想统治体系，因而董仲舒“罢黜百家独尊儒术”后，历朝历代均会尊孔崇儒，加强思想控制。在这一思想体系之下，“为天地立心，为生民立命，为往圣继绝学，为万世开太平”成为中国古代知识分子的毕生追求，而“忠君爱民”也成为当时读书人的座右铭。封建帝王为了加强权威，必然会构建起顺从皇帝旨意的庞大官僚集团，而儒家的“忠君”思想在一定程度上维护了专制统治。但随着皇权的不断加强，明清时期的思想禁锢越来越严苛，阻碍了文化的发展和进步。此时欧洲的文艺复兴风靡云蒸，启蒙运动方兴未艾，中国的民主思想却只在明末昙花一现，无法推动社会和思想的变革。

除此之外，儒家“爱民”“保民”的思想也使统治阶级和知识分子能够关注民生,《本草纲目》《农政全书》《天工开物》不仅总结了各自领域的科技成果,同时也是儒家敬德保民思想的体现。再者,随着商品经济的发展和市民阶层的出现,世俗文学经久不衰并迅速发展,到明清时期,古典小说和戏剧出现了全面繁荣局面,明代三大奇书和清代《红楼梦》,成为中国文学宝库中的瑰宝。加之专制统治的弊端日益凸显,对现实不满的知识分子借由小说、戏剧抨击现实黑暗,具有深刻的社会意义。

(三) 政治、经济影响下的对外政策

中国曾经很长一段时间雄踞于亚洲,成为周边诸国发展的引领者。明清时期,随着专制集权的加强,对外交往中的"宗藩"意味愈加强烈,万国来朝的盛景和文化上的绝对认同,使统治者始终将自己置于"天朝上国"的无上地位,而农业经济的繁荣也给了中国作为宗主国的底气,对外交往对当时的统治者来说是锦上添花而非雪中送炭,是对别国的恩赐而非平等往来,"特因天朝所产茶叶、瓷器、丝斤为西洋各国及尔国必需之物,是以加恩体恤"①。因此,16、17 世纪,当西方资本主义势力壮大,不接受中国的朝贡传统时,限制交流的措施便应运而生了。此外,以朝贡为主体的对外关系,在一定程度上也限制了商品经济和资本主义的发展,"蕴含着竞争、创新、'革命'精神的商业文化也只能消融在中国传统主流文化之中"②。

封建小农自给自足的特性,也无法提供一个庞大的市场来推动商品经济的发展,加之小农经济的稳定性,也使统治者始终认为天朝物产丰盈,不需要与外界交流也能继续发展。同时,外来的资本主义在一定程度上也会动摇小农经济的统治地位,如鸦片战争后,随着大量

① 周靖.中学历史文献读本[M].上海:复旦大学出版社,2016:98.

② 徐礼媛.中外传统商业文化与经济发展[J].商业文化,2017(10):20.

资本及产品的涌入，中国的自然经济逐渐瓦解，成为半封建国家。因而，“清朝采取对外贸易限制政策的原因是维护小农业和家庭手工业相结合的自给自足经济”①，从而保证封建专制政权的稳定。

（四）对外交流对农业和科技文化发展的推动

虽然明清时期的对外政策由开放逐渐走向了保守，但这个时期，西方的先进文化和技术依旧大量传入中国，形成“西学东渐”的浪潮，一定程度上推动了当时社会的发展。

对农业而言，一方面新航路的开辟将美洲纳入世界发展的大格局中，原产于美洲的高产农作物也开始沿着新航路向世界传播，中国也受到了影响。原产美洲的玉米、马铃薯、甘薯等作物生长所需的环境要求低，产量高，在明朝中后期一经传入，便推动了中国农业的发展。清统治者更是大量推广种植这些高产作物，一定程度上缓解了粮食压力，促进了人口增长。另一方面，欧洲的水力技术也传入中国，收录于《农政全书》中的《泰西水法》便是由意大利传教士熊三拔口述而成。该书由徐光启编著，介绍和引进了西方先进的水力技术，并首次创造了“水库”一词，影响至今。

对科学技术而言，“西学东渐”和马戛尔尼来华都带来了西方先进的技术成果。其中有些被引进吸收成为中国文化的一部分，如古希腊数学著作《几何原本》，推动了中国几何学的发展。但是更多的成果则被束之高阁，成为历史的叹息，原因在于“中国的生产面向宫廷，由帝王任意弃取，政府政策的优劣决定了经济和技术发展的命运”②，高高在上的帝王姿态和被牢牢束缚的知识分子，注定无法承担起技术革新的重担。

---

① 王仁忱.满清的海禁与“闭关”[J].历史教学，1954(12)：37.

② 刘国培.中国古代农业社会和传统文化[J].昆明师专学报（哲学社会科学版），1987(1)：34.

(五) 落日余晖之下的明清出现的统治问题

以上问题解决后，对于明清时期出现的统治问题，学生就很好理解了。这一部分可以让学生结合教材第 17 课《明朝的灭亡》和第 20 课第三部分“不断加剧的社会矛盾”两部分内容自行思考，分析当时社会存在的问题。

总而言之，封建王朝之所以走到末期，不外乎是由于存在几大问题。首先是统治腐败，不断加强的专制统治为腐败提供了绝佳的温床，顺从于皇权的庞大官僚体系也无法形成有效的辖制和监督，“只要有由官僚负责执行的规则，就会有一种将其扭曲以有利于其朋友或恩人的诱惑”①。由腐败产生的权力纷争和财政危机，则加剧了王朝覆灭的步伐。

其次在于封建经济之下，统治阶级对农民阶级的严酷剥削。除了沉重的赋税、徭役，农民还要承受位高权重者为扩张而进行的土地兼并，虽然历代王朝初建之时，都会尽可能地改革土地政策来抑制兼并，然而中国的专制制度和官僚政体，就决定了只要土地在私人手中，最终必然会走向兼并。加之自然灾害的冲击和小农脆弱的抗风险能力，导致大量农民走向破产成为流民，课本第 85 页的明代《流民图》即反映了这个问题。走投无路的农民必然会发动起义来反抗统治者，其所求也不过是“均田免粮”，因而统治者（或新王朝的统治者）一旦出台政策减轻压迫，阶级矛盾就会缓和，千年以来周而复始。

但是在世界发生巨变，资本主义迅速发展的国际大背景下，中国这个传承了千年的古老封建国家和其保守静止的小农社会，必然会遭受灭顶之灾。

---

① 罗斯金，等.政治科学[M].林震华，等，译.北京：华夏出版社，2001：334.

四、大问题的最终解决

在解决以上小问题和次级问题后，本单元的线索已经非常明晰了，此时教师可再将焦点放在单元大问题上："作为中国封建社会的最后两个王朝，明清呈现出怎样的发展趋势？"总的来说，明清时期国家实力依旧占据世界领先地位，雄踞于世界的东方，创造出了辉煌的几乎无人能及的文化和经济发展成果，令世界为之叹服。然而，在中国传承了两千多年的封建体制已垂垂老矣，尽显末日余晖。政治上，专制主义在这个时期持续发展并达到了顶峰，皇帝权力至高无上，官僚集团和知识分子成为皇权的附庸，与当时西欧民主和资本主义的萌芽形成鲜明对比。经济上，封建小农经济作为专制主义的统治基础继续发展，国家政策的扶持和高产作物的引进又使其出现了短暂的回光返照。对外交往由开放走向保守，使中国错过了与世界一同发展的契机。文化技术的核心依旧是传统的农业社会文化，18 世纪中期英国开始工业革命后，中国的技术水平与西方的差距日渐明显。封建时代的中国开始走向末路。

以上对"大问题教学"的探讨，主要是在新课标和课程改革之下，探索一条全新的高效的课堂路径，使学生能够从宏观角度把握历史发展趋势，构建完整的历史框架，而不仅仅是死记固定知识点，培养学生的核心素养和历史逻辑，使其真正能掌握历史并以古鉴今。

参考文献

一、中文部分

（一）期刊论文

[1] 秦国经.明清内阁沿革与职掌[J].历史档案，2009(1).

[2] 徐礼媛.中外传统商业文化与经济发展[J].商业文化，2017

(10).

［3］赵轶峰.论明代中国的有限开放性［J］.四川大学学报（哲学社会科学版），2014(4).

［4］俞兆鹏.小农经济与封建专制主义统治的关系［J］.江西大学学报（社会科学版），1990(1).

［5］杨希珍.封建专制主义制度与小农经济［J］.文史哲，1982(3).

［6］中国历史研究院课题组.明清时期“闭关锁国”问题新探［J］.历史研究，2022(3).

［7］隽军宁.现象·本质：“闭关锁国”历史概念教学设计［J］.中学历史教学，2021(1).

［8］宁可.中国封建社会的专制主义中央集权制度［J］.文史哲，2009(1).

［9］王仁忱.满清的海禁与“闭关”［J］.历史教学，1954(12).

［10］刘国培.中国古代农业社会和传统文化［J］.昆明师专学报（哲学社会科学版），1987(1).

（二）图书专著

［1］郑林，等.基于学生核心素养的历史学科能力研究［M］.北京：北京师范大学出版社，2020.

［2］李锡厚，白滨.辽金西夏史［M］.上海：上海人民出版社，2020.

［3］钱穆.中国历代政治得失［M］.北京：九州出版社，2015.

［4］吴钩.宋：现代的佛晓时辰［M］.桂林：广西师范大学出版社，2021.

［5］谢和耐.蒙元入侵前夜的中国日常生活［M］.刘东，译.北京：北京大学出版社，2020.

［6］黄爱华，张文质，等.“大问题”教学的形与神［M］.南京：江苏凤凰教育出版社，2013.

［7］马大正.清代中国边疆治理研究［M］.北京:中国社会科学出版社,2021.

［8］张岂之,等.中国历史·元明清卷［M］.北京:高等教育出版社,2007.

［9］清实录(第 6 册)［M］.北京:中华书局,1985.

［10］周靖.中学历史文献读本［M］.上海:复旦大学出版社,2016.

［11］亚当·斯密.国富论(上卷)［M］.郭大力,王亚楠,译.北京:商务印书馆,2015.

［12］罗斯金,等.政治科学［M］.林震华,译.北京:华夏出版社,2001.

二、英文部分

［1］J.A.R. Marriot. The Eastern Question：An Historical Study in European Diplomacy［M］. Oxford：Oxford University Press，1947.

［2］Penney Clark，Alan Sears. The Arts and the Teaching of History［M］. New York：Palgrave Macmillan，2020.

［3］Luciana C. de Oliveira，Kathryn M.Obenchain. Teaching History and Social Studies to English Language Learners：Preparing Pre-Service and In-Service Teachers［M］. New York：Palgrave Macmillan，2018.

第五章　初中历史"问题教学"课程实例：八年级上册部分

作为中国近代史的开端，八年级上册的历史教材所肩负的使命无疑是重大的。在所有初中六本教材中，八年级上册的教材承载了中国历史上最为黑暗、最为绝望，但又最为顽强不屈的历史，因此在学习这段历史的过程中，教师对学生的价值观引导就显得尤为重要了。

第一节　教材概况总论及本章实例说明

在八年级上册的教材中，包含了从鸦片战争到甲午中日战争再到八国联军侵华战争等列强侵华史，也包含了从洋务运动到戊戌变法，再到辛亥革命等一系列的变法与革命，当然，还有更加轰轰烈烈的五四运动，以及之后中国共产党诞生，中国近代史开天辟地、焕然一新的革命历程。除此之外，伟大而艰辛的十四年抗战构成了整本教材的最高潮，也掀开了中华民族全面觉醒的篇章。可以说，八年级上册拥有整个初中阶段所有历史教材中最为恢弘的革命篇章和最为慷慨激昂的中华民族救亡图存史诗。因此这本教材所包含的家国情怀也是激越而丰厚的。

要在拥有如此重要地位的教材中开展"问题教学"，其步骤和细节都是非常重要的。就教材的内容设置而言，第一、第二单元的学习主题相近，因此可以考虑在这里设置一个跨单元大问题，即"被列强打开国门之后，步入近代的中国进行了怎样的抗争?"。第三单元中国通过资产阶级民主革命推翻了清王朝的统治，进入中华民国统治时期，这是中国近代史上发生的第一次重大的变革，因此可以单独设置为一个单元大问题，即“从晚清到民国，中国发生了哪些变与未变?”。经由这个问题，学生可以进一步思考，辛亥革命与其后的中华民国，对近代中国做出了哪些贡献，又留下了哪些遗憾。第四单元和第五单元则展示了从中共一大到红军长征的恢弘篇章，因此跨单元大问题可以设置为“中国共产党从诞生到走向成熟，经历了怎样的峥嵘历程?”。第六单元是专属于抗日战争的篇章，因此单元大问题可以设置为“中国通过怎样艰苦卓绝的斗争，最终取得了抗日战争的胜利?”。第七单元的主要内容为解放战争，因此单元大问题主要围绕解放战争的历程展开，即“从重庆谈判到解放南京，中国人民解放军通过哪些著名战役最终结束了国民党政府在大陆的统治?”。

总体而言，教师在运用八年级上册教材开展“问题教学”的过程中，一定要注重史实梳理与价值培养相结合，在每一个层级问题中都应当注重对学生家国情怀的培养。

本章以下各节内容由三部分组成，分别是由李梦良老师撰写的《“问题教学”与近代中国的抗争》，张秀梅老师撰写的《“问题教学”视阈下的“近代化探索与民族危机加剧”》，陈世敏老师撰写的《“问题教学”视阈下的抗日战争》。这三位老师都来自重庆市育才中学校，但其研究方向与写作风格又各有千秋。作为其中最年轻的一位，李梦良老师任教仅仅两年有余，但已经形成了多思考、勤动笔的教研习惯，用心之下，写作能力也在不断提升。张秀梅老师作为作者中唯一一位高中历史教师，以丰富的教学经验和同时兼有初、高中教材研究经验见长，不同的学段意味着不同的视角与格局，在其文章中，也能够感受到这一点。陈世敏老师的教研功底扎实，拥有长期写作的习惯，无论是行文还是整体思路框架设计，都显得成熟而游刃有余。

第二节 “问题教学”与近代中国的抗争

在《义务教育历史课程标准(2022年版)》出台背景下,大单元、大概念教学通过树立关键问题,围绕单元主题构建教材知识体系,成为落实历史学科核心素养培养的重要方式。大单元教学着重从宏观角度出发,保障教学内容的完整性,注重培养初中学生的综合能力,但并不意味着教学内容的整合局限于某一个单元,以下试图从大单元“问题教学”的角度出发,以部编版八年级上册的第一、二单元为例跨单元进行整合分析,以期实现新课标的更好落地。

一、提炼主题

学生在学习八年级上册的第一、第二这两个单元之前,已经经过七年级中国古代史一学年完整的历史学习,了解此时中国处于封建社会的末期,社会动荡,政治腐败。随之而来的八年级历史便是近代中国的百年屈辱史、百年奋斗史。教师要在学生此前自身课余时间对近代史碎片化的了解基础上,顺利引领其从辉煌的中国古代史步入近代史,做好承上启下,这两个单元的教学工作尤为重要。

从教材内容上来看,作为中国近代史的开端,部编版八年级上册的第一、第二单元教材共有7课,分别是第1课《鸦片战争》、第2课《第二次鸦片战争》、第3课《太平天国运动》、第4课《洋务运动》、第5课《甲午中日战争与瓜分中国狂潮》、第6课《戊戌变法》、第7课《抗击八国联军》。这7课包含的历史所跨时间较短,内容紧凑,各课之间几乎呈递进方式紧密衔接,如鸦片战争冲击传统的小农经济,由此引发农民阶级的抗争,甲午战争中国的惨败及《马关条约》的签订引发戊戌变法,同时刺激了列强瓜分中国的野心。

在这7课中可见鸦片战争、第二次鸦片战争、甲午中日战争、八国联军侵华共计四个以战争名称命名的课程标题，显然侵略战争频发是这一时期历史的一个重大特征。在列强冲击下，各阶层所做出的不同反应与变化，是这一时期的又一重大特征。上述两个特征构成了这两个单元的主要知识体系。那么基于以上分析，这两个单元可构建如下跨单元大问题，即“被列强打开国门后，步入近代的中国进行了怎样的抗争？”。

要解决这一问题，首先可从它的背景“被打开的国门”出发：从外部来说，19世纪中期，率先完成了工业革命的英、法等资本主义国家经济迅速发展，社会生产力飞速增长，对市场和原料的需求越来越强烈，其为开拓海外市场和抢占原料产地，争夺殖民地的斗争也日趋激烈，1840年英国为打开中国的市场，发动了鸦片战争，清政府战败并签订了《南京条约》，成为中国近代史的开端，此后为了进一步打开中国市场，使鸦片贸易合法化，扩大侵略权益，英法两国又分别发动了第二次鸦片战争；就内部环境而言，中国此时的封建君主专制顽固，自给自足的小农经济仍然是主要的生产方式，社会矛盾突出，军队战斗力低下。上述均为鸦片战争中国战败以致国门洞开的原因。然而此后列强的侵略行径并未停止，沙俄不断侵占中国北方领土，完成明治维新的日本对中国发动了甲午战争，在中国惨败的情况下，列强瓜分中国的野心被大大刺激，进而又发动了八国联军侵华。

这些战争均以中国的失败并签订不平等条约告终，使得中国从主权独立的国家一步步沦为半殖民地半封建社会，民族危机不断加剧，从近代的侵略战争着手，新课标对这两个单元的学习有以下要求：通过了解林则徐虎门销烟、英法联军火烧圆明园、俄国割占中国北方大片领土等两次鸦片战争期间的主要史事，以及《南京条约》等不平等条约的签订，初步认识鸦片战争对中国近代社会的影响；了解19世纪中后期的边疆危机和中法战争，知道甲午中日战争的主要战役和《马关条约》的主要内容，知道义和团运动和抗击八国联军侵华的史事。可以很明显看到，新课标对于这两个单元中有关战争的内容要求相当详细，显然，这四场侵略战争是这两个单元的一条重要线索。为理清这一线索，教师可在此设置次级问题一：中国的国门是如何一步步洞开的？

在列强的侵略下，中国各阶层进行了积极的抗争。例如，对外战争的失败以及清政府对人民的沉重剥削，致使洪秀全创立拜上帝教，发动武装起义并建立太平天国，这是教材叙述的农民阶级的积极抗争。第二次鸦片战争失败后，以奕䜣、曾国藩、李鸿章、左宗棠、张之洞等人为首的洋务派，打出“自强”“求富”的口号，试图通过引进资本主义国家的新的军事和生产技术以保障国家安全，抵抗外辱侵略，这是地主阶级的积极抗争。在甲午中日战争清政府战败后，以康有为、梁启超为首的维新派试图通过变法维新的方式以挽救民族危亡，这是民族资产阶级的积极抗争。可以说，尽管近代以来中国不断遭受外侮侵略，但仍有各个阶层的中国人民站起来反抗。为了有序梳理这些历史事件，我们将大历史问题拆分，继续设置如下次级历史问题。

次级历史问题二：中国的农民阶级进行了怎样的抗争？

次级历史问题三：中国的地主阶级进行了怎样的抗争？

次级历史问题四：中国的民族资产阶级进行了怎样的抗争？

尽管已经将大问题拆分，完成了“大问题—次级问题”的体系构建，但次级历史问题的解决仍然需要教师给学生继续“搭梯子”，在具体的课程中，需要将次级历史问题进一步拆分、细化。

首先，次级历史问题一所涉及的内容，包含了教材第 1 课、第 2 课、第 5 课、第 7 课。因此我们在教学时可以将次级历史问题一拆分成“为什么鸦片战争是中国近代史的开端？”以对应课本第 1 课。“清政府如何沦为洋人的朝廷？”则主要对应第 7 课，并且涵盖了第 2 课、

第 5 课的有关内容。通过这两个历史课程小问题的设置，学生可以通过课堂学习，自主归纳得出答案。

其次，次级历史问题二所涉及内容在教材第 3 课及第 7 课中均有体现，在联系课程知识内容且保持历史事件间独立性的同时，我们分别设置课程小问题“太平天国对国家出路的探索为何失败？”“在农民阶级和清政府间列强做何选择？”“义和团运动具有怎样的性质？”。

再次，次级历史问题三集中体现在教材第 4 课，我们将其拆分为“洋务运动让中国发生了哪些改变？”“‘自强’‘求富’口号实现了吗？”两个课程小问题。

最后，针对次级历史问题四，分别设置“戊戌变法是怎么发展起来的？”“资本主义改良道路为什么在中国行不通？”两个课程小问题。

在完成了综上四个次级历史问题的细分后（见图 5-1），教师需要继续斟酌如何将这些历史问题在教学活动中付诸实践。

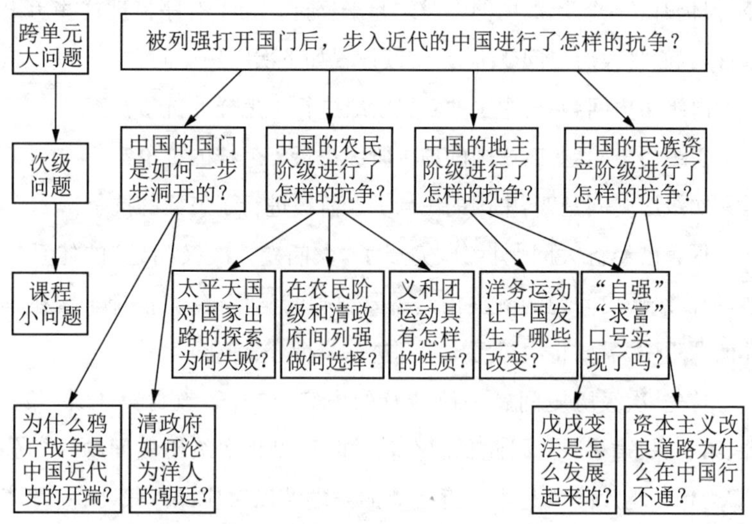

图 5-1　列强侵华与近代化主题下的问题建构

二、次级问题解决

(一) 中国国门一步步洞开

中国的国门被一步步打开，随之而来的是中国的半殖民地半封建化程度不断加深。要解决次级历史问题一，可以尝试从中国半殖民地半封建的程度着手，对应教材第 1 课的课程小问题“为什么鸦片战争是中国近代史的开端?”。

在解决这个课程小问题之前，首先需要学生明确概念:何为半殖民地半封建社会。半殖民地半封建社会就近代中国而言是一种特殊社会形态。半殖民地是指从政治的角度考量，国家形式上是拥有自己政府的独立国家，实际上受到殖民主义国家掌控，丧失部分主权，这是社会发展的阻碍。半封建则是从经济结构角度而言，国家在形式上仍然由封建统治和自然经济主导，但社会逐渐近代化，商品经济、资本主义因素壮大，是社会发展的进步。

学生在自主学习时可以在课本教材中找到“鸦片战争成为中国近代史的开端”原文，但如何理解仍需要教师进一步引导。鸦片战争中虽不乏爱国官兵的英勇作战，但终因专制制度的腐朽和清政府的腐败无能而以失败告终。教师可以通过列表分析战前战后中国变化的方式让学生自主寻找答案。战败后，清政府同英、美、法三国签订了中国近代第一批不平等条约，《南京条约》是其中第一个丧权辱国的不平等条约。中国在政治、经济上发生了巨大变化，这些条约在政治上使中国开始逐步丧失领土、领海、司法、关税和贸易等主权，中国从主权独立的国家变成半殖民地，在经济上使中国封建社会自然经济的基础遭到破坏，中国开始沦为列强的商品倾销地和原料产地。

通过上述分析，学生能够得出鸦片战争使中国开始从封建社会变为半殖民地半封建社会的结论。为了进一步梳理中国半殖民地半封建化的程度,教师可将第二个课程小问题置于第7课教学中。教材第7课《抗击八国联军》位于第二单元的最后。新课标要求使学生"初步认识《马关条约》与中国民族危机加剧的关系;结合《辛丑条约》的主要内容,认识《辛丑条约》对中国民族危机全面加深的影响"。

19世纪末,帝国主义国家瓜分中国的狂潮兴起,中国面临的民族危机空前深重,在八国联军侵略之下,清政府战败,被迫签订《辛丑条约》。巨额赔款致使清政府加紧搜刮人民,加剧了中国人民的贫困和社会经济的凋敝。清政府经济也长期受制于列强,还拆毁大沽炮台,允许列强在北京至山海关铁路沿线驻扎军队,严禁人民参加各种形式反帝活动,实际已成为洋人统治中国的工具。这些都体现了帝国主义侵华的新特点和全面掠夺的本质,中国完全陷入半殖民地半封建社会的深渊。

在进行了第1—7课的学习后,学生对于频发的侵略战争以及不平等条约已有基本认识,故在第7课的教学中,教师可以引导学生小结近代以来的侵略战争及不平等条约。从鸦片战争后签订《南京条约》,中国开始沦为半殖民地半封建社会;到第二次鸦片战争的《天津条约》《北京条约》;甲午中日战争后与日本签订《马关条约》;以及《辛丑条约》签订后中国彻底沦为半殖民地半封建社会。可以让学生自主动手,以时间为线索设计中国近代以来的不平等条约内容对比图,让学生结合不同条约的内容分析不平等条约的签订与中国社会性质变化之间存在的关系,自主归纳总结中国逐步沦为半殖民地半封建社会的线索,在训练学生动手能力、归纳能力的同时,也将时空观念更好地落实在教学活动中。

从中国近代史的开端——鸦片战争后《南京条约》的签订,到清政府完全沦为"洋人的朝廷",学生在解决两个基本课程小问题后,应能梳理出近代中国从开始沦为半殖民地半封建社会到完全沦为半殖民地半封建社会的过程，即中国国门一步步洞开的过程，以便更好理解后续各阶层的抗争。

(二) 农民阶级的抗争

新课标对第4课的学习要求为：了解太平天国运动的兴衰。学生要理解农民阶级为什么起义，需要对太平天国运动出现的背景有所了解。鸦片战争后，中国的大门被打开，近代列强的入侵让中国的民族矛盾激化。从内部而言，鸦片战争战败，加深了清政府统治危机，阶级矛盾日益尖锐，外加频发的自然灾害，成为以太平天国运动为代表的农民阶级反抗斗争兴起的重要原因。这次起义在鸦片战争十年后爆发，是近代中国规模最大的一次农民起义，可以说也代表着近代中国人民寻求国家出路的早期探索，然而仅持续十余年后以失败告终。教师在此可以抛出课程小问题："太平天国对国家出路的探索为何失败?"学生要解决这一课程小问题，需要对教材内容进行梳理。在使学生充分了解太平天国运动兴起的背景下，教师应该给予学生自主学习的时间，使其通过自主浏览，对太平天国运动从金田起义到定都天京及西征北伐达到军事上的鼎盛时期的过程有一定了解，在此基础上，教师需要对太平天国在定都后进行的政权建设部分做进一步引导。

定都天京后颁布的《天朝田亩制度》以及太平天国后期由洪仁玕编写的《资政新篇》均反映了太平天国在国家治理上所做的尝试。前者否定了封建地主土地所有制，具有绝对的平均主义；后者是近代以来第一部资本主义性质的纲领，提出新的社会经济政策，试图回答农民革命应当向何处去的问题。在当时的历史条件下，这两个文件都未能真正实施。通过上述的分析，学生能够直观感受到，太平天国失败的内部原因，是由于农民阶级缺乏科学的理论指导，农民阶级无法承担时代任务，无法真正突破封建社会的制度和思想束缚。这是学生经由教师引导可以得出的结论。

此时教师可适时抛出另一个课程小问题："在农民阶级和清政府间列强做何选择？"以引发学生的进一步思考。学生对教材进一步阅读后，会发现镇压太平天国的既有清朝曾国藩的湘军，也有李鸿章的淮军，此外装备先进武器的外国侵略势力也参与镇压太平天国，得出中外反动势力的联合绞杀，是使得太平天国衰落的又一重要原因。对前面的课程小问题作了进一步补充回答。由此，学生能轻易回答：列强选择帮助清政府镇压太平天国。教师可继续追问：为什么列强选择帮助清政府镇压太平天国？

由于教材对于该部分内容没有详细阐述，此处补充两则材料及这一时间段中外历史大事件的年表予以说明。

> 材料一：麦鲍在给杨秀清的回信中声明"我们并不信仰你们这种意义的教条，对所有这些不能表示赞同。我们只相信《新、旧约全书》启示给我们的东西，即上帝圣父是造物主和万物之主——耶稣是他所生的唯一儿子"。——《太平天国史译丛》①
>
> 材料二：太平天国癸好三年四月，天王在天京又特下式吸鸦片诏，诏道：吹去吹来吹不饱，如何咁蠢变生妖！戒烟病死甚诛死，脱鬼成人到底高，并在法律上定"凡吹洋烟者斩首不留"，用严刑推行禁令。——《太平天国史》②
>
> 材料三：《近代中外历史大事变年表》（表 5-1）

---

① 太平天国历史研究会.太平天国史译丛（第一辑）[M].北京：中华书局，1981：19-20.

② 罗尔纲.太平天国史[M].北京：中华书局，2000：658.

表 5-1 近代中外历史大事变年表

时　间	事　件
1839 年	林则徐虎门销烟
1840—1842 年	鸦片战争
1842 年	中英《南京条约》签订
1851—1864 年	太平天国运动
1856—1860 年	第二次鸦片战争
1858 年	中俄《天津条约》、中美《天津条约》、中英《天津条约》、中法《天津条约》签订
1860 年	中英《北京条约》、中法《北京条约》、中俄《北京条约》签订
1861 年	俄国农奴制改革
1861—1865 年	美国内战
1857—1859 年	印度民族大起义

展示这些材料后，教师继续提问：根据材料并结合所学知识，从全球史观思考英国参与镇压太平天国运动的深层原因是什么？

部分学生在得出中外反动势力的联合绞杀使太平天国灭亡后存有疑惑：在第二次鸦片战争时期，清政府既要面对列强入侵的外患，同时要应付太平天国为首的农民起义内忧，列强为何没有选择与太平天国联合攻打清政府呢？这一点在材料三的大事变年表中展示的第二次鸦片战争与太平天国运动的时间重合上也可见得。

在教师引导学生对所给出的三则材料进行思考后，学生一般能够得出部分原因：首先太平天国的意识形态是由基督教发展而来的异端，在宗教信仰上，太平天国与西方列强存在严重分歧，洪秀全在与洋人的书信中也拒绝了皈依基督教。这正如梁启超所说："洪秀全之失败原因虽多，最重大的是他那'四不像的天主教'做招牌。"①这是列强

① 钱穆.中国近三百年学术史[M].北京：中华书局，1986：122.

未能与太平天国达成合作的重要原因。此外,教师通过引导学生对材料表格信息进行解读,学生可以看到,美国南北战争的爆发,使得倾向支持南方联邦势力的英国丢失了重要的市场,英国对另外一个重要市场——中国的重视程度大大提升。与此同时,镇压 1857 年印度民族大起义后,英国取消了东印度公司,通过直接派遣官员的方式,继续维持对印度的殖民,这使得英国的行政军事费用急剧上升,英国人意识到想要在中国攫取更多利益,不能让腐朽的清政府直接倒塌。除此之外,太平天国禁查鸦片,否定不平等条约,与列强在利益方面显然并不能达成一致,而两次鸦片战争后,英法通过与清政府签订不平等条约,获得了通商口岸、赔款,以及一系列特权,可以说其既定目的已达到。

那么对比起来,不论从各方面而言,软弱无能、腐朽的清政府都比太平天国更加便于控制。解决了这个问题,不仅可以让学生试着用联系、整体的眼光去看待历史问题,帮助学生形成系统的世界历史观念,助推学科核心素养的落地,培养学生的历史思维能力,同时也帮助学生在后面的学习中理解另一农民阶级抗争事迹——义和团运动失败的原因,为其提供更多思考的角度。可以说从外部的角度出发,列强对于中国农民阶级的抗争都持坚定反对的态度,这样一来,学生要理解义和团运动的失败会容易许多。

在完成了上述教学过程后,教师可聚焦于这个次级历史问题的最后一个课程小问题,即“义和团运动具有怎样的性质?”。义和团运动位于教材第二单元最后一课中,课标对学生学习该知识点的要求为“知道义和团运动和抗击八国联军侵华的史事”。关于义和团运动兴起,教师可以在课前给予学生自主学习的时间,学生自主梳理义和团运动发展的过程。西方势力深入中国城市乡村后,引发了一系列冲突,尤其是德国强占胶州湾,进一步刺激了山东、直隶一带的民众,反洋教斗争蔓延到这些地区的许多州县农村,打出了“扶清灭洋”的口号。这个口号是本课需要重点突破的一个点，也紧扣这一课的课程小问题。在课本中有相应材料可供参考，帮助学生解答该问题。

材料四：

神助拳，义和团，只因鬼子闹中原……

天无雨，地焦旱，全是教堂止住天……

兵法艺，都学全，要平鬼子不费难。

拆铁道，拔线杆，紧急毁坏火轮船。

大法国，心胆寒，英美德俄尽消然。

洋鬼子，尽除完，大清一统靖江山。

——《只因鬼子闹中原》揭帖①

引导学生解读这段材料。学生可以看到义和团将当时的民族危机归结于帝国主义侵略者，主张反抗帝国主义，具有强烈的反帝爱国倾向，然而从帖中以及“扶清”口号中也能看到义和团对清政府抱有幻想，致使清政府对其从招抚到出卖，终至运动失败。同时，从主张“拆铁道，拔线杆”“毁坏火轮船”等也能看出义和团对侵略者的盲目排斥，对现代文明的盲目排斥，而“神助拳”“天无雨，地焦旱”等内容更体现了义和团具有明显的封建迷信色彩。总体而言，义和团是一次自发的、自下而上的反帝爱国运动。

通过以上课程问题的提出和解答，学生应该能自主总结出：在半殖民地半封建社会的中国，不论是太平天国运动还是义和团运动，这些由农民阶级领导的抗争尝试均以失败告终，农民阶级在当时的时代背景下，迫于自身阶级的局限性，既无法颁行先进的指导纲领，也不能在内部政府、外部侵略者的双重压迫下完成反帝反封建的历史任务，

---

① 中华人民共和国教育部.中国历史（八年级上册）[M].北京：人民教育出版社，2023：34.

农民阶级的抗争宣告失败。

（三）地主阶级

在完成第一单元的单元教学后，学生对中国近代史的了解已初具雏形且对洋务运动的展开背景有了一定程度的认知。洋务运动即两次鸦片战争后，清政府内部部分开明的官员认识到了中国相较世界的差距，内忧外患下，为稳固统治，他们推行了一系列以“自强”“求富”为目标的洋务新政。为了让学生充分了解洋务运动的内容，认识洋务运动的作用和局限，在此设置“洋务运动让中国发生了哪些改变?”这一课程小问题。

首先教师应给予学生自主学习的时间，让学生自主在课本内容中总结洋务运动使近代中国在军事、工业、交通、教育等各方面出现的变化及其表现。教材中对这些方面有详细介绍，教师可以制作相应表格让学生通过自主学习的方式归纳对比各方面发生的变化。

表 5-2　洋务运动措施及影响

领　域	措　施	影　　响
思想	提出“中体西用”“师夷长技以制夷”	开启了中国思想的近代化
经济	轮船招商局、开平煤矿、汉阳铁厂、湖北织布局	开创工业文明先河，为近代中国民族资本主义经济发展提供物质条件及管理经验
外交	总理衙门	外交向近代转变，加深了与世界的联系
教育	创办京师同文馆，派遣留学生出国深造	培养了军事、翻译、科技人才
军事	安庆内军械所、江南机器制造总局、福州船政局	开启了中国近代军事化历程

学生在自主归纳出表 5-2 后，教师可适时抛出洋务运动有关的第一个课程小问题，即“洋务运动让中国发生了哪些改变?”。

经过教师引导，学生不难发现洋务运动使中国在思想、经济、外交、教育、军事等各方面都开启了近代化的历程。此外教师还可以引导学生以辩证的思维看待历史问题，一分为二，在得出洋务运动是中国近代化的开端的结论后，让学生思考洋务运动的局限所在。从洋务运动失败的原因来看，这与其领导者有所关联，曾国藩、李鸿章、左宗棠等人代表了地主阶级的利益，而洋务运动的初衷是希望通过引进资本主义国家的新军事和生产技术，在之前的封建制度上修修补补，以继续维护封建王朝的统治，没有让生产关系和社会制度发生根本性的变革，与同时期资本主义革命蓬勃发展的西方列强之间的差距越来越大。这正如斯塔夫里阿诺斯所说的，“尽管19世纪后半叶中国的确发生了变化，但它的变化速度却远远落后于对西方作出反应的其他国家”①。

经过上述分析，学生解决课程小问题二的难度就相对小了许多。洋务运动在早期建设取得一定成就后，清政府内部的腐败以及外国势力的压迫使其迅速倒塌。需要注意的是，在洋务运动进行的同时，东南海疆危机、中法战争等边疆危机也在影响着洋务运动的前进方向和重点。这个问题的答案在教材第五课所述甲午中日战争爆发后清政府的战败中得以体现，数十年的洋务学习后，清政府仍然败给日本，进而引发了列强瓜分中国的狂潮，也标志着洋务运动的破产。这使得学生能更好理解接下来民族资产阶级开展的改良运动。

(四) 民族资产阶级

在梳理民族资产阶级所做的探索前，教师首先需要让学生明确何谓民族资产阶级。所谓民族资产阶级，即在殖民地、半殖民地和民族独立国家之中，发展本民族工商业的资产阶级。就中国而言，其民族资产阶级主要诞生于洋务运动后期。部分中国有钱人开始引入机器生产，创办近代企业，标志着民族资产阶级的出现。这些企业有别于

① 斯塔夫里阿诺斯.全球通史[M].上海：上海社会科学院出版社，1999：589.

洋务派的民用企业。

民族资产阶级所做的探索尝试，对应教材第6课《戊戌变法》。为了让学生更好理解民族资产阶级的斗争，教师可设置课程小问题，即“戊戌变法是怎么发展起来的?”。对于学生而言，通过课前自主预习，理解戊戌变法的起因、发展过程并不困难。甲午中日战争战败及《马关条约》的签订，让先进的国人意识到，仅仅依靠军事领域的进步，无法挽救民族危亡。与此同时，列强瓜分中国的野心得到刺激，中国的民族危机进一步加深，维新人士通过创办报刊宣传变法等手段传播维新思想。1897年德国占领胶州湾后，在康有为等维新派推动下，发起了一场变法运动。作为一次自上而下的资产阶级改良，戊戌变法所推行的一系列措施，均表现出对资本主义经济发展的有利面，如鼓励民办企业，鼓励私人工矿企业，进行财政改革等。从公车上书到百日维新的迅速发展，其背后是当时先进的爱国青年以拯救民族危难为己任的担当。有联合上书的举人，有奔走呼号的知识分子，还有英勇就义的“戊戌六君子”，戊戌变法深具改革性质和爱国性，是一次制度变革的尝试。

然而看似合理又符合时代发展的这样一场改革运动，为何没能让中国走向独立自主呢？这是学生在学习过程中很难解决的问题。

教师可随即提出第二个课程小问题：“资本主义改良道路为什么在中国行不通?”与课标中要求的使学生“了解戊戌变法的主要史事，认识变法的意义与局限性”也相吻合。首先通过对教材前后的梳理，学生可以看到的是戊戌变法作为一次具有资产性质的改良运动，并未触及封建土地私有制的根本。作为一个新兴阶级，中国的民族资产阶级十分脆弱，它出现在本国封建势力解体和列强入侵的背景下。民族资产阶级既和封建势力有矛盾，同时又无法完全独立发展，以至于在变法图强的过程中，民族资产阶级将希望寄托在并未完全掌握实权的皇帝身上，一旦稍有触动封建势力和列强的利益，便很快被镇压，这是其自身的懦弱性与妥协性造成的。不仅如此，维新变法也并未广泛发动人民群众，致使其脱离了群众基础，影响范围更多是在上层知识分子、官僚之间，无法掀起全社会的改革革命。尽管如此，戊戌维新运动仍然推动了中国民族资本主义的发展和新思想的传播，起到了积极的作用，为此后资产阶级领导的民主革命运动做了铺垫。

三、重组历史大问题

在“问题教学”的指导下，教师通过将历史的大问题拆分成次级历史问题，并将这些次级历史问题进一步细化拆分，分成多个历史课程小问题，对接各课教学内容，既落实了新课标的要求，同时也通过多样化的教学方式和手段培养了学生的核心素养。不仅如此，问题导向的方式也让学生在整合、理解知识方面留下更深刻的印象。

以笔者所析八年级上册的第一、第二单元为例，在这两个单元的课程结束后，教师可以根据上述次级历史问题，引导学生自己制作这两个单元的知识框架体系表。在此过程中，学生的知识整合迁移能力也可以得到锻炼，并更好地理解两个单元的单元特点。例如，第一单元中，中国开始沦为半殖民地半封建社会，而在第二单元中，中国开启了早期的近代化探索，并且在此过程中伴随着民族危机的不断加剧。也正因如此，中国在觉醒，抗争的阶层在不断增多。通过上述分析，教师可以说已经将四个次级历史问题的答案展现在了学生面前。步入近代以来，列强通过对中国的侵略和压迫的不断深入，以及一个又一个不平等条约，使中国的半殖民地半封建程度不断加深，中国的国门被一步步打开。在列强侵略下，面对民族危机，各个阶层的中国人进行了不同程度的抗争，以求实现国家的独立自主，探索国家未来发展的出路和方向。

学生通过对这两个单元内容的学习，能够将不同课时中所涉农民阶级的反抗斗争联系在一起，如教材第3课中的太平天国运动和第7课中的义和团运动，认识到阶级的局限性，以及外部侵略势力的压制，致使农民阶级无法仅凭借自身在反帝反封建斗争中取得决定性的胜利。作为封建势力的地主阶级，在民族危机不断加深时也企图通过学习西方技术，通过斗争和探索来维系自身的统治，虽然以失败告终，却开启了中国的近代化道路。民族资产阶级则试图通过改良运动让国家走上独立的道路，免受帝国主义的掠夺和压迫。他们宣传新思想，对近代的思想文化产生了广泛而持久的影响，但因其自身的软弱性和妥协性最终仍然失败。

总的来看，第一、第二单元中各阶层对国家出路的探索，以及挽救民族危亡的斗争尝试，都未能取得成功。尽管如此，这些努力并非徒劳。正是有这些阶层的尝试和经验教训，使先进的中国人不断觉醒，使他们意识到只有推翻封建统治，坚持与帝国主义斗争，才能使国家走向独立自主。他们的斗争体现了中国人民、中华民族不屈不挠、可歌可泣的爱国精神。对这些事迹的学习，正是历史学科“育德树人”的实践路径。正是因为有近代以来农民阶级、地主阶级、民族资产阶级所做的尝试为后来的革命者提供经验教训，才有辛亥革命的成功以及中国共产党的诞生，才有中华民族的独立自主。只有理解这一点，学生才能更好地理解教材的前后联系，更好地树立单元思想，理解单元特点，并学会用整体的观念看问题。解决上述次级历史问题后，历史大问题的重组也就水到渠成。

第三节　“问题教学”视阈下的“近代化探索与民族危机加剧”

初中部编版教材以内容充实、知识结构完整而见长。在给予学生最全面的知识，给予教师最完善的教学载体的同时，部编版教材也给教师备课带来了不少难度。其中最为突出的一大难题，即是教师如何在有限的课堂时间内合理规划自己的教学活动，控制自己的教学节奏，而“问题教学”的教学设计思路恰恰能够有效解决上述难题。

原因非常直观，“问题教学”的设计思路是一种从教学主题或者教学单元等宏观视角出发创设单元大问题，以大问题辐射若干课程，然后再将大问题按照每一课时的具体课程内容进行拆分，最终落地于学生学习活动的教学方式。这一教学方式的优势在于从建构主义的思路出发，以问题设计为先导，从问题的抛出到问题的解决，全程引导学生自主探究，以这种问题体系的解决过程，作为学生能力提升、素养形成的过程。因此，“问题教学”设计思路可以帮助教师在教学活动开始之前，就对整课内容，乃至整个单元的内容有统一的规划，对教学节奏有宏观上的把握。

在部编版教材中，八年级上册的教材内容为中国近代史，与其他教材内容相比，有非常明显的独特性。这种独特性体现在教材单一课程的内容相对独立而完整，每一课内容往往不仅能够用翔实的语言阐述历史事件的来龙去脉，而且通过材料、图片、地图等教材资源的普遍运用，可帮助教师和学生挖掘课堂深度。作为近代史课程，八年级上册又承载着比其他教材更加丰硕的立德树人的重任。这样的课程内容与课程育德方面的独特性，让八年级教材的单课教学内容往往更显饱满充实。教师，尤其是新教师在面对这些课程时，往往特别容易陷入“面面俱到”的怪圈，希望在将知识全部传递给学生的同时，又要表达出近代史课程所承载的家国情怀。这样繁重的任务目标又与紧张的课堂时间限制相矛盾，最终非常容易将教师引向“一言堂、满堂灌”的单一教学方式。这样的方式既不符合新课改的要求，也容易降低教学效果，削弱学生对历史学科的兴趣。

那么，“问题教学”如何能够解决八年级上册课程所具备的特性问题，并且发挥自身优势，打造更加高效的近代史教学课堂呢？接下来，本节将结合八年级上册的第二单元，即“近代化的早期探索与民族危机的加剧”学习主题来展开论述。

一、单元大问题的抛出与问题体系的建构

八年级上册第二单元的内容，在历史时间线上属于晚清时期中国历史最为黑暗的时期。虽然在此之前，清政府经历了两次鸦片战争，签订了《南京条约》等一系列丧权辱国的条约，但此时的列强侵略尚且停留在商品输出的阶段，其侵略范围尚未达到日后的“瓜分中国”的地步。然而到了两次鸦片战争之后，中国历史进入了一段自救与危亡并存、希望与毁灭交替的阵痛时期。虽然清政府的开明地主、早期资产阶级在这一过程中都对拯救国家危亡（巩固清王朝）表现出了极高的热情，但列强接踵而至的侵略，从甲午战争到八国联军侵华，以及清政府本身对西化改革的抵触态度，让这些自救运动举步维艰、如履薄冰，最终都以失败收场。农民阶级以空前大无畏的精神与相对愚昧的排外态度发动的义和团运动，虽然一时间震撼了西方列强，迫使其放弃了彻底瓜分中国的狂妄想法，但是这场可歌可泣的农民起义，最终还是在清政府玩弄权术与勾结列强的复杂环境中沦为牺牲品。由此可见，第二单元的内容乃是中国近代史上最为黑暗的篇章。

本单元一共由四课内容组成，分别对应教材第 4 课《洋务运动》、第 5 课《甲午中日战争与瓜分中国狂潮》、第 6 课《戊戌变法》、第 7 课《抗击八国联军》。纵览四课内容，其中既有中国近代化的开始，也有日本崛起之后对中国的侵略，以及紧随其后的列强掀起瓜分中国狂潮。有中国资产阶级改良派对近代中国首次制度变革的尝试，也有列强最大规模的入侵最终致使中国完全陷入半殖民地半封建社会的深渊。四课内容在脉络发展上可谓是跌宕起伏，足以凸显中国近代以来

救亡图存任务的艰巨性和复杂性,也足以让学生产生对中华民族艰辛奋斗史的认同感和建设今日祖国的使命感,最终达成“以培育学生的家国情怀为价值旨归”①的教育目标。

在上述分析之后,我们不难发现,这一单元的四课内容之间逻辑相当清晰,并且其中每一课内容的影响力都非常压秤,甚至可以说都在中国近代史乃至中国历史上拥有独到的影响力。面对这样内容充实、影响力重大的课程,教师如何从宏观上把握其课程影响,在微观上落地其具体知识,是值得思考的问题。

考虑到本单元上承两次鸦片战争,下启辛亥革命的特殊历史地位,在设计本单元的单元大问题时,要充分体现出这一时期的时代特征。由此,将本单元的单元大问题设置为“步入近代之后,晚清中国经历了怎样的变革与危机?”。显然,这一问题无论从纵向还是从深度,都是新接触第二单元的学生无法解决的,想要真正做到问题的落地,就势必要对这一问题进行拆分。既然本单元的内容是两次变革、两次危机,那么就需要在拆分单元大问题,即设置次级问题时,兼顾这两方面的特征。由此,将单元大问题拆分为“在列强入侵与人民反抗之下,清政府内部先后出现了怎样的变革使其得以苟延残喘?”与“在两次鸦片战争之后,清政府又先后遭遇了哪些统治危机?”。

这两个次级问题固然比单元大问题更能凸显彼此的侧重点。但是就新生的实际学情而言,其依旧无法在学习新课的过程中解决这两个次级问题。那么就需要对上述次级问题进行进一步拆分。在结合学情与具体课程内容之后,可以将次级问题与本单元的四课具体内容进行结合,从而形成更加具体的四个课程小问题。这四个课程小问题

---

① 方勇.核心素养视阈下的中学历史教学设计[M].上海:上海大学出版社,2019:212.

全部依照每一课最为核心、最为贴近主题的内容进行设问。这样一来，教师在教学的过程中，只要引导学生进行有针对性的教学活动，就能够以学生为主体，最终解决问题。

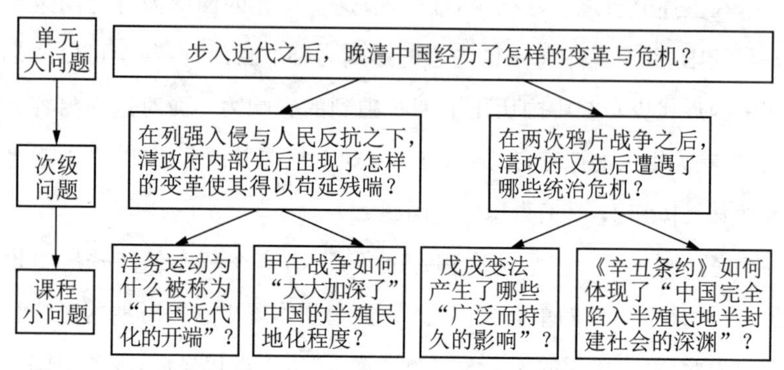

图 5-2　近代化主题下问题体系建构

二、问题体系的逐层解决

至此，通过上文的分析，我们得到了关于“近代化探索与民族危机加剧”主题的问题教学体系（见图 5-2）。自上而下，从单元大问题到两个次级问题，再到四个课程小问题，三级问题体系已经搭建完成。教师要引导学生做的，就是通过自下而上的顺序，在课堂中逐一解决课程小问题，并最终解决上述问题体系，得出单元大问题的答案。

（一）洋务运动与中国近代化

在八年级上册教材第 4 课《洋务运动》中，教材非常客观地阐述了这场工业化运动的背景、过程、具体成就以及对中国近代史造成的历史影响。

首先，既然是从马克思主义唯物史观出发，教材自然是一针见血地指出所谓“洋务派”是由清朝统治集团中一部分较为开明的官员构成，主张引进西方的工业生产技术以生产西式的武器装备，最终达到

“师夷长技以制夷”的目的。这些地主虽然愿意在一定程度上改变“天朝上国”的姿态，接受西方的知识与文化，但其内心依旧是保守的。其实施“洋务”的最终目的，依旧是巩固清王朝的统治，尽管这种统治已经被世界潮流所抛弃，尽管这种腐朽的统治已经激起了国内各种矛盾。这都是洋务运动明显存在的局限性。当然，除了洋务运动的背景之外，教材对洋务运动实施过程中所暴露出的局限性也有相当具体的揭露，如教材在“相关史事”中所引用的两则材料，分别讲述了洋务派的军事工业存在严重的官僚主义恶习，民用企业利润大多被洋务派中饱私囊的现象。

但这并不意味着教材对洋务运动持完全的批判和否定的态度。相反，教材用大量的正文、材料和图片，展示了洋务运动给当时中国带来的变化。从洋务运动开创的中国第一批近代化的军事工业和民用工业，到洋务运动期间第一批被派遣出国深造的留学生，到中国近代第一批翻译馆和近代学校，到中国第一支装备洋枪洋炮的军队的诞生，到中国真正意义上第一支海军的下水，再到“成百成千雇佣工人体现了近代中国新的社会力量”①，教材从各个领域展现了洋务运动对中国近代化的实质性推动。

不过不可否认的是，虽然教材的描述公正客观，给出的教学资源也非常丰富，但因为学生对于“近代化”这一概念的陌生，以及对清朝发展水平与近代工业水平之间的差距并没有明晰的认识，所以当学生在面对“洋务运动为什么被称为‘中国近代化的开端’?”这一问题时，虽然能够通过搜索教材中的正文内容予以回答，但多半是停留在纸面上的机械式回答，而并非有深度、有理解、有逻辑地得出结论。

为了在这一环节中引导学生通过自主探究的方式来自然而然地

---

① 陈旭麓.近代中国社会的新陈代谢[M].北京：中国人民大学出版社，2012：109.

生成课程小问题的答案，在教学中可以设置以下的教学探究活动，以帮助学生理解与思考。

雅克萨自卫反击战使用的
神威无敌大将军铜炮

《盛世滋生图》（局部）

江南制造总局制炮厂

上海街道上行驶的有轨电车

图 5-3　洋务运动前后中国军事工业与社会生活的变化

通过向学生展示图 5-3 的两组图片，由学生结合本课的知识思考洋务运动在各个领域为中国带来的变化。之所以设置以上教学活动，其目的就在于引导学生从更加直观的视角来对“洋务运动为中国近代化带来的影响”这一较为抽象的问题进行思考和把握。

在设置上述教学活动时，考虑到学生的具体学情，活动中所展示的图片全部来自教材本身。其中第一组图来自部编版七年级下册教材，分别出自教材第 18 课《统一多民族国家的巩固和发展》以及第 19 课《清朝前期社会经济的发展》。从这两课教材内容的学习中，学生可以看到清朝作为中国最后一个封建王朝，无论是在军事工业水平上，还是在传统农业、手工业和商业发展上，与前代王朝相比都没有质的提升，中国依旧是一个以农业为主体的、没有近代工业基础的封建国家。但是到了第二组图，学生可以看到中国的工业水平和社会发展面貌都有了一定的改观。从教材第 4 课《洋务运动》以及第 25 课《经济和社会生活的变化》中选出来的两张图，可以以最直观的方式告诉学生，近代工业所制造的火炮、生产车间有力地改变了清朝工业零基础的现状。工业化所带来的电车、轮船、汽车又改变了中国人的交通出行方式，进而与电话、电报等近代化的通信工具一起，成为中国社会生活近代化的催化剂。在技术更新的前提之下，清朝部分有志之士已经意识到“学校建而志士日多……其制造、军旅、水师诸大端，皆其末焉者也”①，由此，洋务运动还投资于近代学堂的建设与留学生的派遣，推动了中国教育的近代化。尽管作为洋务运动的主心骨，少数活跃于中央与地方的洋务派们的初衷是捍卫腐朽的清王朝统治，但他们毕竟是相对开明的地主，改变了清王朝闭关自守的态度，开始对这个在工业革命推动之下已经翻天覆地的世界有所了解，并且在已经落后于世界百年的辛酸局面之下，开始迈出中国追赶西方的一小步。尽管是工业上的一小步，但对于已经自我封锁了百年的中国而言，却也算是终于迈出了近代化的第一步。

当学生能够从上述两组图片中总结出以上的结论，事实上本课的课程小问题，即“洋务运动为什么被称为‘中国近代化的开端’?”这一问题，就已经有了答案。通过在上述探究活动中对图片的对比、解读，学生在实质上已经对两本教材之间的历史逻辑进行了梳理。在这一过程中，学生所得到的不仅仅是时空观念和历史解释能力的提升，更重要的是已经在潜移默化之中开始习惯以唯物史观的思维方式和以史料论证历史结论的实践路径来解决历史问题。这样一来，学生解决

① 马建忠.适可斋记言・上李伯相言出洋工课书[M].北京：中华书局，1960：31.

课程小问题的过程就已经与素养提升的路径合二为一。

（二）甲午战争与中国的半殖民地化程度

八年级上册教材的第 5 课内容毫无疑问是整个单元四课内容中最为翔实的。从日本明治维新之后的对外扩张政策，到甲午战争的爆发与具体过程，到《马关条约》的签订，再到条约签订之后列强所掀起的瓜分中国的狂潮，其内容充实，脉络清晰，结构完整。本课的重点内容从丰岛海战到黄海海战，再到辽东战役与威海卫之战，围绕甲午战争的过程进行了全方位的展开，相关的史料补充、历史地图、油画作品与历史照片资源也足够丰富。虽然这部分内容量较大，在本课中占据了“半壁江山”，给教师教学增加了难度，但在具体的教学过程中，凭借对丰富的教学资源的运用，教师完全可以通过引导学生自主探究或者开展各种活动，高效地解决这部分难度相对较低内容的学习任务。

本课最重要并且对学生而言理解起来难度比较高的部分，在于《马关条约》的内容及其造成的影响。尽管在之前的学习过程中，学生已经接触到《南京条约》《天津条约》《瑷珲条约》等不平等条约，但是无论从条约内容的侵略性，还是条约签订之后所造成的持续破坏性来看，《马关条约》都远远超过了前代所有不平等条约。本课的课程小问题是否能够得到解决，即“甲午战争如何‘大大加深了’中国的半殖民地化程度?”就取决于学生对《马关条约》内容及其影响的理解。

就表述方式而言，教材摘录了《马关条约》中最为核心的几条内容予以罗列。虽然寥寥数语，但从字里行间就能看到日本作为侵略者的盛气凌人和贪婪面目。割地范围之广、赔款数目之巨、口岸开放之深入，都达到了令人发指的地步。除此之外，日本在此次不平等条约签署中增加的最能体现时代特征的条款，即是在华设厂，对中国展开资本输出。如何将这些条款背后所蕴含的险恶目的向学生解释清楚，是本课课程小问题解决的关键之所在。

为了帮助学生更好理解《马关条约》背后的深度，不妨在教学过程中，向学生展示以下几则不同类型的材料。通过对以下材料的解读，既能够达成对教材内容的补充，又能起到提升素养的作用。

材料一：（为了偿还对日债务）清政府决定向英德借款，并于1896年3月与汇丰、德华两银行签订《英德借款详细章程》。该章程中规定：借款总额为1600万英镑，年息5.94%，36年还清，用中国海关收入作担保。此外还有两项重要规定：第一，36年内中国不得变更还款办法，不得提前或一次归还；第二，借款未还清前，中国海关按现行制度管理，不得作任何改变。

——《试论甲午战后清政府的三次大借款及国际关系的变动》①

材料二：（开矿设厂的条款）与其说于我有利，莫如说于欧洲各国更大为有利。因为日本与清国之通商贸易，尚不如欧洲与清国之间通商贸易那样发达。从新开辟港口、扩大航路以及在通商港口建立制造工厂等，一切统按最惠国条款待遇，欧洲各国将立即享受其利益。

——《陆奥外务大臣致林外务次官电（1895年4月22日）》②

材料三：《甲午中日战争后帝国主义列强瓜分中国示意图（19世纪末）》（图略）③

在向学生展示以上三则材料之后，可引导学生结合教材所展示的《马关条约》的具体内容，思考这一条约带给中国的灾难性影响。

通过材料一学生不难发现，不仅从字面上来看向日本赔偿两亿两

① 于建胜.试论甲午战后清政府的三次大借款及国际关系的变动[J].青岛大学师范学院学报，1999，52(11)：38.

② 戚其章.中日战争（第10册）[M].北京：中华书局，1995：117.

③ 人民教育出版社，中国地图出版社.中国历史地图册（八年级上册）[M].北京：中国地图出版社，2021：16.

白银本身就已经相当令人惊骇，而且字面背后所包藏的列强侵犯我国主权的狼子野心更是令人痛心。清政府不得已向欧洲列强借款来偿还对日本的巨额债务，而西方列强却趁火打劫，将对华借款作为进一步侵略中国的契机。材料一中，英德之所以有 36 年内中国不得变更还款办法，也不允许中国提前还款的要求，就是希望借向清政府借款之机会，延长对清政府海关的控制。从这一点上看，《马关条约》向日本赔款两亿两白银所造成的危害，不仅仅是加重了清政府和人民的负担，更是为列强进一步扩大在中国的利权提供了方便，更不消说这些巨款输入日本之后，对日本帝国主义崛起所起到的助推作用。

材料二的内容有相当的深度，针对日本在《马关条约》中在华设厂的条款，实际上日本有更多的考虑。诚如材料所言，以日本资本主义在当时的发展现状，刚刚经历了明治维新的日本，并没有发达的工商业，尚不足以对中国展开资本输出，之所以要在《马关条约》中加上这么一条看似画蛇添足的内容，显然不是单纯从自身的利益考虑。明治维新之后的日本，作为新加入"列强俱乐部"的成员，非常急于在这一团体中立足。所以在击败清朝之后，日本虽然极尽之所能来侵占清朝的领土、口岸、赔款等，但却也不忘加上一条能够示好于西方列强的条款。通过这样的外交手段，《马关条约》签订后，除"三国干涉还辽"之外，大部分西方列强对日本侵华并没有特别强烈的反对。当然，这一条款对中国带来的灾难后果是中国开始面对西方更加残酷的、更加体系化的资本掠夺。

材料三的地图选自部编版教材的配套地图册。将这张地图与教材所引用的《时局图》进行对比，学生可以看到《马关条约》的影响力早已超出了条约本身。如果说洋务运动让清朝拥有了一点成为"纸老虎"的资本，那么甲午战争就彻底戳破了清政府纸做的虎皮。清政府竟然还愿意轻易接受条件如此苛刻的《马关条约》，这在西方列强看来，无疑传递出一个明确的信号，那就是瓜分中国的时机已经成熟了。于是一场争先恐后的、瓜分中国的狂潮开始了。教材所引用的《时局图》固然能够帮助学生直观地看到列强在中国划分势力范围的大致方位，而材料三的地图则可以进一步帮助学生了解不同列强在中国所占据的具体省份。从占据北方的俄国，到长江流域的英国，再到两广地区的法国，亦或是割占台湾、觊觎福建的日本，都能够一目了然。

当学生对以上三则材料进行综合把握之后，就能够非常清晰地意识到《马关条约》给中国带来的创伤，绝不仅限于条款中那些已经非常夸张的主权丧失。在条约内容的背后，包藏了包括日本在内的所有帝国主义列强不断侵略中国，乃至最终瓜分中国的狼子野心。所以，正如教材所言，甲午中日战争与《马关条约》的签订，确实“大大加深了”中国的半殖民地化程度。显然，历史已经告诉我们，这种半殖民地化程度不会停止，只会随着帝国主义列强步步紧逼的侵略而日渐加深。

通过对上述材料的解读，学生的史料实证能力与历史解释能力都能够得到提升。同时，面对材料中帝国主义的步步侵犯，学生的家国情怀也能够得到很好的自然生成。

(三) 戊戌变法为中国历史留下了什么?

关于第三个课程小问题的思考，势必与其他三者不同。考虑到教材第 6 课《戊戌变法》的内容特征，这一课程小问题只能放在本课的学习结束之后再引导学生进行思考。

为什么这样说呢？首先，就这一课的内容而言，教材开篇即介绍了在《马关条约》签订之后，受到资产阶级思想影响下的中国知识分子为救亡图存所进行的斗争。从热血有余但效果平平的公车上书，再到具有划时代意义的宣扬维新思想的近代化报刊的创立，中国的读书人用他们的实际行动，站到了救亡图存的第一线。随后教材用相当详细的两大段正文，讲述了光绪帝支持下的百日维新的具体内容，以及以慈禧太后为首的清政府顽固势力扼杀维新变法的过程。从教学重难点上讲，本课除《国闻报》与《时务报》这两种在当时颇具影响力的报纸需要学生深入了解之外，被扼杀于摇篮之中、成果平平的百日维新，确实很难被称作重点。

那么在这样的课堂中，向学生提出“戊戌变法产生了哪些‘广泛而持久’的影响”并要求其解答，对学生而言是一件难度颇大的事。因为就中学新生的视野来看，戊戌变法几乎是全盘失败的，想要让他们回答戊戌变法对中国历史所造成的深远影响，似乎多少有点“牵强附会”的感觉。那么如何在本课中完成这样一个看似“不可能完成的任务”呢？

经过一番思考，笔者决定在这一环节中化繁为简，充分利用教材上现有的资源，引导学生做前后课程的纵向对比，从而帮助学生解决这一问题。

首先，可以引导学生观察八年级教材的目录（见图 5-4）。从这一目录中，学生可以看到，伴随着 1840 年以来列强侵华的不断深入和民族危机的不断加剧，中国的社会各阶层都先后站出来以自己的方式救国于水火，掀起了一场又一场救亡图存的起义、改革和革命。通过教材目录可以看到，在所有近代的政治运动中，有两场起始于青年学生。一场自然是著名的五四运动，另外一场恰恰是本课内容之一的公车上书。作为这场运动的领袖人物，梁启超等人在《马关条约》签订之时，不过是进京赶考的数千举人中的一份子。尽管公车上书完全没有达成康梁等人所希冀达到的目的，但就他们的身份而言，这已然是这群青年学子能够想到也能够做到的极尽全力的爱国行为了。以此为引导，学生就能够意识到，在国家危亡之际，中国的读书人和青年学子从来都敢于冲向历史的前台，以自己有限的能力推动救亡图存的伟大事业。从公车上书到五四游行，其中的青年学子的精神是一脉相承的。

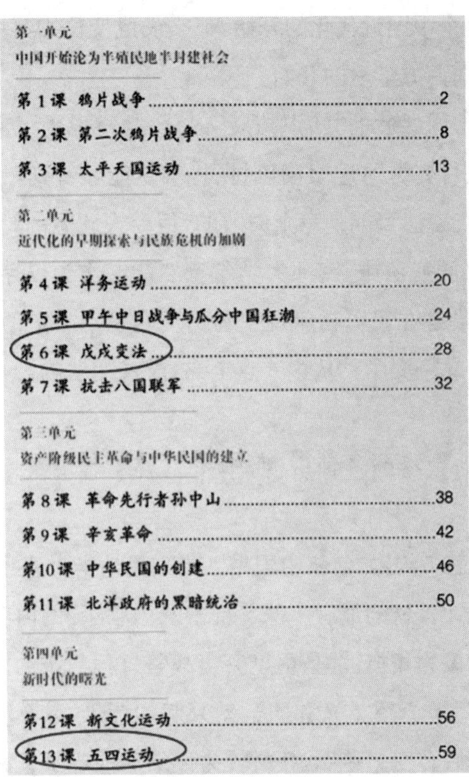

图5-4　部编版八年级上册教材目录

其次，教材中所重点阐述的《国闻报》与《时务报》，可谓是中国历史上宣传西方政治思想的具有里程碑意义的报刊。康有为的《变法通议》与严复的《天演论》作为中国最早的公开宣扬政治变法的文章，能够在报纸上发表，本身就象征着中国在思想政治领域迈出了一大步。其后在光绪帝支持下进行的维新变法，虽然仅仅持续了百日，虽然这场改革所草拟的命令在全国范围内遭到普遍抵制，但依旧不能否认的是戊戌变法是在腐朽的清政府统治时期，中国所进行的第一场模仿西方政治制度而进行的改革。换言之，学生由此能够得出结论，如果说洋务运动是整个中国近代化的开始,那么戊戌变法则是中国政治近代化、政治制度向西方学习的开始。

最后,在本课课后的"知识拓展"部分,教材引用了京师大学堂历史由来的相关材料。通过阅读该材料,学生能够看到,尽管从他们的视角看来,戊戌变法可能是完全失败的,但令人欣慰的是,在这样一场几乎毫无成果的变法中,京师大学堂竟然能够作为仅存的硕果,在几经风雨之后,最终在民国初年蜕变为一所真正意义上的大学,成为中国的最高学府北京大学。从这一点上讲,戊戌变法的影响力无疑确实是持久的。

由此,借助教材的各种资源,学生也就不难解决本课的课程小问题。

(四)《辛丑条约》如何将中国推入半殖民地半封建社会的深渊?

作为本单元教材的最后一课,《抗击八国联军》的内容体例布局与甲午战争一课极为相似,都是重点突出战争过程与条约内容。在本课的开始,教材简单介绍了义和团运动兴起的背景,以及清朝政府对义和团态度的前后转变。随后,教材较为详细地描述了义和团运动与八国联军之间的较量。最终,义和团运动遭到了清朝政府的背叛,八国联军则攻占北京城及皇城,翻开了清朝历史上最为耻辱的一页。在本课中,最为重要的部分当然是《辛丑条约》的内容及其影响。因此,本课的第四个课程小问题也围绕《辛丑条约》展开。

《辛丑条约》与之前的各种不平等条约相比,在侵略程度上有怎样的加深呢?为什么在签订了这一条约之后,中国就"完全沦为半殖民地半封建国家"了呢?对于这一问题,从教师的视角看来似乎并不难理解,但是对于八年级的新生而言就未必如此。单就条约内容而言,《辛丑条约》的内容并不"标准",并不符合由《南京条约》开创的"割地、赔款、开口岸、让权力"的"范式"。虽然《辛丑条约》的赔款数目惊人,但确实没有割地与开口岸的条款。这的确会削弱某些学生心目中所认为的《辛丑条约》的破坏力。因此，教师在开展教学的过程中，务必要将《辛丑条约》的逐条内容与学生共同分析，明确其中要害。

首先，《辛丑条约》的赔款数目惊人，毫无疑问是对全中国人民施加的更沉重的负担。连本带利的9.8亿两白银赔款对于清政府而言本身就是偿还不起的天价，为了还清这笔赔款，除了举借外债之外没有更好的办法。根据前课已知的内容，学生就可以推测出来，所谓列强提供的贷款，一定是裹挟着各种各样的利权让渡的，《辛丑条约》的赔款背后本身就是数不清的主权丧失。

其次，在条约中的确没有割地的条款，这就需要教师引导学生到当时的国际大背景中去找原因。换言之，这种情况与19世纪末20世纪初西方向帝国主义发展阶段的过渡有关。第二次工业革命推动资本主义快速发展，资本主义实力空前增强，建立起“一个在地理上囊括全球，以欧洲主权国家为主导，资本主义世界经济体系为基础的全球性国际体系”①，在对外侵略方面的表现就是加大对殖民地或半殖民地的资本输出，就地开设工厂、集结原材料与人力，并且将生产的商品进行就地销售。这种更加残酷的掠夺方式意味着帝国主义各国对殖民地的需求量大为增加，如非洲就是在这时遭到彻底的瓜分。那么为什么中国没有走向非洲那样的命运呢？一方面，义和团运动视死如归的精神确实让帝国主义列强感受到中国尚有无限生机，没有任何一个国家能够统治中国。另一方面，列强在全世界殖民地的争夺上早已剑拔弩张，在各列强都有利益分布、共同支配之下的中国，相互妥协似乎成了各国的最优选择。

因此，在《辛丑条约》中，列强用扶植清政府并将其作为统治工具

---

① 刘德斌.国际关系史[M].北京：高等教育出版社，2020：278.

的方式来代替帝国主义直接统治中国，实现了帝国主义期望达到的效果。教材中罗列的条约条款，除赔款一条之外，其余内容均与达成这一目的有关。“清政府保证严禁人民参加各种形式的反帝活动”这一条自不必说。清政府承认这一条款的那一刻，就意味着其角色转变的完成。在此之前，清政府以洋务运动、戊戌变法等方式，尚且还在谋求自救，而自此开始，清政府已经成为西方的代言人，开始甘心沦为西方列强维持中国秩序的工具。“清政府拆毁大沽炮台，允许外国军队驻扎在从北京到山海关的铁路沿线要地。”这一条的凶险程度，显然从文字层面是体现不出来的。在这一环节中，教师可以借助地图册的内容，向学生展示《辛丑条约》规定外国军队驻扎地分布示意图与北京东交民巷使馆区示意图①。

通过地图的展示，学生可以清晰看到，帝国主义拆毁天津的大沽炮台，就等于让首都北京彻底门户洞开，有国无防。对北京—山海关沿线铁路的控制，则不仅意味着北京、天津等战略要地完全为帝国主义所拥有，更重要的是，从天津入海口到渤海湾北部的制海权也将拱手让给帝国主义各国。图中的东交民巷使馆区的分布，则明确传达给学生一个信息：即便是在清朝引以为傲的首都北京，也已经有了帝国主义的据点。使馆区由帝国主义军队驻扎，与长安街的清朝衙署隔街相望，这种控制、监视和压迫的意味已经不言而喻。

最后，似乎还觉得以上条款不足以保证清政府的忠诚，列强还加上了一条，即“改总理衙门为外务部，班列六部之前”。这一条内容改变了中国封建王朝自秦以来的中央官制架构。通过之前的学习，学生都已经明了，清朝本身已经达到了中国专制主义中央集权的巅峰，而

---

① 人民教育出版社，中国地图出版社.中国历史地图册（八年级上册）[M].北京：中国地图出版社，2021：20.

现在，代表帝国主义的机构强行加入中国的官制中，并且位列六部之前(见图 5-5)。这种从官制上对中国施加影响力的做法，其勃勃野心已经无须多言。

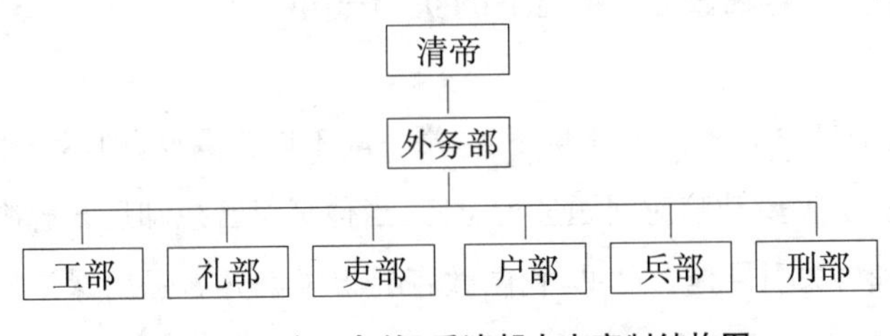

图 5-5 《辛丑条约》后清朝中央官制结构图

由此，经过上述相关图片与结构图的分析，学生就能够更好地明白《辛丑条约》到底给中国历史带来了怎样深重的灾难。在这一环节的学习中，着重帮助学生锻炼了通过唯物史观的角度来看待历史问题的能力，以及以史料证明、解释历史结论的能力，并使其自然生成对中华民族历史的认同感。

三、总结

通过上述教学过程，学生已经通过教师的引导和自己的思考，脚踏实地地解决了四个课程小问题。那么至此，两个次级问题的答案也已经一目了然。最终，这些答案汇聚到一起，就构成了本单元的单元大问题的答案。学生在完成本单元的学习之后，也能够清晰地看到，晚清中国的一大特征就是变革与危机共存。在救国与亡国两大命运的激烈角逐中，清政府最终以苟且的方式选择了相对居中的结局，而这一选择就注定了清政府在即将到来的革命洪流中会被彻底摧毁。

"问题教学"的最大优势在于通过建构主义的方式，攻克学生思维框架中的难点，从宏观上设置问题，在微观上解决问题，最终达到提升教学效能、训练学生素养的目的。以上内容的论述，足以说明这一点。

第四节 "问题教学"视阈下的抗日战争

孔子曰："不愤不启，不悱不发，举一隅不以三隅反，则不复也。"这就是说，学生要动脑对问题进行思考，当他冥思苦想却还未解决问题时，教师再去引导他。可见，我国教育界很早就开始强调课堂教学需要引导学生对问题的自主探索，而不是靠教师对知识的直接讲授。在新出版的《义务教育历史课程标准（2022 年版）》中也强调：教师在设计教学过程及环节，组织和开展教学活动中，要以大任务、大问题来统领整个学习过程，引领学生建构合理的历史知识结构，避免碎片化，促进学生掌握探究历史的方法和路径，拓宽学生认识历史的视野。问题是教学活动的开端，是贯穿整个教学过程的主线，是教学活动的归宿。① 笔者试将大单元作为一个整体，以"问题教学"的方式来设计初中历史课中的中华民族抗日战争的教学。

一、抗日战争的问题建构

中华民族的抗日战争在部编版八年级上册教材中位于第六单元，课程标准中提出了以下要求：通过了解九一八事变、东北抗联、一二·九运动、西安事变、七七事变、南京大屠杀、正面战场和敌后战场的抗战等史事，认识日本侵华的罪行，认识中国人民十四年抗战的艰苦历程，认识中国共产党是全民族抗战的中流砥柱，知道中国战场是世界反法西斯战争的东方主战场，体会中国军民在抗日战争中孕育出的抗战精

---

① 郝芳.问题教学[M].青岛：青岛出版社，2006：3.

神，认识抗日战争胜利在中华民族伟大复兴中的重要历史意义；通过了解中共七大，认识确立毛泽东思想作为党的指导思想的重大意义。在教学中，通过梳理抗日战争时期的基本线索、人物，知道重大史事发生的原因、经过、结果，初步养成历史时序意识和历史空间感，有助于唯物史观和时空观念的培养。通过具体史实的学习，树立牢记历史、勿忘国耻的民族观念，认识中国军民抵抗外来侵略、捍卫国家主权的优良传统，有助于家国情怀的培养。

本单元教材共有五课，分别是教材第 18 课《从九一八事变到西安事变》、第 19 课《七七事变与全民族抗战》、第 20 课《正面战场的抗战》、第 21 课《敌后战场的抗战》、第 22 课《抗日战争的胜利》。其内容主要讲述了从 1931 年日本发动九一八事变挑起侵华战争，中华民族面临严重的民族危机起的历史。在民族危机日益深重的危急时刻，中国共产党高举抗日救亡的旗帜，担当起反对民族敌人的历史重任，提出了建立抗日民族统一战线的主张，同各方面一起努力，和平解决西安事变，推动了抗日民族统一战线初步形成。1937 年 7 月，日本发动全面侵华战争，中国全民族抗战由此开始。国共两党实现第二次合作，抗日民族统一战线正式建立。

在正面战场，中国军队组织多次战役，抵抗日军侵略。在敌后战场，中国共产党发动群众，建立抗日根据地，展开人民游击战争。正面战场和敌后战场相互配合、协同作战，都为抗战胜利作出了重要贡献。中国共产党在全民族团结抗战中发挥了中流砥柱的作用。中国战场是世界反法西斯战争的东方主战场。在中国人民和世界反法西斯力量的反击下，1945 年 8 月 15 日，日本宣布无条件投降。9 月 2 日，日本政府正式签署投降书。经过十四年抗战，中国人民终于取得抗日战争的伟大胜利。

所以本单元学习主题是抗日救亡，这是八年级上册两大叙述主线之一。八年级上册叙述的历史从1840年鸦片战争开始，其中一条线索主要讲述了近代中国是如何一步一步沦为半殖民地半封建社会，另一条线索则是先进的中国人面对民族危机，为救亡图存做出的不懈努力。中国共产党领导的全民族抗战，从属于中国近代的救亡图强史，但相比其他探索救亡，此次意义非凡。抗日战争的最终胜利，是近百年来中华民族在抗击外国侵略的战争中第一次取得的完全胜利。中国不仅收回了卢沟桥事变后日本侵占的领土，也收回了九一八事变以来日本侵占的中国东北三省和热河等国土，并且收复了甲午战争失败后割让给日本的台湾、澎湖列岛，洗雪了国耻，同时也影响了抗日战争胜利后中国的前途和命运。①

从八年级上册的整体内容出发，本单元可以设置的最高层级的大问题是"中华民族近代实现救亡图存，摆脱沉沦的转折点是什么？"从鸦片战争伊始，中华民族的各阶级做出了各种尝试，力图摆脱国家不断沉沦的现实。抗日战争是近代中国第一次取得抗击外敌入侵的完全胜利，同时也是中国命运的转折点。抗战胜利后，广大人民群众在中国共产党的带领下，只用了短短四年的时间就取得了新民主主义革命的胜利，建立了中华人民共和国，使中国真正走向伟大的复兴之路。从中华民族复兴之路的角度回看抗日战争，可以发现其是毋庸置疑的转折点。

从第六单元的具体内容出发，本单元可以设置的单元大问题是"中华民族的抗日战争有着怎样的前因后果？"本单元内容主要围绕日本从局部侵华到全面侵华，中国从局部抗战到全面抗战，所以三个次级问题可以设为"日本是如何一步步发动战争的？""中国

---

① 王建朗，曾景忠.中国近代通史（第九卷）抗日战争（1937—1945）[M].南京：江苏人民出版社，2013：634.

是如何应对战争的?”“中国又是为何取胜的?”,具体问题的建构如图 5-6 所示。

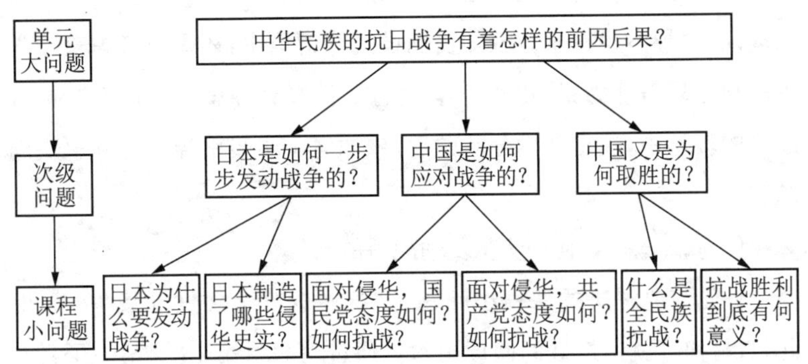

图 5-6　抗日战争主题问题体系建构

第一个次级问题着重分析日本为什么侵华,制造了哪些侵华史实。第二个次级问题主要分析面对侵华,中国是如何应对的,笔者设计为展示国共两党分别的态度以及分别有哪些抗战史实,从最初的局部抗战再到国共合作下开辟了正面战场和敌后战场,最终在中国共产党的带领下实现了全民族抗战。在最后一个次级问题中,笔者重点强调人民群众是历史的创造者,是社会历史的主体这一概念,并结合具体的史实,深入分析抗日战争胜利的原因和意义。整个过程环环相扣,将全民族视为抗战的主体,既符合唯物史观,也为接下来的第七单元的人民解放战争做了衔接,非常符合八年级上册的主题之一即实现“民族解放”的大概念。

二、抗日战争的问题解决

苏联教育学家马赫穆托夫指出:“教师不加提示,而让学生去发现一切的做法是错误的。复杂的抽象的概念是学生无法独立参透的，要由教师讲解给学生听，并且给他们示范考虑问题的逻辑思维的方式。因此，要以提问的方式来引导学生理解探究一切。”①在课堂教学中，教师需要对学生的逻辑思维进行引导，需要对学生进行启发性提问，引导学生探索。教师在创设问题情境中，还需要考虑兼顾学生的独立思考能力，注重培养学生的学科素养和思维。那么在抗日战争的教学中，提出和拆分问题后，该如何一步步引导学生和解决问题呢？

（一）日本是如何一步步发动战争的？

首先需要解决的课程小问题是“日本为什么要发动战争?”。对此，教材内容就是最好的阅读史料。通过对教材第18课第一子目和相关史事的阅读，可以归纳出以下几个原因：在历史上，灭亡中国是日本帝国主义的既定国策，日本蓄谋已久。客观上，1929年秋，资本主义世界性经济危机爆发，日本为缓和国内矛盾，摆脱危机，急于发动侵略中国的战争。另外，当时的国内外局势也给予日本可乘之机。国内蒋介石全力“围剿”红军，国际上英美等国忙于本国经济危机，推行纵容日本侵略的“绥靖政策”。正是在此背景下，日本挑起了震惊中外的九一八事变，中国人民开始了艰苦卓绝的抗日战争。九一八事变是中国人民抗战的起点，同时也揭开了世界反法西斯战争的序幕。接着，日军扩大侵略占领东三省，侵略华北，在国民政府不抵抗的妥协政策下，日本发动了全面侵华，企图三个月灭亡中国，制造了七七事变，北平、天津失陷，接着攻打了中国经济中心——上海。淞沪会战中，日本遭到中国的顽强抵抗，继而将目标转向中国的政治中心——南京，并且犯下滔天罪行南京大屠杀。在优势日军的疯狂进攻下，华北、华中和华南大片领土落入敌手。

---

① 马赫穆托夫.现代的课[J].杜殿坤，译.外国教育资料，1984(1)：1－15.

(二) 中国是如何应对战争的?

日本帝国主义发动九一八事变,开启了侵略中国的新阶段,同时中日矛盾逐渐上升为主要矛盾,中国局部的抗日战争从此开始。为了解决“中国是如何应对战争的?”这个课程小问题,需要明确几点。

首先,作为当时代表中国的执政党国民党是什么态度,有哪些抗战史实呢?教师可引导学生阅读教材并展示材料。

材料一:九一八事变发生时,蒋介石正在江西“督剿”红军,并密电张学良:“沈阳日军行动,可作为地方事件,望力避冲突,以免事态扩大,一切对日交涉,听候中央处理。”23日,南京国民政府发表告全国国民书说:“政府现时既以此次案件诉之于国联行政会,以待公理之解决,故已严格命令全国军队,对日避免冲突,对于国民亦一致告诫,务必维持严肃镇静之态度。”九一八事变后,南京国民政府和蒋介石决定的对日方针是不抵抗,而依靠国联的力量抑制日本的侵略行动。

——摘编自王桧林《中国现代史》

材料二:蒋介石发表了一系列“攘外必先安内”的言论,并一再强调安内是攘外的前提,安内的重点是消灭共产党和红军,同时也要消灭一班违抗中央的叛逆军阀。

——蒋介石《爱民的精义与教民的宗旨》

通过以上材料,同学们可以归纳得出,日本帝国主义发动侵略之初,国民党的对日方针是不抵抗,并幻想依靠国联的力量抑制日本,后又提出“攘外必先安内”的国策,重点放在“围剿”红军之上。正是这样的不抵抗态度,使得我国东北广大的锦绣河山在短短四个月内全部沦陷,日军迅速将魔爪伸向华北,中华民族面临亡国灭种的危机,中日矛盾上升为主要矛盾。正是在这样的背景下,发生了震惊中外的西安事变,经过共产党和各方努力,蒋介石被迫接受停止内战、联共抗日等条件。随着七七事变，八一三事变(淞沪会战)的发生，加速了国共合作为主体的抗日民族统一战线的正式建立，国共开始团结御侮。

第二次国共合作开始后，形成了以国民党组织为主的正面战场和共产党为主的敌后战场，双方各自独立又相互配合，协同作战。在正面战场上，先后组织了淞沪会战、太原会战(教材主要讲述了平型关大捷)、徐州会战(教材主要介绍了台儿庄战役)、武汉会战等一系列战役。虽然正面战场节节败退，中国大片领土沦丧，但是中国军队的英勇抵抗，沉重打击了日本的侵略势头。在武汉会战后，抗战进入相持阶段，但在这之后，国民党政府再次开始消极抗日，积极反共。蒋介石采取“保存实力，等待胜利”的方针，把抗战胜利完全寄托在美英盟军身上，所以其在这一时期表现为“避战”“应付”的态度，敌来我挡，敌退我停，很少主动出击，导致如豫湘桂等战役一溃千里的局面。虽然在世界反法西斯斗争相继陷入不利的战局下，正面战场取得第三次长沙会战的胜利，在国内外都产生了积极影响，但那也只是在“避战”无果的情况下进行的有限抵抗。另外，在国民党内部出现亲日派汪精卫公开叛国投敌，国民党顽固派也不断制造反共摩擦如“皖南事变”，掀起了第二次反共高潮，蒋介石还发表《中国之命运》一书，从思想和舆论上掀起反共逆流，并先后调集军队扩大对陕甘宁边区的封锁。

在抗战十四年中，国民党在正面战场先后组织大规模战役 22 次、重要战斗 3117 次，击毙击伤日军 85.9 万余人，自身则付出 3220419 人的重大伤亡。①国民党军队的广大爱国官兵在抗战前线英勇抗战，不怕牺牲，涌现出姚子青、佟麟阁、赵登禹、张自忠等为国捐躯的爱国将

---

① 刘庭华.浴血奋战过的正面战场[J].环球军事，2005(16)：46.

领，为抗战胜利而浴血奋战的他们值得全民族的尊敬和纪念。国民党在正面战场的抗战为中国取得抗日战争最终的胜利作出重大贡献，但是由于国民党高层的一些错误指导，使其发挥的作用和国民党所拥有的执政党的地位优势以及其数量众多的军队和物资并不相称。

其次，当时年轻的共产党对于抗战是什么态度，又有哪些抗战事迹呢？毛泽东曾说："中日战争是半殖民地半封建的中国和帝国主义的日本之间在20世纪30年代进行一个决死的战争。"①从始至终中国共产党的抗战态度都非常坚定。1931年九一八事变之后，中国共产党立刻号召东北人民马上行动，并组织展开游击战，团结一切力量武装反抗日本帝国主义的侵略，随后又从全国各地派出骨干党员如杨靖宇等人领导东北人民进行抗日武装斗争，并在全国各地组织抗日救亡运动。1935年华北事变后，共产党发表《八一宣言》，号召停止内战，一致抗日，并领导组织了一二·九运动，促进全国抗日救亡运动新高潮的到来。毛泽东明确指出党的任务就是建立由中国共产党领导的抗日民族统一战线。为了团结一切可以团结的力量进行抗日，面对国民党的数次"围剿"，中国共产党仍然坚持从民族的根本利益出发，数次调整对国民党的政策。1936年西安事变后，中国共产党积极推动西安事变和平解决，其团结抗日的主张得到了全国各界人士的支持和肯定，迫使蒋介石作出停止内战、联合抗日等承诺。在随后的第二次国共合作的谈判过程中，中国共产党也多次作出让步，接受国民政府改编，最终促成国共合作抗日，扭转了抗战局势。

1937年，八路军第一一五师主力取得平型关大捷，成为中国军队主动对日作战的第一个重大胜利，粉碎了日军"不可战胜"的神话。战

---

① 毛泽东.毛泽东选集(第2卷)[M].北京：人民出版社，1991：447.

争进入相持阶段后，日本对国民政府以政治诱降为主，军事打击为辅，日军主力转向进攻共产党领导的敌后战场，并残酷地对敌后根据地进行了“扫荡”和封锁。中国共产党充分动员和依靠群众，实行人民战争的路线，在根据地展开游击战，建立抗日民主政权，在战略上造成对日本重点占领的城市和交通线的反包围态势，形成犬牙交错的战争形势。1940 年，为了粉碎日军对华北抗日根据地的“扫荡”和“囚笼”政策，八路军对华北日军发起大规模的进攻，即百团大战。这次战役沉重打击了日本侵略军的气焰，遏止了当时妥协投降的暗流，提高了共产党的威望，振奋了全国军民取得抗战胜利的信心。

从 1943 年起，敌后战场逐步扭转困难局面，在一些地区开展对日伪军攻势作战。1944 年开始局部反攻。1945 年在抗战即将迎来胜利之时，中国共产党召开了第七次全国代表大会，为抗战最后胜利做好了准备，也为党和人民指明了战后的奋斗方向。同年 8 月，毛泽东发表《对日寇的最后一战》声明，号召中国人民一切抗日力量发起全国规模的反攻。经历长达十四年艰难曲折的斗争，特别是八年全民族艰苦卓绝的浴血奋战，中国人民终于迎来了抗战胜利。8 月 15 日，日本天皇宣布无条件投降。9 月 2 日，日本政府正式签署投降书。当日本宣布投降时，长期在东北战斗并在华北、华中等地包围攻坚敌军掌控的各重要城市的不是别人，正是中国共产党领导的八路军和新四军，共产党领导的军民承担了对日全面反攻的主要任务。

中国共产党最早举起全民族抗战的旗帜，实施全面抗战路线、持久战的战略总方针和独立自主游击战的战略战术，指明了夺取抗战胜利的正确道路，从思想理论和实际行动上，引领广大抗日军民，指引全民族抗战一步步走向胜利。中国共产党领导的抗日军民在战略防御阶段配合正面战场开辟敌后战场，成为抗战主战场。据统计，在全民族抗战过程中，中共领导的人民军队对敌作战共计 12.5 万余次，消灭日军52.7万余人、伪军118.6万余人，为抗战胜利做出了彪炳史册的贡献。①

(三) 中国又是为何取胜的?

通过前面的学习，学生可以发现，在长达十四年的抗战中，不只是当时影响力较大的国民党和共产党在抗战，抗战队伍中还包括了中国各界群体，是全民族的坚持抗战。那么全民族抗战具体包括哪些呢?教师可引导学生根据史实填写表5-3来帮助其理解。

表5-3 教材中体现全民族抗战的部分史实

政党及群体	史　　实
国民党	枣宜会战中，第三十三集团军总司令张自忠上将壮烈殉国
共产党	在反“扫荡”中，八路军副参谋长左权将军血洒疆场
青年学生	青年学生纷纷投笔从戎
妇女	参加抗日宣传、救护和战地服务
工人	不分昼夜加班生产、支援前线
华侨	积极捐款捐物，支援抗战，数万华侨青年回国参战
文艺界	成立抗战协会，宣传抗战，振奋士气

在九一八事变和卢沟桥事变后，全国各地各民族，如满族、蒙族、藏族、维吾尔族、回族、高山族等都通过各种方式参加了抗日战争。在抗日民族统一战线的旗帜下，以国共两党合作为基础，工农商学兵各界各阶层人士、各族人民、各民主党派、抗日团体、爱国人士以及海外侨胞，求同存异，共同抗敌，形成广泛参加的全民族抗战。日本侵略者陷入了中华民族人民战争的汪洋大海之中。

全民族抗战和抗战胜利有什么联系呢?教师可引导学生以此为

① 抗日战争时期中国共产党领导的人民军队主要战绩统计[N].人民日报，2005-09-03(5).

突破口,进而思考抗日战争胜利的原因。习近平在纪念中国人民抗日战争暨世界反法西斯战争胜利 69 周年座谈会上的讲话中指出:全民族抗战是中国人民抗日战争胜利的重要法宝。人民群众是战争胜利最深厚的伟力。可见全民族抗战起着至关重要的作用。那么抗战胜利还有哪些原因,教师可引导学生通过史料探究总结出以下原因。以爱国主义为基础的民族凝聚力是抗战胜利的根本原因;世界反法西斯盟国及海外华侨的支援是抗战胜利的重要外部条件;中国共产党在抗战中发挥了中流砥柱的作用,是抗战取得完全胜利的决定性因素。如何理解中国共产党发挥了中流砥柱的作用呢?教师可以引导学生结合材料研读来探究中国共产党在取得抗战胜利中的作用。

> 材料一:抗日战争的经验,给了我们和中国人民这样一种信心,没有中国共产党的努力,没有中国共产党人做中国人民的中流砥柱,中国的独立和解放是不可能的,中国的工业化和农业近代化也是不可能的。
>
> ——毛泽东《论联合政府》

通过梳理教材史实可以发现:中国共产党最早举起抗日民族解放战争的大旗;中国共产党倡导促成抗日民族统一战线,并制定了全面抗战的路线;中国共产党开辟了敌后战场,坚持了统一战线中的独立自主原则;中国共产党为中国抗战制定了正确的政治路线和军事战略;中共七大确立毛泽东思想为全党的指导思想,为抗日战争的最后胜利做了准备。

中国共产党以卓越的政治领导力和正确的战略策略,指引了中国抗战的前进方向。中国共产党高举抗日民族统一战线的旗帜,坚持独立自主、团结抗战,维护了团结抗战大局。中国共产党人勇敢战斗在抗日战争最前线,支撑起中华民族救亡图存的希望。抗日战争的实践表明,中国共产党是领导中国人民争取民族独立和人民解放的坚强核心。

中华儿女经过十四年不屈不挠、浴血奋战的抗争，彻底打败了日本侵略者。那么这场战争的胜利到底有何重大意义呢？抗日战争是中国近代以来反抗外敌入侵第一次取得完全胜利的民族解放战争。洗雪了19世纪40年代以来中国人民受帝国主义奴役和压迫的耻辱，创造了半殖民地弱国打败帝国主义强国的奇迹，从此，再也没有侵略者可以在中国的土地上横行肆虐。抗战的胜利也显示了中国民族觉醒和民族团结的巨大力量，为中国共产党带领中国人民实现彻底的民族独立和人民解放奠定了重要基础。抗战期间，毛泽东思想的科学体系达到成熟，为新民主主义革命的全面胜利准备了思想理论条件；中国共产党的发展壮大为新民主主义革命的最后胜利准备了领导条件；中国人民革命力量的空前大发展为新民主主义革命在全国范围内的伟大胜利奠定了物质基础。①中国战场是世界反法西斯战争的东方主战场，中国始终抗击和牵制着日本陆军主力和大量海空军，消耗了日本大量精力，打乱了其战略部署，制约了日本的“北进”和“南进”。中国远征军还赴缅作战，配合亚太地区的盟军，在战略和战役上有力地配合和支援了欧洲、太平洋和亚洲及其他地区的反法西斯战争。中国人民为世界反法西斯战争的胜利付出巨大的民族牺牲，对世界反法西斯战争的胜利、维护世界和平作出了不可磨灭的贡献。中国还积极倡导和推动了世界反法西斯统一战线的建立，积极参与创建联合国，并成为安理会常任理事国。中国在这个新的国际体系中拥有了实实在在的大国席位，国际地位大大提高，这个伟大胜利，是中华民族从近代以来陷入深重危机走向伟大复兴的历史转折点。②为帮助学生理解，

① 史玉萍，魏玉凤.略论抗日战争胜利的伟大意义[J].党史博采，2005(6)：6.

② 习近平.在纪念中国人民抗日战争暨世界反法西斯战争胜利75周年座谈会上的讲话[M].北京：人民出版社，2020：2.

教师可展示以下史料。

第一，中国人民抗日战争的胜利极大地促进了民族觉醒和民族团结。面对着日本帝国主义的侵略，不愿做亡国奴的中国人民，高举爱国主义旗帜，与侵略者殊死搏斗，激发起团结御侮的巨大能量，彰显出气贯长虹的英雄气概。这场战争，使中华民族空前地觉醒和团结，为民族前途和命运而抗争的意识空前增强。这种巨大的民族觉醒和空前的民族团结，从根本上决定了战争的进程和结局，决定了民族的前途和命运。

第二，中国人民抗日战争的胜利极大地提高了中国的国际地位。中国的抗日战争为世界反法西斯战争作出巨大贡献，获得国际社会的尊重，中国的国际地位也随着抗战的展开和胜利而得以提高。中国政府充分利用参加世界反法西斯同盟这一历史契机和有利的国际环境，积极开展外交活动，初步废除了不平等条约所赋予的各国在华的许多特权，使一个世纪以来世界列强强加给中国的不平等条约体系开始崩溃。中国积极参与国际事务，并成为联合国的主要创始国和安理会常任理事国，使中国在世界反法西斯战争中形成的大国地位得以初步确立，在国际社会的影响力也显著提高。

第三，中国人民抗日战争的胜利极大地加快了民族独立和人民解放的步伐。中国共产党在抗日战争中自觉地把反对日本帝国主义与反对专制统治结合起来，把积极抗日与推进民主进步运动结合起来，把为中国人民谋民族解放与谋社会解放结合起来。政治力量的消长和人心的向背，直接影响了战后中国的政治格局和历史走向，进而决定了中国的前途和命运。抗日战争胜利后只用了 4 年时间，中国共产党便领导中国人民取得了民主革命的胜利，开启了中华民族伟大复兴的新征程，为抗日战争的胜利争取到了最光明的前途。

——黄一兵《抗战胜利是中华民族走向复兴的转折点》

(《光明日报》)

第十二届全国人大常委会第七次会议决定，将每年的9月3日确定为中国人民抗日战争胜利纪念日。教师可引导学生思考这一纪念日到底在纪念什么，使学生明白其目的是：纪念在这场持久战中，中国人民弘扬了“天下兴亡，匹夫有责”的爱国情怀，在抗战中，中华民族的爱国主义较之前任何时代都表现得更强烈、更广泛、更持久、更深入；纪念在这场持久战中，中国人民视死如归、宁死不屈的民族气节，在国家和民族生死危亡之际，无数仁人志士不惧牺牲、奋起抗争，宁肯站着死，也不跪着生，彰显了舍生取义的崇高气节；纪念在这场持久战中，中国人民不畏强暴、血战到底的英雄气概，无论是杨靖宇、赵尚志等殉国将领，还是“狼牙山五壮士”等众多英雄群体都展现了英勇奋战的精神气概；纪念在这场持久战中，中国人民百折不挠、坚韧不拔的必胜信念，无论是正面战场还是敌后战场，中国共产党都以高昂的抗战热情、旺盛的革命斗志激励着中国人民砥砺前行。由此可见，我们纪念的是伟大的抗战精神。伟大的抗战精神，是中国人民弥足珍贵的精神财富，永远是激励中国人民克服一切艰难险阻，为实现中华民族伟大复兴而奋斗的强大精神动力。①

另外，中国抗战是一场反侵略、反压迫、反奴役的正义之战，其性质不能扭曲；中国抗战是世界反法西斯战争的重要组成部分，其作用不可忘却；中国人民浴血抗战，前仆后继，视死如归，其牺牲不能亵渎；国民党广大爱国官兵，英勇杀敌，取义成仁，其贡献不能忽视；中国共

---

① 习近平.在纪念中国人民抗日战争暨世界反法西斯战争胜利69周年座谈会上的讲话[M].北京：人民出版社，2014：11.

产党在抗战中发挥了中流砥柱作用,其地位不容否定;抗战胜利是中华民族从衰败走向复兴的转折点,其影响不可低估。

日本一项调查显示,对日本发动的侵华战争和太平洋战争,只有5%的受访者“很清楚”,44%的受访者“知道一些”,49%的受访者“不知道”或“完全不知道”。但是不正视历史,怎能辨明未来,所以中国将每年的12月13日设立为南京大屠杀死难者公祭日,我们不仅要铭记历史,更要以史为鉴,面向未来。我们要有“命运与共”的大视野,在经济全球化、环境气候恶劣化的今天,全球命运休戚相关。日本在一片反对声中仍然一意孤行,坚持排放核污染水,以一国之私,将整个人类置于巨大的生态灾难风险之中。这种极为不负责任的行为,必将重创日本国际形象,失去世界各国信任。

抗战的胜利告诉我们:我们要有“永葆为民”的大情怀。人民是历史的创造者,历史是由人民来书写的,中国共产党要始终坚持“江山就是人民,人民就是江山”的执政理念。我们要有“滚石上山”的大勇气。在民族复兴的道路上,我们面临着山更陡、路更险的局面,我们必须要在危机中育先机,于变局中开新局。

三、抗日战争的问题小结

以大任务、大问题来统领整个学习过程,是课程改革背景下的一种新方法、新突破。以单元的主题来引领,使课程内容情境化,以问题的串联来驱动,使课程内容结构化,有利于促进学科核心素养的落实。

以上从八年级上册的宏观主题救亡图存的线索出发,设置了“中华民族近代实现救亡图存,摆脱沉沦的转折点是什么?”的大问题,通过问题的解决,有利于学生们更好地理解和认识抗日战争胜利的伟大意义。从第六单元中华民族的抗日战争的中观主题看,设置了“中华民族的抗日战争有着怎样的前因后果?”这一单元大问题,有利于学生们了解和知道抗日战争的基本史实。从具体每一课的微观视角出发，设置了相应的课程小问题，有利于帮助学生们突破重难点。抗日战争的历史地位不言而喻，教材内容非常丰富，相关史料也浩如烟海。在大单元教学和问题教学的视角下，借助新的教学理念并立足新的课程标准分析教材，可避免学生在学习本单元时产生“知识碎片化”的问题，以期能更好地落实学科核心素养的培养。

参考文献

一、中文部分

（一）期刊论文

[1] 于建胜.试论甲午战后清政府的三次大借款及国际关系的变动[J].青岛大学师范学院学报，1999(4).

[2] 抗日战争时期中国共产党领导的人民军队主要战绩统计[N].人民日报，2005-09-03(5).

[3] 史玉萍，魏玉凤.略论抗日战争胜利的伟大意义[J].党史博采，2005(6).

（二）图书专著

[1] 太平天国历史研究会.太平天国史译丛[M].北京：中华书局，1981.

[2] 罗尔纲.太平天国史[M].北京：中华书局，2000.

[3] 钱穆.中国近三百年学术史[M].北京：中华书局，1986.

[4] 中华人民共和国教育部.中国历史（八年级上册）[M].北京：人民教育出版社，2023.

[5] 陈旭麓.近代中国社会的新陈代谢[M].北京：中国人民大学出版社，2012.

[6] 马建忠.适可斋记言・上李伯相言出洋工课书[M].北京：中华

书局，1960.

［7］戚其章.中日战争［M］.北京：中华书局，1995.

［8］人民教育出版社，中国地图出版社.中国历史地图册［M］.北京：中国地图出版社，2021.

［9］刘德斌.国际关系史［M］.北京：高等教育出版社，2020.

［10］郝芳.问题教学［M］.青岛：青岛出版社.

［11］王建朗，曾景忠.中国近代通史（第九卷）抗日战争（1937—1945）［M］.南京：江苏人民出版社，2013.

［12］刘庭华.环球军事.浴血奋战过的正面战场［J］.环球军事，2005（16）.

［13］毛泽东.毛泽东选集［M］.北京：人民出版社，1991.

［14］习近平.在纪念中国人民抗日战争暨世界反法西斯战争胜利75周年座谈会上的讲话［M］.北京：人民出版社 2020.

［15］习近平.在纪念中国人民抗日战争暨世界反法西斯战争胜利69周年座谈会上的讲话［M］.北京：人民出版社，2014.

二、英文部分

［1］Kevin Kee. Teaching and Learning History with Technology［M］. Ann Arbor：The University of Michigan Press，2014.

［2］J.A.R. Marriot. The Eastern Question：An Historical Study in European Diplomacy［M］. Oxford：Oxford University Press，1947.

［3］Scott Alan Metzger，Lauren McArthur Harris. The Wiley International Handbook of History Teaching and Learning［M］. Hoboken：John Wiley & Sons，Inc，2018.

第六章　初中历史"问题教学"课程实例：八年级下册部分

八年级下册教材包含中华人民共和国史的内容。从开国大典到新中国的社会主义建设，再到改革开放的伟大转折，直至十八大以来迈入社会主义建设新时期，八年级下册的内容在时序上更加贴近今日，也更加能够唤起初二学生的时代使命感与责任感。可以说，八年级下册也是学生的家国情怀素养形成的关键阵地。

第一节　教材概况总论及本章实例说明

就教材而言，八年级下册的内容大致可以概括为三个历史时期，即新中国的建立与巩固时期、社会主义过渡与探索时期、改革开放建设时期。这三个时期本身就完全可以形成三个单元大问题，即"新中国建立之初，采取了哪些巩固政权的措施？""从工业建设到社会主义制度的建立再到艰辛探索，新中国取得了哪些来之不易的成就？""新中国的改革开放宏伟蓝图是如何一步一步成为现实的？"。教材的后半部分，即第四、第五、第六单元，则是以单元为单位，分别介绍共和国史上取得的各方面的成就和进步。例如，民族区域自治制度的建立与发展、国防建设与外交事业的进步、科学与文艺的繁荣，等等，这三个单元的内容可以笼统概括在一个跨单元大问题中，即"新中国建立以来，我国取得了哪些辉煌的成就？"。

八年级下册的教材内容相对较少，并且因为更加贴近于当代，所以在教学的过程中，可以充分调动学生的主观能动性，由学生在自主探究的过程中完成“问题教学”体系中各级问题的解读。

本章以下各节内容由两部分组成，分别是由汪雪老师撰写的《“问题教学”与中华人民共和国的成立和巩固》，以及由张昕老师撰写的《问题建构之下的“国防建设与外交成就”》。重庆市育才中学校的汪雪老师在教研与写作方面有极高的天赋与扎实的功底。在本书中，其所撰写的这一部分内容，无论是在完成速度与完成质量上，都名列前茅。张昕老师其时正在西南大学教师教育学院攻读教育博士，其文笔虽然流畅，文章结构成熟，但在理论深度上还有待进一步提升。

第二节 “问题教学”与中华人民共和国的成立和巩固

近代中国历经侵略与屈辱，各阶层为挽救民族危亡寻找出路，但都以失败告终。只有中国共产党结合中国国情选择了马克思主义，最终走出了一条新的道路，建立了真正意义上属于中国人民的“新中国”。但从中华人民共和国建立之初，新中国就面临着重重困难。

一、“新中国”主题的问题建构

就教材内容而言，“新中国”主题涉及的分别是教材第 1 课《中华人民共和国的成立》、第 2 课《抗美援朝》、第 3 课《土地改革》，共三课时，属于八年级下册第一单元，是整本教材的开篇之始，也承载了一段新的奋斗历史。

在教学过程中，本单元的主题比较鲜明，即新中国的成立和巩固。教材第 1 课主要讲述新中国的成立过程，以重大历史事件开国大典为标志。教材第 2 课与第 3 课则是关于新中国巩固自身的两大任务，即对外抗美援朝战争，对内土地改革。这两课之间是相互联系的，土地改革为抗美援朝战争奠定群众基础。

（一）单元大问题的提出

单元大问题的提出，须与单元主题相联系。本单元的主题即是“新中国”。通过上述对教材内容的解读，可见该主题主要分为三部分内容：新中国的成立、对外抵御美国、对内土地改革。这三部分内容都是新中国成立初期的历史事件。在设置单元大问题的时候应涵盖整个单元的相关内容，所以本单元的大问题设置为“新中国成立之初巩固自身政权所产生的历史意义是什么？”以引导学生了解新中国成立初期的变化。

（二）单元大问题的拆分

针对本单元的内容，将本单元的大问题进行拆分，形成与之相关的，并且符合课程设置的次级问题。

次级问题一：新中国如何成立？

次级问题二：新中国怎样成功抵抗外来侵略？

次级问题三：新中国如何解决农民土地问题？

上述三个次级问题，是从单元大问题拆解而来，主题鲜明。接下来需要将每个次级问题进行继续拆分，并融入教学过程中，形成具体的课程小问题，逐步进行解答。

首先，次级问题一所涉及的内容是本单元第1课，即关于新中国成立前夕的历史。因此，在教学过程中，可将次级问题进一步拆分为以下两个课程小问题。其一是“新中国成立的历史背景及过程是什么？”，在这一问题的解决过程中，难点在于引导学生了解《共同纲领》所确定的新中国是新民主主义国家，而不是社会主义国家。关于中国人民政治协商会议的具体内容，学生可以通过阅读教材进行梳理。其二是“新中国成立的历史意义是什么？”，重点是让学生从国内和国外两个角度理解新中国成立的历史意义，并理解这是中国共产党人实践创新的伟大成果。

其次，次级问题二所涵盖的内容主要是关于抗美援朝战争。该课的课程小问题设置为“抗美援朝战争爆发的背景是什么?”，在这一部分的学习中，教师可引导学生认识新中国成立之初虽然苦难重重，但为了国家毅然选择与当时世界最强的美国一战，并最终取得胜利。教师可接着引出第二个课程小问题，即“抗美援朝战争胜利的历史意义是什么?”，让学生认识到这是新中国成立之初的“立国之战”，对中国而言意义非凡。

最后，次级问题三涉及教材第3课的相关内容。该课的课程小问题设置为“土地改革的背景及历史意义是什么?”。在探究这一问题时，教师要重点让学生感知土地改革给人民群众所带来的生活变化，引导学生从历史长河中认识土地政策的调整对巩固新中国的意义。从课程小问题到次级问题的解决，都要与本单元大问题的主题相呼应。

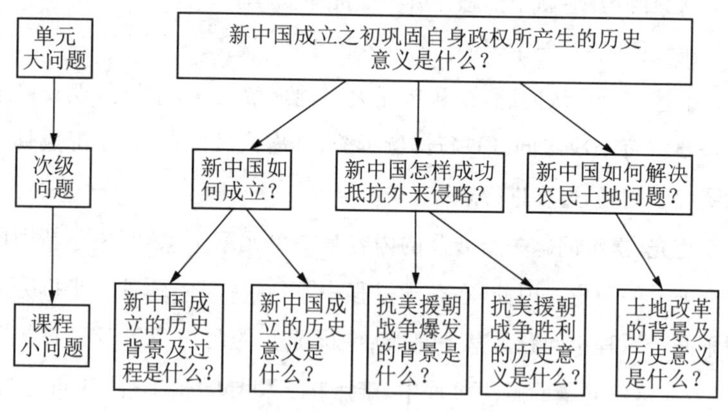

图6-1　新中国的建立与巩固主题问题体系建构

二、“新中国”主题的问题落地

在完成上述单元大问题与课程小问题的拆分(见图6-1)后，接下来要将这些课程小问题落实到具体的课程教学中，引导学生进一步了解历史的真相，思考背后的原因，理解“新中国”成立所引起的变化。

(一) 新中国成立的历史背景及过程

关于新中国成立的背景，需要将历史的时间不断溯源。1948 年 9 月—1949 年 1 月，经过辽沈、淮海、平津三大战役，国民党军队的主力基本上被消灭。4 月 23 日，人民解放军占领南京，国民政府被推翻，新民主主义革命取得基本胜利。中国从 1840 年外敌入侵后，在内忧外患之下，历经百年沧桑，需要重新筹建真正属于中国人的国家。1949 年在中国共产党领导下成立的新中国是众望所归，并且早在新民主主义革命时期就确定走社会主义道路。

新民主主义革命时期，毛泽东和中国的其他先进分子，从中国人民争取民族独立却屡遭失败的教训中吸取经验，坚定地认为中国要摆脱贫穷落后的地位，走向繁荣富强，必须走社会主义道路。

在新中国成立之前，中国人民政治协商会议代替将来的全国人民代表大会行使职权。1949 年 9 月，中国人民政治协商会议第一届全体会议在北平召开。在这里教师可让学生结合教材自主梳理此次会议的相关内容。从会议代表的人员构成引导学生认识到此次会议具有广泛性，代表和反映全国人民的意愿。该会议通过了《共同纲领》。教师可通过展示《共同纲领》的相关内容，让学生了解这一纲领规定了新中国的国体、政体以及各方面的基本方针政策，确立了中国历史上一个新型的国家架构，所以被称为新中国的建国纲领，并具有临时宪法的作用。此外，此次政协会议是在中国共产党的带领下召开的，所以也标志着我国的基本政治制度之一——中国共产党领导的多党合作和政治协商制度的正式确立。

1949 年 10 月 1 日，毛泽东向全世界庄严宣告：“中华人民共和国中央人民政府今天成立了！”通过视频、图片等，可让学生直观地感受开国大典的隆重。在这里教师可以为学生创设情境，询问“如果此时你在天安门广场观看这场典礼，你会有何感受?”学生通过之前学习的关于近代中国革命的曲折历程，肯定更能理解当时人民群众对于新中国的热切期盼。这一天是全体中华儿女都应该铭记的，而中华人民共和国的成立正是中国现代史的开端。

（二）新中国成立的历史意义

新中国成立的历史意义可从中国近代以来的革命历程中进行总结。自1840年西方列强侵略以来，中国人民的负担日趋沉重。除中国历来遭受的封建压迫外，西方列强通过一系列不平等条约在中国获取特权，剥削中国百姓。国民党统治时期出现的官僚资本主义更是进一步压榨人民。中国民众的身上可谓有三座大山。新中国的成立则开辟了中国历史的新纪元，推翻了帝国主义、封建主义和官僚资本主义的统治，使中国真正成为独立自主的国家。但新中国的独立不仅对中国有着深远意义。从世界的角度来看，当时全世界被压迫民族纷纷反抗帝国主义国家，争取民族独立。作为东方大国的中国取得独立，对其他国家而言也起到了鼓舞的作用。新中国选择的社会主义道路，壮大了世界社会主义国家的力量。此外，教师也可结合现在中国的发展来帮助学生理解新中国成立的历史意义，强调历史证明了社会主义这条道路是最适合中国的，现在的我们需要更加坚定地走下去，让中国变得更强，能够屹立于世界之林。

（三）抗美援朝战争爆发的背景及影响

抗美援朝战争对每一个中国人而言都意义非凡。这场战争是正义之战，是全国人民众志成城成功抵御西方大国美国的见证。为什么抗美援朝具有保家卫国的正义性?因为当时美国的军机轰炸新中国的边境城镇，造成人员伤亡和财产损失。此外，抗美援朝战争也被称为“立国之战”，这是新中国与当时头号西方帝国主义美国之间的第一场战争,这场战争关乎新中国政权的独立。

抗美援朝战争最开始是由朝鲜内战引发的,之后受到美国强势干涉。1950年10月,中国人民志愿军开赴朝鲜,与朝鲜人民携手并进,共同抵御美国的侵略。抗美援朝最终取得了胜利,但最初做出援朝这个决定是艰难的,在这里教师须补充朝鲜问题的由来。"二战"结束后,美苏两国很快进入冷战时期,朝鲜半岛以北纬38度为界划分了一条军事分界线——三八线,分别由美苏控制并推行不同的政策,北边是朝鲜民主主义人民共和国,南边是大韩民国。此次分裂也为后面朝鲜内战埋下祸端。1950年,朝鲜内战爆发,之后美国出兵干涉,并将战火烧到中国境内。此时新中国刚刚建立,百废待兴,迫切需要集中全力建设自身,为何还会选择援朝与美国一战呢?这一决定是在北京中南海经过多次讨论后做出的。当时毛泽东和彭德怀等领导人都认为应该入朝一战。毛泽东认为"如果让整个朝鲜被美国人占去了,朝鲜革命力量受到根本的失败,则美国侵略者将更为猖獗,于整个东方都是不利的"。彭德怀也认为"出兵援朝是必要的,打烂了,等于解放战争晚胜利几年。如美军摆在鸭绿江边和台湾,它要发动战争,随时都可以找到借口"。①

1950年10月19日,中国人民志愿军第一批入朝参战部队跨过鸭绿江,入朝参战。对于之后的五次大规模战役,教师可展示《中国人民志愿军第一次至第五次战役示意图》这一动态效果图,让学生了解这五次战役使得战局扭转,迫使美国坐在谈判桌前进行谈判。其中重点为上甘岭战役,可通过视频等方式让学生感知这是抗美援朝战争中战斗极为激烈的一场战役。整场战役中,美军共发动900多次冲击,有时一天达30余次。最终中国人民志愿军历经43天的艰难防守与进

---

① 彭德怀.彭德怀自述[M].北京:人民出版社,2007:32.

攻，歼敌2.5万余人，取得了胜利。通过整场战役的学习，让学生了解中国人民志愿军英勇顽强、不畏牺牲的精神，帮助他们树立正确的价值观。当国家有难之际，中华儿女应有保家卫国的信念。在这场战役中，黄继光的牺牲是万千代表之一。教师应该为学生补充黄继光的知识，让学生了解他的事迹。黄继光不怕牺牲，敢于冲在战争前线，用自己的身体堵住敌人机枪的枪口，为战友取得歼灭敌人的机会。此外，邱少云这个名字也是学生耳熟能详的，可以让学生来讲述他的相关故事。在无数英雄们的奋斗中，抗美援朝战争在1953年迎来了最终的胜利。这些英雄们被称为“最可爱的人”，他们也为我们留下了宝贵的抗美援朝精神。这一精神是中华民族优秀文化的一部分，激励着中国人民奋勇向前，建设祖国。

1953年7月27日，朝鲜人民军最高司令官金日成、中国人民志愿军司令员彭德怀同“联合国军”总司令马克·克拉克在朝鲜开城板门店订立双方军事停战协定，抗美援朝战争取得胜利。这场伟大的战争于中国而言，抵御了帝国主义侵略扩张，捍卫了新中国的安全，保卫了中国人民和平生活，是中国人民站起来后屹立于世界东方的宣言书，是中华民族走向伟大复兴的重要里程碑，也印证了毛泽东所说的“打得一拳开，免得百拳来”。此外，于朝鲜而言，这场战争稳定了朝鲜半岛局势，维护了亚洲和世界和平。

（四）土地改革的背景及历史意义

在讲解土地改革时，需要先帮助学生梳理土地改革的背景，包括土地革命时期、抗日战争时期和解放战争时期的土地改革，了解不同时期的土地政策是不一样的。土地改革对于中国而言是必须进行下去的，是继续完成民主革命遗留的任务。新中国成立之时，全国还有占人口一多半的新解放区尚未完成土地改革，为了更好巩固政权，赢得民心，在新解放区进行土地改革是迫在眉睫的。1950年主要负责土地改革工作的刘少奇也专门写了一篇报告说明为何要进行土地改革。

为什么要进行这种改革呢？简单来说，就是因为中国原来的土地制度极不合理。就旧中国一般的土地情况来说，大体是这样：占乡村人口不到百分之十的地主和富农，占有约百分之七十到八十的土地，他们借此残酷地剥削农民，而占乡村人口百分之九十以上的贫农、雇农、中农及其他人民，却总共只占有约百分之二十到三十的土地……这种情况如果不改变，中国人民革命的胜利就不能巩固，农村生产力就不能解放，新中国的工业化就没有实现的可能，人民就不能得到革命胜利的基本的果实。①

1950 年，中央人民政府颁布了《中华人民共和国土地改革法》。这部法律开篇第一条就点明土地改革的目的是要实行农民土地所有制，为之后的工业化奠定基础。

第一条　废除地主阶级封建剥削的土地所有制，实行农民的土地所有制，借以解放农村生产力，发展农业生产，为新中国的工业化开辟道路。

——《中华人民共和国土地改革法》

关于土地改革的具体过程，教师可通过展示历史照片来让学生直观感受，可以看到农民分到土地和劳动工具时笑容满面。接着教师带领学生通过材料概括这场轰轰烈烈的土地改革对中国的历史发展产生怎样的影响。首先是土地所有制方面，彻底摧毁了我国两千多年的封建土地制度，消灭了地主阶级；农民地位方面，农民翻了身，得到了土地，成为土地的主人；国家发展方面，人民政权更加巩固，大大解放了农村生产力，农业生产得到快速恢复，为国家的工业化建设准备了条件。

---

① 中共中央文献编辑委员会.刘少奇选集（下卷）[M].北京：人民出版社，1985：67.

（五）重组大问题

至此，关于这一单元的所有课程小问题已解决，学生对于新中国有了更加完整的认识，最终需要回归到本单元的主题问题，即“新中国成立之初巩固自身政权所产生的历史意义是什么？”

通过本单元的学习，学生们可知新中国在成立之初就像一撮小火苗，外面的大风对其虎视眈眈，要护住小火苗是十分不易的，无论对内还是对外，都需要有魄力去改革，有信念去战斗。面对强大的美国，在毛泽东等领导人的带领下，中国人民团结一心，不畏强权，选择与之一战。这一战让世界看到新中国的实力，也给新中国的发展带来了稳定的外部环境。对于抗美援朝这场战争，不应该只从新中国成立之初其所起到的作用去认识，对于现在中国而言，这场战争的胜利也增强了中国人民的民族自豪感、自信心，是属于中华儿女共同的伟大胜利。对于美国这种大国，中国人在心理上不再畏惧，这是抗美援朝英雄们给予我们的勇气与力量。

土地改革是中国共产党一直以来以人民为本的重要体现。土地是刻在中华儿女骨子里的基因，是农耕文明的印记。中国共产党以土地政策为依托，赢得民心。新中国成立之后，首次以国家名义颁布了土地改革法，这部法律也奠定了中国土地政策的基础，废除了以往剥削压迫的土地制度，让广大的农民群众获利，给了他们政策的保障。这一制度的落实也极大地提高了农民的积极性，促进中国农业的快速发展。农业是国家工业化发展的基础，随后以此为依托，新中国开始发展工业。之后中国的土地政策虽然有所调整，但农民们始终能够在那一亩三分地中为自己而生产，这是新中国给农民的保障。

综上，“问题教学”的实质是为了培养学生的逻辑思维。对于人文学科而言，思考问题是核心，只有带着问题去不断思考，才能衍生并获得更多的知识。对于历史教学而言，问题的提出需要与教材相联系。

以教材为依托，由大到小地提出问题，让学生去思考、去解答。在解答的过程中，通过理解史料，运用唯物史观等去思考问题，能够更好地培养学生的历史核心素养。

第三节　问题建构之下的“国防建设与外交成就”

无论是在高校的历史专业研究中，还是在中学课堂的历史教学中，对史料的发掘和使用都占有重要的地位。但是正如黄牧航教授与张庆海教授所言，高校所采用的史料研究方法非常专业，中学生既无法接触，也无须接触。中学生接触最多的还是“经过改造的史料”①，即通常所说的材料。换言之，中学生史料阅读能力的真正提升，很大程度上取决于教师在课堂上选用材料的质量。

在这个信息爆炸的年代，如何在浩如烟海的专著、期刊中找到合适的史料，又如何对这些史料进行改造使之适用于学情与考情，这些问题很难拥有标准答案或者固定模板。就重庆地区的初中历史教学现状而言，中考历史总分值偏低，或多或少影响到了学校、社会以及学生自身对历史学科的重视程度。如此现状，再加上“双减”的要求，几乎就注定了学生在课堂之外无法在历史学科上花更多的时间。如果需要在教学中开展材料教学，就一定要注重其教学过程的效能提升。那么，这种“效能提升”当如何落实？笔者认为可以将“问题教学”与“材料教学”相结合，让两者的精髓在教学中实现共鸣，共同促进教学效能的提升。

接下来将结合八年级下册第五单元“国防建设与外交成就”主题，

---

① 黄牧航，张庆海.中学历史学科核心素养的教学与评价[M].北京：人民教育出版社，2020：58.

来探讨“问题教学”与“材料教学”的共鸣运用。

一、“问题教学”导向下的“材料”选择

史料教学的核心在于史料的遴选和材料的转化。基于黄牧航教授“教材是进行史料实证素养培育的基本材料”①这一观点，在教学中对课外史料的使用应当慎之又慎。但是在部编版初中教材的一些篇目中，教材内容多为结论性的语言，存在相关史实补充不充分的情况。在这种不得不引用外来史料的情况下，教师对史料的改造就显得尤为重要了。面对这样的课程，笔者认为史料教学的原则有二。其一，史料教学的目的既然在于培养学生的史料解读与运用能力，那么就应当将史料自然地融入教学的重难点突破中，而非在某一教学环节进行突兀的材料展示与解读；其二，即便是在教材史料提供不足的情况下，教师依然应当将有限的教材内容改造成供学生阅读的材料，与即将引入教学的课外史料相辅相成，构成体系。

在部编版八年级下册中，教材第 15 课《钢铁长城》、第 16 课《独立自主的和平外交》、第 17 课《外交事业的发展》就属于在内容呈现上结论居多，而史实略显单薄的课程。以下将按照上文中强调的史料教学原则，以教材内容与教材外史料共同组建“历史图片群”与“小材料群”，即以字数精悍、内容贴切且与教材内容编排相符合的图片材料与文字材料来搭建史料教学的框架，在锻炼学生史料解读能力的同时，突破课程的重难点。

二、“问题教学”与“小材料群”在教学中的运用

教材是教学活动的基础，课标是教学活动的导向。因此在将教材

---

① 黄牧航.培育史料实证素养的教学反思[J].历史教学，2022(10)：18.

内外史料整合为“小材料群”并加以运用之前，需要首先对第五单元的课标要求与教材内容进行简要分析。在明确了课标要求与教材实际之后，进行材料整理将会更有针对性，“问题教学”才能更显实用性。

（一）在教材字里行间寻找“史料”的补充点

2022年初中历史新课标对本单元的要求是使学生“认识这一时期取得的政治、经济、外交、国防、科技等成就及其具有的开创性、奠基性意义”。①八年级下册教材第15课《钢铁长城》，其历史主线贯穿整个中国现代史，从解放战争时期到社会主义建设新时期的国防建设都有所涉及，其中重点强调了解放军海军的诞生、空军的发展历程以及火箭军的建军史。教材第16课《独立自主的和平外交》主要讲述了20世纪50年代中国外交的两件大事，即“和平共处五项原则”的提出与中国在万隆会议提出“求同存异”方针。教材第17课《外交事业的发展》则主要描述了新中国在20世纪70年代的外交新突破，如重返联合国、中美关系正常化等。

那么在这三课时的内容中，教材是否需要“课外史料”的补充？如果需要，那么是在哪一部分需要补充？带着这两个问题审视教材的字里行间，很快就有了答案。这三课在课程编排上存在一个共同的现象，即历史结论多于历史史实。这意味着在教学过程中，为教师补充具体史实提供了较大的空间。

单独以教材第17课《外交事业的发展》为例。首先，在第17课的第一子目中，教材在阐述新中国恢复联合国合法席位的背景时有如下表述：“为争取恢复合法席位，中华人民共和国进行了长期努力，得到越来越多国家的支持。”那么新中国究竟进行了怎样的“长期努力”，才

---

① 中华人民共和国教育部.义务教育历史课程标准（2022年版）[M].北京：北京师范大学出版社，2022：24.

换来了“越来越多国家的支持”呢？教材对此并没有详细阐述，而仅仅是在“相关史事”中通过图文展示了第26届联合国大会中“两阿决议”通过后的庆祝景象。在此处，教师显然可以选用史料对知识背景加以补充，用以佐证教材所呈现的结论。同样的情况出现在第二子目中。在阐述20世纪70年代中美关系出现转机时，教材提到“随着中国国际地位的提高和国际形势的变化，20世纪70年代初，改善中美关系成为两国共同的要求”。根据之前的已学内容，学生容易理解“中国国际地位的提高”，但对“国际形势的变化”与“改善中美关系”之间的逻辑联系，尚处于八年级、缺乏冷战相关背景知识的学生对此并不好理解。因此在这时运用关于20世纪六七十年代中美苏三国间亲疏关系变化的史料，可以有效帮助学生理解教材内容间的逻辑。

像这样的补充点，在三课中都普遍存在。教师可在这些补充点适当引用外来的材料，与教材内容组成字数合适、符合学情的“小材料群”。

（二）结合“小材料群”构建问题框架

无论是图片还是文字，当“小材料群”组织、摘编完成之后，前文中一直强调的“问题教学”就该登场了。首先，学生在经历了阅读材料、解析材料的过程之后，教师再引导其以材料内容解决课程的核心问题，可以成为对学生素养的基本提升手段之一。其次，教师以问题体系整合三课内容，能够帮助学生从宏观上更好地把握课标要求，符合未来的历史教学发展方向。最后，在解决问题的过程中，学生能够学习如何更有针对性地阅读、辨析材料，锻炼史料实证与历史解释能力。

既然如上文所言，课标对本单元的要求是使学生“认识这一时期取得的政治、经济、外交、国防、科技等成就及其具有的开创性、奠基性意义”。那么在构建本单元的问题体系时，就势必要围绕三课内容中的“开创性、奠基性”成就展开。三课内容集中阐述了新中国成立之后，在国防与外交方面取得的成就。从纵向看，教材所呈现的新中国在国防与外交上的成就，主要集中在 20 世纪 50—70 年代，因此问题体系的重点设问应当集中于这两个时期。虽然本单元的内容看起来呈现二元化，即阐述国防与外交两个领域的成就，但事实上，在新中国建立之后，这两个领域的发展呈现出“齐头并进”的趋势，那么这两者之间存在怎样的联系与共振，也是值得学生思考的问题。由此，可以将本单元的问题框架设为如图 6-2 所示。

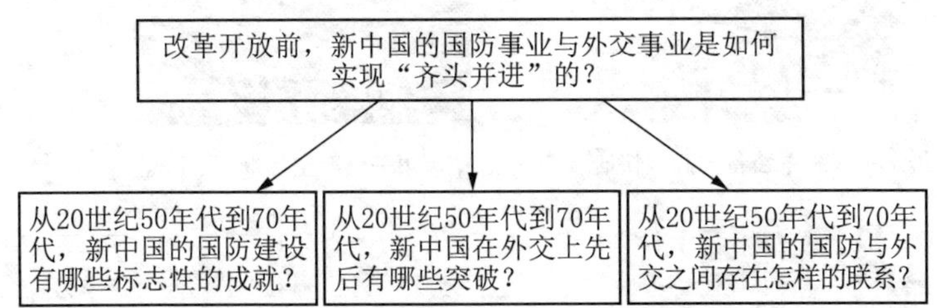

图 6-2　新中国国防事业与外交事业主题问题体系建构

通过审视不难发现，在问题体系中，教材第 15 课拥有单独的课程小问题，即要求学生通过材料阅读与教材梳理，总结出 20 世纪 50—70 年代新中国在国防建设方面取得的标志性成就。教材第 16 课与第 17 课则拥有同一个课程小问题，即将两课的主要内容整合于一体。这样一来，学生对新中国在 20 世纪 50—70 年代的外交活动与外交成就，将会有更加整体化的认识和理解。除此之外，为了帮助学生从唯物史观的角度审视历史、解释历史、理解历史，教师可特别设置第三个问题，即学生在学习完本单元的三课内容之后，需要思考新中国国防与外交成就之间存在的逻辑联系。在这三个问题得到解决之后，本单元的单元大问题，即“改革开放前，新中国的国防事业与外交事业是如何实现‘齐头并进’的？”这一问题的答案自然也就能够汇总得来。

（三）"小材料群"的构建与"问题教学"的实施

在进行教材内外的史料收集之后，将所有史料予以整理、摘编、精简，按照教材逻辑，可形成以下三个"小材料群"。当然，无论是"小材料群"的构建还是材料之后的问题设置，都是按照课前预设的"问题体系"展开的。

1."第一小材料群"及问题

华东军区海军装备的武装快艇

中国第一艘航空母舰"辽宁舰"

新中国仿制的歼5战斗机

国产歼20战机

新中国试爆的第一颗原子弹（模型）

中国现代战略核武器

组图1　　组图2

图6-3　中华人民共和国成立之初与当代国防建设成就对比

问题1:请观察图6-3中的组图1回答,在20世纪50—60年代,中国的国防建设呈现出怎样的特征?

问题2:请对比图6-3中的组图1与组图2回答,中国的国防建设在哪些方面取得了进步?

2."第二小材料群"及问题

材料一:关于中国,我们一直避免采取在道义上、政治上或物质上鼓励这个共产党政权的任何行动;我们一直没有对中共政权给予外交上的承认;我们一直反对它加入联合国;我们一直没有同共产党中国贸易,或者准许同它进行文化上的交流。

——1957年美国国务卿杜勒斯答记者问①

材料二:1955年,周恩来率中国代表团参加在印度尼西亚万隆召开的亚非会议……周恩来提出"求同存异"的方针,促进了会议的圆满成功。中国代表团积极开展会外交往……加强了同亚非各国的团结与合作。

——《中国历史(八年级下册)》②

材料三:1961年,中国……尽力向朝鲜提供各类援助……面对阿尔巴尼亚的困境,中国大力予以援助……中国协助坦桑尼亚与赞比亚修建了坦赞铁路,帮助刚果等国建立了工厂。

——《国际关系史》③

材料四:1971年10月,第26届联合国大会通过(阿尔巴尼亚、阿尔及利亚等国提出的)决议,恢复中华人民共和国在联合国

---

① 齐世荣,黄安年.当代世界史资料选编(第二分册)[M].北京:首都师范大学出版社,1996:88.

② 中华人民共和国教育部.中国历史(八年级下册)[M].北京:人民教育出版社,2019:83.

③ 刘德斌.国际关系史[M].北京:高等教育出版社,2020:364-365.

的一切合法权利。

——《中国历史(八年级下册)》①

问题1:根据材料指出,作为代表中国的唯一合法政府,中华人民共和国重返联合国为什么困难重重?

问题2:依据材料概括,有哪些因素共同促成了新中国重返联合国?

3.“第三小材料群”及问题

材料一:(1969年东北边境珍宝岛流血冲突发生后)中苏关系陷入敌对状态。苏联迅速增加中苏、中蒙边境驻军,兵力达到近百万。

(20世纪60—70年代)苏联向阿拉伯国家提供大量武器装备……把大量武器运进(非洲)安哥拉,力图将其纳入苏联势力范围……通过古巴插手尼加拉瓜,支持萨尔瓦多游击队,试图动摇美国在拉丁美洲的支配地位。

1979年12月27日晨,苏联经周密准备后出动数万大军,兵分几路侵入阿富汗……

——《国际关系史》②

材料二:1969年7月,我们允许美国的旅行者、博物馆等无须经过特别授权就可以非商业性地购买中国的商品。

1969年12月,我们允许国外的美国公司的分公司从事大陆中国同第三国家间的商业活动。

1970年3月,我们宣布,凡是为了正当的目的而要去大陆中国旅行,美国的护照都是有效的。

---

① 中华人民共和国教育部.中国历史(八年级下册)[M].北京:人民教育出版社,2019:85.

② 刘德斌.国际关系史[M].北京:高等教育出版社,2020:400-401.

1970年10月26日，我在为来访的罗马尼亚主席齐奥塞斯库祝酒时有意识地使用了北京正式的名称“中华人民共和国”。这是美国总统第一次用这样的称呼。

——《尼克松1972年对外政策报告》①

材料三：70年代初，中国外交面临着严峻的国际形势……中国同时与美苏两个超级大国为敌，中国在国际社会中处于十分困难的境地……虽然在60年代末美国对中国的威胁依然存在，但是相较于苏联的威胁并不紧迫。

——《国际关系史》②

材料四：1972年，尼克松访华。毛泽东会见了尼克松，周恩来与尼克松举行了会谈。中美双方正式签署并发表了《联合公报》，两国关系开始走向正常化。

——《中国历史（八年级下册）》③

问题1：通过“第二小材料群”中材料一与“第三小材料群”中材料二的前后对比，分析中美关系的发展趋势。

问题2：根据材料，概括中美关系变化的原因。

问题3：综合上述材料，你认为影响国家间关系的最根本因素是什么？

4. “小材料群”的处理方针

从上述“小材料群”可以看到，笔者在节选课外材料时，非常注重对学情的把握。一方面，考虑到课堂时间与学生的接受能力都有限，

① 齐世荣，黄安年.当代世界史资料选编（第二分册）[M].北京：首都师范大学出版社，1996：160－166.

② 刘德斌.国际关系史[M].北京：高等教育出版社，2020：403.

③ 中华人民共和国教育部.中国历史（八年级下册）[M].北京：人民教育出版社，2019：87.

因此在将史料转化为材料的过程中，有必要对史料进行字斟句酌的改造，在不改变史料原有含义的前提下对其内容进行合理删减，以减轻学生的阅读负担。另一方面，考虑到八年级学生对一些陌生语境和陌生概念可能会存在理解上的困难，因此有必要对部分材料中缺失的概念进行补充，对相对陌生的概念进行解释。

在经过这样的节选、改造之后，一组以历史图片为主要呈现方式的“小材料群”和两组以教材史料为主干、以外文史料为辅助的“小材料群”已经编排完成，并且可以将之整理成专门的学案，以备课堂中使用。那么如何对其进行使用，以落地学生的核心素养，下文将详细予以阐述。

（四）落地素养，解决问题

基于“小材料群”，笔者在教学中也设置了相应的问题。这些问题与材料组成的学案可被运用到本课的学生活动中。在这些根据材料设置的问题中，既有针对单一材料的设问，也有引导学生对多个材料间逻辑联系的探索。之所以做上述问题设置，有如下考虑。

1. 锻炼实证能力，把握教材重点

首先，引导学生通过解读史料认知历史，通过运用史料得出结论，养成“讲证据、重理性、合逻辑的历史思辨能力”①是史料教学的目标。上述问题的设置，都是在把握本课教学重难点的基础上进行的设问，目标正是希望通过使学生阅读并运用史料，掌握本课的重点内容。例如，为了找到“第二小材料群”所附问题 2 所探寻的新中国重返联合国的原因、“第三小材料群”所附问题 2 所探寻的中美关系改善的原因，学生通过对“小材料群”中不同视角、不同立场的材料进行解读，能够

---

① 方勇.核心素养视阈下的中学历史教学设计[M].上海：上海大学出版社，2019：124.

自行推导并证实教材上的重大结论。这一学习过程虽然不能称为严格意义上的“史料实证”，但依旧是在立足于学情的基础上，对学生材料阅读能力与运用能力的提升。

其次，由于上述“小材料群”由课外史料与教材内容共同组成，学生研读材料的过程，事实上也是对教材重点内容进行阅读和熟知的过程。“小材料群”中所节录的教材内容，分别来自教材第 16 课对有关万隆会议以及教材第 17 课对有关中美关系正常化重点史实的描述。通过这样的阅读过程，就足以帮助学生解决单元问题体系中的第二个课程小问题。

2. 活用联系比较，厘清历史逻辑

上述史料的选取和节录，充分考虑到“历史研究需要对多则史料进行联系比较，互证互通”①的研究方法，既选择了同一时期多视角下的中国外交活动，也选择了不同时期中美关系的不同特征。在问题设置上，也着力于培养学生的横向和纵向联系比较能力。例如，“第一小材料群”所附的两个小问题，既包含了对图 6-3 中组图 1 的单独提问，也引导学生对两个组图的内容进行迁移联想。针对图 6-3 中组图 1 的提问，能够帮助学生对单元问题体系中的第一个课程小问题建立起更加直观的认识。

又如“第三小材料群”所附问题 2 的提出与解答，就是在引导学生对“第三小材料群”进行横向概括。通过梳理这些材料的内部联系，学生能够看到，历史事件从不是孤立产生的，中美关系之所以在 20 世纪 60 年代末 70 年代初出现转折，除了中国国际地位提高，中国若同时对抗美苏战略压力过大等国内因素之外，还有苏联的全球争霸战略对中

---

① 方勇.核心素养视阈下的中学历史教学设计[M].上海：上海大学出版社，2019：165.

美造成的共同威胁等诸多国际因素。通过这样的阅读和史料运用，能够帮助学生树立起“孤证不立”的史学思维，掌握从客观历史事实出发，对具体问题具体分析的历史学习方法。

除此之外，“第二小材料群”所附问题2与“第三小材料群”所附问题1侧重于对学生纵向对比能力的训练。问题2的回答需要学生阅读“第二小材料群”中的材料二、三、四。通过纵向联系和比较，学生不难看出，中国在20世纪70年代初恢复联合国合法席位的外交基础，在20世纪50年代万隆会议等国际会议上的惊艳亮相、60年代对第三世界国家的慷慨支持中已得到夯实。正是长达20年来的艰苦奋斗，才换来了20世纪70年代初第26届联合国大会上的外交胜利。“第三小材料群”所附问题3的解决则需要学生对“第二小材料群”中材料一和“第三小材料群”中材料二的内容进行纵向对比。学生能够清晰看到美国对华态度的戏剧性转变，而这种转变的背后，是“第二小材料群”所述中国国际地位的不断攀升、“第三小材料群”中所述苏联全球扩张对美国造成的战略压力。由此，在解决问题的过程中，学生的归纳、概括等历史解释能力都能够得到很大提升。

上述学生阅读史料、解决问题的过程，亦是对教材第16课、17课之间所存在的历史逻辑的厘清过程。通过上述活动的开展，学生能够看到教材第16课中20世纪50年代中国的外交活动为教材第17课中20世纪70年代中国取得一系列重大外交成就奠定了基础。在对课程逻辑进行梳理的同时，学生在事实上能够掌握诸如“以发展的眼光看待历史问题”“一切社会历史因素都是相互作用的”等唯物史观的基本原理。这对学生的终身学习将会颇有裨益。

3. 落地时空观念，生成家国情怀

第二、第三小材料群，从时间维度上横跨20世纪50—70年代，内容上涵盖了中国的外交对象从本国周边到第三世界，再到大洋彼岸的美国。每一则材料上都标明了发生的时间，如“1955 年”“1971 年”。这些时间不仅仅是材料中事件发生的注解，更是由于这些时间节点的存在，才使与之相关的历史事件拥有了独一无二的历史特性。历史事件的发生除时间特性外，还需要空间的载体，如材料中所涉及或补充的印度尼西亚万隆、东北边境等地点。当这些空间要素与时间节点相交汇，就构成了历史事件最重要的特征。学生阅读上述材料时，本身就在体会历史的时空变化，而学生在课堂活动中思考 20 世纪 50—70 年代新中国外交活动时空变换的过程，也是训练其“在特定的时间联系和空间联系中对事物进行观察、分析的意识和思维方式”①的过程。

在学生的素养培养中，家国情怀是最终的价值旨归。笔者在材料选取上也充分凝练了价值观念。从“第一小材料群”的材料一中杜勒斯颐指气使、高高在上的反华态度，到“第三小材料群”材料二中尼克松对华释放友善信号时的谨小慎微，教师可以帮助学生总结美国对华态度的前后迥异。在这种转变中，第三方因素固然重要，但其根本原因是中国作为一个大国强大的综合国力以及日渐增强的国际影响力。中国的存在对其他大国而言，越来越不可忽视。用尼克松的话说，将中国排除在美国的外交考虑之外，“等于是让美国把一只手绑在背后到国际上去运作”②。换言之，纵览两组“小材料群”，其背后的暗线，是中国第一代领导人为提升中国国际地位筚路蓝缕、披荆斩棘的艰辛过程。有了这样的体验之后，学生所能够得到的就不仅仅是“国家利益是影响国与国关系的最重要因素”这样干瘪的答案。在学生心中，捍卫国家利益和国家主权的价值观念已经自然生成，本课的价值目标培

① 中华人民共和国教育部.义务教育历史课程标准(2022 年版)[M].北京：北京师范大学出版社，2022：5.

② 亨利·基辛格.大外交[M].顾淑馨，等，译.海口：海南出版社，2012：736.

养业已达成。

4. 培育唯物史观，思辨事物关联性

在上述材料阅读的过程中，单元问题体系已经基本得到解决，但关于第三个课程小问题，即探索新中国国防建设与外交成就之间的逻辑联系的问题，依然需要教师通过借助此前展示给学生的三个“小材料群”，帮助学生从唯物史观的角度来思辨这两大领域之间的辩证关系。

首先，通过将“第一小材料群”与“第二小材料群”相联系，结合之前学习过的“抗美援朝”与“一五计划”等相关知识，学生不难理解，中国之所以在20世纪50年代陷入西方国家制造的外交孤立，与朝鲜战争期间中国英勇抗击美国强权有非常密切的关联，而中国之所以能够在20世纪50年代取得万隆会议上的外交突破，与中国不畏强权，在加强自身国防建设的同时，坚持“求同存异”的方针有关。

其次，如果引导学生将“第一小材料群”与“第三小材料群”相联系，学生就能够将“新中国原子弹试验成功”与中国国际地位的不断提高联系在一起，从而得出“国防是外交的坚实后盾”这样的历史结论。当然，教师也可以通过“第三小材料群”中所提及的中美两国关系的改善，向学生拓展有关中美两国20世纪70年代军事合作的知识，帮助学生得出“外交活动能够助力于国防事业”的结论。

由此，通过三段“小材料群”之间的相互对比，学生将能够学会从唯物史观的视角审视历史事件，从而学会探索事物之间潜在的逻辑联系。

三、关于问题教学与“小材料群”使用的总结与反思

史料教学是历史教学常见的教学方式之一，如何在有限的课堂时间中真正发挥出史料的价值，并帮助学生提升史料阅读、结论提炼以

及实证运用的能力，是值得长期思考和探索的问题。以上以慎重的态度阐述了从史料选取到材料整合，再到课堂运用的完整过程。

回顾上述过程，虽然从重庆地区历史教学现状与中考实际出发，希望能够在减轻学生阅读压力的前提下，将史料教学与问题教学相结合，通过两者优势的共鸣共振来起到提升课堂效能的作用，但是不同班级的不同学情，也容易导致材料后设置的问题与学生得出的结论间存在偏差。以上所设计的教学问题可能尚显固化，问题难度梯度分布有所不足，这些都有待进一步完善。

参考文献

一、中文部分

（一）期刊论文

[1] 黄牧航.培育史料实证素养的教学反思[J].历史教学，2022(10).

[2] 严绪陶.汉谟拉比法典与古巴比伦王国[J].青海民族学院学报，1987(2).

[3] 李汝明.从汉谟拉比法典看古巴比伦的家长奴隶制[J].河北省史学会通讯，1984(1).

[4] 钱乘旦.印度现代化进程中的种姓制影响[J].南京大学学报(哲学・人文科学・社会科学版)，1999(4).

[5] 沈蓓莉.印度种姓制度面面观[J].当代世界，2001(10).

[6] 施光明.北朝民族通婚研究[J].民族研究，1993(4).

（二）图书专著

[1] 金冲及.生死攸关：中国共产党的道路选择[M].上海：三联书店，2016.

[2] 彭德怀.彭德怀自述[M].北京：人民出版社，2007.

[3] 中共中央文献编辑委员会.刘少奇选集[M].北京：人民出版

社,1985.

[4] 黄牧航,张庆海.中学历史学科核心素养的教学与评价[M].北京:人民教育出版社,2020.

[5] 齐世荣,黄安年.当代世界史资料选编[M].北京:首都师范大学出版社,1996.

[6] 刘德斌.国际关系史[M].北京:高等教育出版社,2020.

[7] 中华人民共和国教育部.中国历史(八年级下册)[M].北京:人民教育出版社,2019.

[8] 亨利·基辛格.大外交[M].顾淑馨,等,译.海口:海南出版社,2012.

[9] 朱寰.世界上古中古史[M].北京:高等教育出版社,2011.

[10] 查尔斯·弗里曼.埃及、希腊与罗马——古代地中海文明[M].北京:后浪出版公司,2004.

[11] 张宏杰.简读中国史:世界史坐标下的中国[M].长沙:岳麓书社,2020.

[12] 吴于廑,齐世荣.世界史·古代史[M].北京:高等教育出版社,2011.

二、英文部分

[1] Stacy Duffield, Justin Wageman, Angela Hodge. Examining how professional development impacted teachers and students of U.S. history courses[J]. The Journal of Social Studies Research, 2013.

[2] Taylor, Francis. Debates in History Teaching[M]. London: Routledge, 2011.

第七章　初中历史“问题教学”课程实例：九年级上册部分

部编版九年级上册，从历史学学科的二级学科分类来看，已经正式进入了世界史的教学板块。对于刚刚迈入初三的学生而言，世界史事实上是一个与中国史区别较大的“新”学科。面对更大的历史时空范围，需要了解更多的专有名词和陌生概念，对于初三学生而言并不是一件容易的事。但另一方面，学生在经历了两年的中国历史学习后，已积累了较丰富的历史学习经验，尤其是在史料实证与历史解释等具体能力方面有了很大的提高，为其学习九年级的世界史打下了坚实的基础。更何况，学生对世界历史一般都充满了好奇，对于了解这个多元化世界的形成过程是具有很强烈的求知欲的。这些条件都为世界历史教学的开展奠定了很好的主基调。

第一节　教材概况总论及本章实例说明

从历史学最基本的两大要素来看，九年级上册教材在内容上横跨了世界古代史到世界近代史，时间跨度上起公元前 5000 年，下讫 19 世纪工业革命的兴起，不可谓不恢弘；在空间上，其范围涵盖了从尼罗河到爱琴海，从阿拉伯帝国的扩张到哥伦布登陆美洲大陆，横跨五大洲，不可谓不广阔。要在这样一部教材中实施“问题教学”，其核心在于如何帮助学生整合相对陌生的知识点，在学生已有的课外零星阅读的基础之上，帮助其完善和构建符合教材内容的知识体系。虽然在

“问题教学”的实施过程中，存在部分打破教材固定结构、重建教材知识体系的做法，但是最根本的前提是不能超越学生的理解能力和学段学情。基于世界史的学习难度和学生的具体学情，从新课标与核心素养的培养要求出发，九年级上册的“问题教学”将研究重点聚焦于两个主题，即“世界文明的多元化”与“资本主义世界的兴起”。

在“世界文明的多元化”学习主题中，“问题教学”的中心任务是帮助学生理解世界古代文明的发展历程与其文明多元化特征的形成之间所存在的逻辑联系。这一探索过程，首先应符合马克思主义唯物史观的基本原理；其次是在探究过程中要能够充分整合教材内容，将教材作为史料，锻炼学生的史料实证能力与历史解释能力；最后要通过帮助学生了解世界文明的多元化发展进程，培养学生立足家国、胸怀天下的家国情怀。

接下来，本章将会按照教材的课程内容设置顺序列出一些案例。这些案例分别来自世界古代史与世界近代史。其中，世界古代史部分由于涉及古代文明众多，其内容均构成了九年级上册的主题，因此本书最终决定只选择世界古代史中最为重要的单元与课程进行研究。世界近代史在时间跨度上则较短，在九年级教材中的地位明显低于世界古代史，虽然也存在诸如“工业革命与马克思主义诞生”这样重要的课程，但总体而言，教材主要突出的仍是世界古代史。因此，本书在这一环节中，重点阐述世界古代史课程中的“问题教学”。

本章以下内容的作者分别是来自谢家湾学校的冉春花老师、来自重庆市育才中学校的汪雪老师，以及来自重庆市育才中学校、当时正在攻读西南大学教师教育学院教育博士学位的张昕老师。冉春花老师撰写的《“问题教学”之下的世界文明的多元化与文明的交流互鉴》无疑是其长期以来坚持利用课余时间提升专业修养，广泛阅读专业书籍并加以总结升华的成果。文中思考之深入，材料引用来源之广泛，让人难以想象作者只是一位青年教师。张昕老师与汪雪老师合作撰写的《“问题教学”与步入近代的欧洲》充分体现了两位老师世界史专业出身的研究特长，无论是设计思路还是写作风格，都独具特色。

第二节 “问题教学”之下的世界文明的多元化与文明的交流互鉴

《义务教育课程方案（2022 年版）》将“变革育人方式，突出实践”作为义务教育课程教学应遵循的一条基本原则，明确提出“强化学科实践”是“深化教学改革”的重要任务①，注重以实践育人，让学生在真实的历史情境中学习。采取大概念教学、问题教学等，强调学生的体验式学习，使学生在解决实际问题的过程中，生成属于自己的知识，完成深度学习。

部编版初中历史虽整体按照时序编排，但由于其内容本身庞杂细碎，学生在学习过程中，不可避免会出现时序混乱、概念混淆等问题。基于此，为了避免知识碎片化，帮助学生建构合理的知识体系，教师可对教材进行分析，提炼能够体现历史课程核心内容的大概念。通过问题教学，把具体的历史史实转化成小问题，历史发展的基本线索则整合为大问题。通过大问题、小问题组成问题链的方式串联历史史实，循序渐进展开叙述，以帮助学生统领知识结构，把握历史发展的阶段特征，认识历史发展的规律。

九年级上册教材第一单元由三课组成，分别是教材第 1 课《古代埃及》、第 2 课《古代两河流域》、第 3 课《古代印度》。整个第一单元时

---

① 中华人民共和国教育部.义务教育课程方案（2022 年版）[M].北京：北京师范大学出版社，2022：5.

间跨度非常之大，大约从公元前3500年到公元前1世纪左右，主要讲述了人类早期文明的发展历程以及人类早期文明发展的杰出代表，如古代埃及、古代两河流域、古代印度、古代中国等，涉及的国家多，知识点相对零散。因此运用大概念的方式来统领整个单元，采取以"点"连"线"、以"线"穿"点"的方式，有利于学生了解中外历史发展进程，构建古代亚非文明的知识网络，把握历史发展的阶段特征。

《义务教育历史课程标准（2022年版）》①关于九年级上册第一单元的要求如下：初步了解原始社会时期的人类活动；通过金字塔、《汉谟拉比法典》，以及种姓制度和佛教的创立，了解亚非古代文明及其传播。课标要求学生能够知道古代亚非文明重要的事件、人物、现象，认识古代亚非文明的发展状况和代表性文明成果，认识古代亚非文明的特点，尊重各个文明的差异，理解世界文明多元化的特征。同时，教师要引导学生回顾、联系中国古代史的学习内容，了解中国古代文明在世界文明中的地位。为此在整个九年级上册第一单元，除了纵向梳理古代亚非各个文明的基本史实外，教师还要重视对古代亚非文明之间的共性和个性的深入分析，要注意引导学生认识人类文明的起源具有多源性，各大文化区域的文明成果构成了人类文明的多元性特点。由此，将本单元的大概念确定为"世界文明的多元化与早期文明的交流互鉴"。将本课的学习目标确定为如下。1.通过识读历史地图，明确四大文明古国的地理位置和产生的时间，绘制思维导图梳理古代亚非文明发展历程，从而了解古代亚非文明的基本发展脉络。2.通过分析地图，观察各文明所在地理位置的共同点，分析发展历程的相似性，认识世界文明产生发展的共性特征。3.知道古代亚非人民创造了诸如文

---

① 中华人民共和国教育部.义务教育历史课程标准（2022年版）[M].北京：北京师范大学出版社，2022：29.

字、天文学、数学、建筑和制度等方面的代表性文明成果。通过历史图片了解金字塔、《汉谟拉比法典》、古埃及象形文字、楔形文字等考古发现，掌握《汉谟拉比法典》、种姓制度的相关内容，学会从历史文献中汲取历史信息，认识文明发展有其独特性。4.通过认识古代亚非文明的成就，感悟人类文化的多元化，尊重世界各文明的多样性，初步树立起正确的国际意识。5.通过了解文明的交流互鉴，理解文明因交流而多彩，因互鉴而丰富，认识到中华文明对世界文明做出的贡献，初步树立立足中国、面向世界的视野和胸怀，构建人类命运共同体的意识。综上，本单元的问题体系建构为图 7-1。

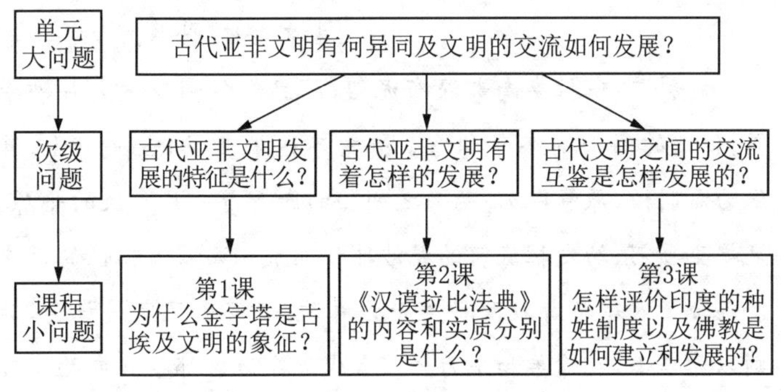

图 7-1　古代亚非文明主题问题建构

一、文明的起源与演进

在进行古代亚非文明的学习时，首先要了解其地理位置。古代亚非文明的地理位置大体相似，又有着各自的特点。如果按照古代埃及、古代两河流域、古代印度依次讲述，知识点难免有所重复，也会导致学生忽略古代早期文明的时序和发展联系，不能深刻理解世界文明的多样性和文明之间的共性和个性，因此教师应适当进行调整。

首先，可要求学生根据教材所引用的《公元前2500年左右的亚非文明地图》写出古代文明的名称及产生的时间，并结合地图分析这些古代文明的地理位置有何相似之处？

其次，可要求学生依据材料概括古代亚非文明发展的特征是什么？

材料一：纵贯埃及全境的尼罗河……每年7—11月定期泛滥。泛滥期过，被淹没的河谷两岸土地上留下厚厚一层淤泥。这种淤泥含有大量的矿物质和腐殖质，极有利于农作物的生长。就这样，尼罗河在横亘千里的干燥沙漠里，开辟了几千年来滋养文明的绿洲。

——朱寰主编《世界上古中古史》①

材料二：伊拉克南部遍布泥沼，约旦和叙利亚被大片沙漠覆盖，伊朗的高山则终年积雪。美索不达米亚（Mesopotamia，其词源为希腊语，原意即为“两河之间”）的南部是一片肥沃的平原，由底格里斯河、幼发拉底河的泥沙冲积而成……富有韧性的近东经济混合了农耕与游牧两种生产方式，前者促成了定居社会，后者则以养殖山羊、绵羊和牛为主。古代近东地区那些兴盛的城邦通常会牢牢控制周边的领土，并且通过对贸易的控制来巩固自身的地位。因为当地缺少易于防守的屏障，所以这些城邦大多很难长久昌盛，一两百年后便土崩瓦解。

——查尔斯·弗里曼《埃及、希腊与罗马——古代地中海文明》②

材料三：印度河、恒河平原气候温和，土质肥沃，是古代印度的主要农业地区……南印度的中部是森林密布的德干高原，这里

---

① 朱寰.世界上古中古史[M].北京：高等教育出版社，2011：35.

② 查尔斯·弗里曼.埃及、希腊与罗马——古代地中海文明[M].李大维，刘亮，译.北京：后浪出版公司，2004：24.

气候干燥，自然条件差，高原两侧的沿海平原地区，气候良好，适于农耕，也适于发展工商业。

——朱寰主编《世界上古中古史》①

通过这样在整体的时空框架下对古代亚非各文明地理位置的分析，学生可以认识到地理环境对于文明的形成和发展产生了重要的作用。古代亚非文明大多孕育在河流附近，大河文明为其共性。根据材料并结合地理环境和历史文化的发展历程，学生可以认识到古代亚非各文明的经济形态以农业为主，农业文明也是其共性。古代亚非文明是大河文明，也是农业文明。

河流孕育了人类早期文明，那这些文明自身又有着怎样的发展呢？教师可引导学生以其中一个文明为例，通过绘制时间轴的方式梳理其发展的历程（见图 7-2）。

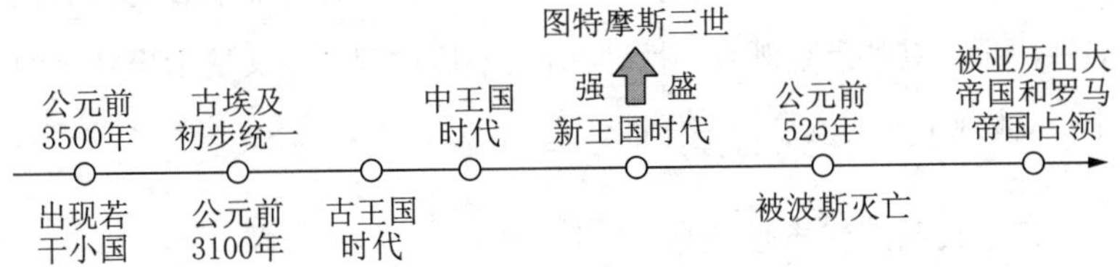

图 7-2　古埃及发展脉络

通过对古代亚非文明发展历程的梳理，学生能够知道在亚非文明中，只有中华文明源远流长，从未中断。教师可进一步引导学生根据图片和文字材料思考原因。

材料：中国的西南面和西面，是一系列世界上最高的山脉；东面，是浩瀚的太平洋；北面和西北面，是沙漠和大草原。而中国人还嫌这种隔绝程度不够，后来在北边又筑起了一道万里长城，以

---

① 朱寰.世界上古中古史[M].北京：高等教育出版社，2011：115.

加强与外部世界的隔绝程度……黄河流域在四个大河流域中条件是最好的，因为黄土的土质疏松，天然适合于农耕，人们仅仅利用原始的石刀木犁，就可以开辟大面积耕地。

——张宏杰《简读中国史：世界史坐标下的中国》①

学生由图文史料了解中国地理位置封闭程度相对较高，遇到的挑战较小，自然条件得天独厚，非常适合发展农业，也非常适合定居。稳定的农业形态，使得血缘纽带不断加强，一定程度上保证了自身发展的稳定性。中国的文明相对早熟且独立性强。由此，学生可深刻理解中华文明源远流长，加深对中华文明的自豪感和文化认同感。

初三的学生已经初步掌握绘制历史时间轴的方法。学生在自主绘制时间轴的过程之中，既培养了时空观念，对古代亚非各文明的发展历程也有了基本的了解。教师引导学生在时空条件下认识和考察历史，有利于学生在特定的时空中认识和了解古代亚非的各文明的代表性成果。其特点是既有共性，同时在发展过程之中又展示出各自的个性，体现了文明发展的多样性。

二、文明的代表性成果

孕育在大河之畔的古代亚非文明，虽有其共性，但在历史的发展中，也有属于自己独特的个性。通过了解古代亚非各文明的代表性成果，如古代埃及的金字塔、古巴比伦的《汉谟拉比法典》、古代印度的种姓制度和佛教，学生可以认识到世界文明的多样性。此部分的教学围绕三个大问题展开。1.为什么金字塔是古埃及文明的象征。2.《汉谟拉比法典》的内容和实质分别是什么？3.怎样评价印度的种姓制度以及佛教是如何建立和发展的？

---

① 张宏杰.简读中国史：世界史坐标下的中国[M].长沙：岳麓书社，2020：3.

(一) 古埃及的金字塔

对古埃及金字塔的学习要围绕一个核心问题展开:为什么金字塔是古埃及文明的象征? 基于此大问题,设计如下材料展示和问题。

材料:最大的金字塔是第 4 王朝的胡夫金字塔,其建筑师是胡夫的兄弟海米昂。该金字塔高 146.5 米,每边边长约为 230 米。据说该金字塔用了约 230 万块大小不等的石头,平均每块重约 2.5 吨。墓室原建在塔底,后又在塔内的中部建了墓室。此金字塔的入口在塔北面离地面 13 米处,呈三角形,从而使塔身的重量均匀地散开,不致将通道口压垮。

——吴于廑、齐世荣主编《世界史・古代史(上卷)》①

(1) 金字塔的用途是什么? 法老的权力有哪些?

材料:法老不仅要在金字塔下方的精美墓室里储备各种物资,还要在王陵附近建造各种设施以供自己在来世继续统治这个国家……阶梯状的金字塔成为法老登上天国的手段……对于建造吉萨金字塔的动机,最简单的解释就是,法老们变得痴迷于始终维护其至高无上的地位,也就是宣示其神性,而建造雄伟的陵墓无疑是实现这一目标的最佳手段。

——查尔斯・弗里曼《埃及、希腊与罗马——古代地中海文明》②

(2) 根据材料并结合所学,思考古埃及为什么要修建金字塔? 学生可得出修建金字塔体现了古埃及的宗教信仰和王权至上。

材料:使用坡道搬运石料是建造金字塔最切实可行的办法……坡道的最佳坡度为 1/12,即使特别沉重的石料,此时也能被轻易拖曳到高处(某些石块的重量竟达 200 吨)。坡道应垂直

---

① 吴于廑,齐世荣.世界史・古代史(上卷)[M].北京:高等教育出版社,2011:30.

② 查尔斯・弗里曼.埃及、希腊与罗马——古代地中海文明[M].李大维,刘亮,译.北京:后浪出版公司,2004:62.

于塔基建造，每当工作面升高一层，坡道就相应地加高加长以保持坡度不变。古人可能曾把石块固定在滑橇上，再把滑橇放置在滚木上，由一队队的劳工用绳索将之拖曳到指定位置。

——查尔斯·弗里曼《埃及、希腊与罗马——古代地中海文明》①

(3) 古埃及人民如何修建金字塔？通过材料启发学生思考并认识到古埃及金字塔的修建反映了古埃及人的聪明才智和创造力，金字塔是古埃及人民智慧的结晶。

材料：据推测，每当一年一度的洪水淹没农田时，闲来无事的农夫便会被征发。这恰恰与大众的既有印象相反。这些人被编入若干个小队。为了维持士气，小队之间可能还会相互竞争。每班劳工可能要工作3个月。

——查尔斯·弗里曼《埃及、希腊与罗马——古代地中海文明》②

(4) 当时的政府如何组织和管理参与金字塔修建的众多人员与物资？修建金字塔的工作持续数年，需要大量的劳动力。这充分显示了古埃及作为一个中央集权制的奴隶制国家调动全国人力财力的强大能力。

通过四个小问题引导学生展开对金字塔的学习，最后可组织学生分组讨论，总结要点，形成认知，深刻理解金字塔是古埃及文明的象征。金字塔反映了法老至高无上的政治权力，同时也是其宗教信仰的集中体现。金字塔的成功建造是古埃及科技文化发展的结果，是古埃及人民智慧的结晶。

(二) 古巴比伦王国《汉谟拉比法典》

《汉谟拉比法典》刻在高2.25米、周圈上部宽1.65米、底部宽1.90

---

① 查尔斯·弗里曼.埃及、希腊与罗马——古代地中海文明[M].李大维，刘亮，译.北京：后浪出版公司，2004：64.

② 查尔斯·弗里曼.埃及、希腊与罗马——古代地中海文明[M].李大维，刘亮，译.北京：后浪出版公司，2004：66.

米的一根黑色石柱上，于1901—1902年被法国考古学家穆尔根所率领的考古队发现，现存于法国的卢浮宫博物馆。教师可通过《汉谟拉比法典》的节选内容，引导学生了解古巴比伦王国的社会状况及该法典的特点，由此设计如下问题。

(1) 观察刻有《汉谟拉比法典》的石柱，思考其反映了古巴比伦王国社会状况如何？《汉谟拉比法典》石柱上端雕刻了汉谟拉比王恭敬地站在太阳神"沙马什"面前，正接受这一法典，下端雕刻了《汉谟拉比法典》的内容，这反映了王权的神化，统治者利用宗教的力量控制人民，维系其统治。

> 材料一：通过法典第15—20条和第116、199、213、219、231、252条，以及第278—282等条，可以明白地看出：奴隶被杀死，杀人者可不偿命，只对奴隶所有者赔偿等价的奴隶便可了结；奴隶是物件，是财产，不可损失，故逃奴不规定要杀死，只说应追回，物归原主，但藏匿逃奴者处死刑（第16—20条）；奴隶必须服从主人，不服从则受割耳之刑（第282条）。
>
> 材料二：刑罚中规定平民打贵族之颊罚银10舍客勒，奴隶打平民之子之颊，则处割耳之刑（第205条）；伤害大奴隶主之眼或折断其骨时，犯者自己刺伤其眼或折断其骨。如对中小奴隶主犯同一伤害时，罪人只须交付罚银一名那，如受伤者为奴隶则减半……毁人眼者毁其眼（第196条），折人骨者折其骨（第197条）……法典中第101—103条指出，小商人借款经商，即使没有获利，也要加倍偿还借款，第104条指出粮食、羊毛、油类和枣子都是商品。
>
> ——材料一、材料二均摘自李季谷《汉谟拉比法典中的古代巴比伦王国》①

① 李季谷.汉谟拉比法典中的古代巴比伦王国[J].历史教学问题，1958(8)：16－18.

材料三：法典第129条明文规定，丈夫是妻子的"主人"，是妻子的全权占有者，甚至可以决定妻子的生杀命运……第117条规定，为了偿还债务，家长可以将妻子、儿女出卖为债务奴隶，以保全自己的自由。

——李汝明《从汉谟拉比法典看古巴比伦的家长奴隶制》①

(2) 引导学生阅读以上材料一至材料三，思考法典的内容说明了什么？学生可以看到法典反映了古巴比伦王国具有强烈的阶级性，奴隶处于被压迫地位，没有人身自由。家庭奴隶制发达，男性家长对奴隶、妻子、儿女有生杀予夺的权力。古巴比伦王国的刑法严酷原始，以牙还牙、以眼还眼的同态复仇法普遍推行。古巴比伦王国的商品经济活跃，交易过程中主要维护奴隶主大商人的利益。整个法典维护的是奴隶主贵族的利益，是奴隶主贵族维系其统治的工具。

通过对法典内容的解读，学生对于古巴比伦王国的社会发展状况有了初步了解，教师可在此基础上引导学生思考最后一个问题：如何评价《汉谟拉比法典》？学生已意识到该法典是有局限性的。从内容看，它是为维护当时的社会等级制度和奴隶主利益而制定的，具有明显的不平等性并同时具有残酷性。但该法典也是有进步性的。从它作为迄今已知世界上第一部较为完整的成文法典来看，它通过用文字刻写下来反映了成文法的出现，是人类社会文明进步的表现。其客观性、规范化和公开化，有利于实现司法的公正。同时，它的存在也体现出人类社会的法制传统源远流长。

---

① 李汝明.从汉谟拉比法典看古巴比伦的家长奴隶制[J].河北省史学会通讯，1984(1)：61－64.

(三) 古代印度的种姓制度和佛教

1. 种姓制度

雅利安人进入印度后，经过长期的战争，征服奴役土著居民，按照人种和姓氏来区分人民，种姓制度就是一种等级制度。种姓制度在印度存在了上千年，对印度社会的影响相当大。为引导学生通过种姓制度透视印度文明的发展，教师可设计如下问题。

(1) 种姓制度的内容是什么？引导学生通过阅读来绘制关于种姓制度内容的思维导图，了解各种姓及其各自的权利和义务。

> 材料：种姓的高低不仅表现在观念上和职业分工上，而且以宗教礼仪为载体，在生活的各个层面表现出来。比如说，高种姓不可从低种姓处接受食物，高种姓与低种姓不可共用水源……各种姓都居住在村庄的固定区域，彼此间不可杂居……每一种姓都有自己的文化和生活方式，彼此之间不能相通。有人说，在印度，种姓主义比民族主义要流行，这就是为什么在印度历史上，国家基本上不能统一，外族十分易于入侵，其根本答案就在于此。
>
> ——钱乘旦《印度现代化进程中的种姓制影响》①

(2) 根据材料，概括种姓制度是如何隔离各个种姓的？学生通过阅读材料可知种姓制度下各种姓居住在固定区域，彼此不能杂居，各种姓都有自己的文化和生活方式，彼此间不能交融。印度在种姓制度下社会等级呈金字塔式，印度人民相互隔离，对印度人的生活方式和社会结构产生了深远影响。

> 材料一：1950 年印度宪法明确废除贱民制之后，原来的低级种姓进而区分为表列种姓、表列部落和其他落后种姓。表列种姓

---

① 钱乘旦.印度现代化进程中的种姓制影响[J].南京大学学报(哲学·人文科学·社会科学版)，1999(4)：94－101.

约占总人口15.7%,表列部落约占总人口7.7%,处于社会最底层。表列种姓只能住在村外,不能使用公共水井,不准进理发店、餐馆、学校和寺院等公共场所,也不允许经过高级种姓的住宅,人身安全得不到保障。表列部落则生活在偏远的山地和森林地区,长期与世隔绝,境遇更为悲惨。其他落后种姓约占印度人口的一半,与表列种姓和表列部落一起约占印度人口的四分之三。

材料二:印度的工会、农会等争取和保障劳动者权益的群众组织不仅按政党不同各立门户,而且因不同种姓的利益差异而无法团结一致,从而削弱了其战斗力,其作用也相应受到影响……不同种姓间的冲突至今仍是一些地区(特别是比哈尔邦、北方邦和中央邦等地)血腥仇杀的导火索,成为社会暴力的起源之一。

——材料一、材料二均摘自沈蓓莉《印度种姓制度面面观》①

(3) 印度种姓制度有什么影响?种姓制度在一段时间内有利于维护统治者的统治,但造成了社会的不平等,阻碍了印度社会的发展。印度独立后,种姓制较以往有所松弛,但种姓制度毕竟存在了上千年,对印度社会各方面产生的影响很难在短时间内消亡,始终是印度进步和强盛的基本障碍。由此,教师可以把古代印度文明和中华文明进行对比,出示以下材料。

材料三:民族通婚,形成了一张巨大、纵横交叉、盘根错节的婚姻关系网,把少数民族统治者和汉族地主阶级紧紧结合在一起,共同发挥政治影响,使北朝能有效地统治北中国二百年之久。而且,这种广泛的民族通婚,也使得“夷夏有别”的观念在人们头

---

① 沈蓓莉.印度种姓制度面面观[J].当代世界,2001(10):23-24.

脑中日趋淡漠，民族间的心理隔阂逐渐消失。

——施光明《北朝民族通婚研究》①

由此学生能认识到民族交融能促进国家统一，种姓隔离阻碍国家统一。中华文明始终以包容开放的姿态不断发展强盛。

2. 佛教

佛教是世界三大宗教之一，至今已经有2500余年的历史。在漫长的历史发展过程中，佛教对世界历史和文化曾经产生过深刻的影响。关于佛教的创立和传播，可设计如下问题。

(1) 佛教是怎样创立的？学生通过阅读教材等可知，佛教产生于公元前6世纪的古印度。创始人乔达摩·悉达多（释迦牟尼）相传是迦毗罗卫国（今尼泊尔提罗拉科特附近）净饭王之子，属于刹帝利等级。他自幼过着锦衣玉食的生活，而此时的印度正处在列国时代，战争频发，阶级斗争尖锐。这使乔达摩·悉达多开始思考人生，在其29岁时出家修道，以求解脱，35岁创立佛教，此后在恒河中下游一带传教40多年。

(2) 为什么佛教能一度成为印度的国教？

材料：早期佛教首先否定婆罗门教关于神能主宰人的命运的说教，不承认婆罗门僧侣的特权，其次指出刹帝利等级是人类社会形成之初，由人们选出的有德之士，用以正法治民，应居四等级之首……再次，早期佛教还主张消除宗教领域的不平等，提出“众生平等”的口号，认为各等级的人都可以削发为僧，都可以通过自己修行而摆脱苦难。

——朱寰主编《世界上古中古史》②

---

① 施光明.北朝民族通婚研究[J].民族研究，1993(4)：48－56.

② 朱寰.世界上古中古史[M].北京：高等教育出版社，2011：130.

学生通过材料可知道佛教否定婆罗门僧侣的特权，主张众生平等。这既满足了国王等军事贵族的统治需要和吠舍大商人的利益，也得到了底层民众的支持，对于反对等级制度有着积极意义。

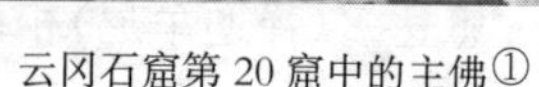

云冈石窟第 20 窟中的主佛①

斯里兰卡岛上的释迦牟尼佛像②

图 7-3　中印著名古代佛像对比

(3) 公元前 3 世纪左右，佛教开始分南北两路向外传播：向南传到斯里兰卡乃至缅甸以及东南亚地区；向北传到中亚乃至中国，以及日本、韩国等东亚地区。由此，佛教在世界范围产生了广泛的影响，佛教的世界宗教局面已经形成(见图 7-3)。对于佛教传播到中国产生了怎样的影响，学生结合七年级上册所学内容，知道佛教的传入丰富了中国文化，在社会、思想、文学以及建筑、雕刻、绘画等方面产生深远影响。以雕刻为例，佛教传入中国后，中国各地寺院中都有了中国佛教徒用智慧与意志力建造的特色佛教建筑群。佛教石窟的造像可谓是融汇了中外艺术成果的结晶，像敦煌石窟、大同石窟和大足石刻等，都已经成为我国宝贵的民族文化遗产，吸引千万人前去瞻仰，是中国传

---

① 中华人民共和国教育部.世界历史(七年级上册)[M].北京：人民教育出版社，2016：94.

② 中华人民共和国教育部.世界历史(九年级上册)[M].北京：人民教育出版社，2016：13.

统文化的重要组成部分。

通过对古代文明代表性成就的了解，学生能够更加理解、尊重各国文化，通过学习、认识、理解这些优秀文化，将情感内化于心。

三、文明的交流互鉴

通过了解古代亚非文明，包括古代埃及、古代两河流域、古代印度和古代中国，学生会发现各个文明都不是孤立存在的。自文明伊始，各个文明的交流已然开始，在交流中互学互鉴，深刻影响着世界文明的发展。教师可在该板块围绕文明的交流设计如下问题："古代文明之间的交流互鉴是怎样发展的？"并围绕这一核心问题展开。

> 材料一：最显著的发明如青铜技术、马车，以及小麦、大麦、马、山羊、绵羊，都是从中亚传入中国的……与外部世界的交流刺激了中国社会政治与技术的发展。外来技术被中原居民改造，并被纳入本土的社会政治与精神观念系统。
>
> ——刘莉、陈星灿《中国考古学：旧石器时代晚期到早期青铜时代》①
>
> 材料二：思想和技术从一个文明传到另一个文明常常需要几个世纪之久。最重要的并非由征服所引起的文化传播……公元8世纪中国发明了印刷术，11世纪发明了活版印刷，但直到15世纪这一技术才传到欧洲。造纸术公元2世纪出现于中国，7世纪传到日本，8世纪向西传播到西亚，10世纪到北非，12世纪到西班牙，13世纪到北欧。中国的另一项发明——火药，产生于9世纪，

---

① 刘莉，陈星灿.中国考古学：旧石器时代晚期到早期青铜时代[M].上海：三联书店，2017：17.

几百年后它才传到阿拉伯国家，14 世纪才到达欧洲。

——塞缪尔·亨廷顿《文明的冲突与世界秩序的重建》①

(1) 引导学生根据材料概括古代文明交流的方式，并结合所学分析其影响

古代文明的交流这块内容，知识点分散，学生可以结合七年级所学内容进行分析。由教师补充材料，学生根据材料并结合所学了解人类文明各自独立产生、交相辉映的发展历程，了解古代文明在科技文化等领域的互学互鉴，其交流是双向甚至多向相互作用、相互影响的过程。各文明在互学互鉴、互促互进的过程中推动了自身的发展，丰富和发展了人类文明的形态。由此培养理解和尊重世界各国、各民族的文化传统。教师可引导学生思考中国历史与世界历史的关联，中国文明对世界发展作出了突出贡献。

(2) 中华文明对世界文明发展产生了怎样的影响？

材料一：《各国博物馆馆藏》(图 7-4)

美国大都会艺术博物馆藏
17—18 世纪中国外销瓷器

阿富汗国家博物馆藏
“双龙之神”头饰(公元 25—50 年)②

图 7-4　各国博物馆馆藏

---

① 塞缪尔·亨廷顿.文明的冲突与世界秩序的重建[M].周琪，等，译.北京：新华出版社，2021：28.

② 窦兆锐.中华文明在交流互鉴中彰显魅力——访清华大学张国刚教授[J].历史评论，2021(1)：15－24.

材料二：中国自秦汉建立起一套文官制度和科层管理体系，乃至有西方学者称秦汉属于“modern state”（现代国家）。欧洲近代文明的形成与发展，也吸收了中华制度文明因素。中国的科举制度、司法制度、监察制度、谏议制度是文官制度的重要组成部分，也成为西方议论、借鉴的重要内容。法国的新君主主义者甚至把中国制度作为“开明专制”的代表，视为社会改革的他山之石。

材料三：中国创造出不同于其发源地的新文化和新思想。这一点以佛教最为典型。以禅宗为代表的中国佛教是对人类文明的贡献，以飞天为代表的佛教衍生文化（绘画、雕塑、俗讲、音乐等）也是人类艺术宝库中的瑰宝……1685 年，“四书”的拉丁文译本在欧洲出版，三年后法文本也正式发行，被称作“国王的科学”（或许可译为“王者之道”）。中国出口欧洲的丝绸、瓷器、壁纸、家具上的图案，也刺激了艺术家的创作灵感，促进了洛可可风格在园林、建筑、绘画等方面的创新。中国的诗歌、小说、戏剧被翻译成欧洲文字，引起伏尔泰、歌德、席勒等文人雅士的兴趣，丰富了欧洲的文学和艺术内涵。

——材料二、材料三均摘自窦兆锐

《中华文明在交流互鉴中彰显魅力》①

中华文明对世界文明的贡献是多方面的，大致可分为制度层面、思想层面、科技层面。学生结合所学很容易理解科技层面的影响，如造纸术和印刷术的外传促进了知识的传播与交流，推动了世界的发展；火药的传播推动了世界军事的变革和欧洲社会的变革；指南针的传播为远洋航海创造了条件。对于思想层面和制度层面，学生可结合

① 窦兆锐.中华文明在交流互鉴中彰显魅力——访清华大学张国刚教授[J].历史评论，2021(1)：15－24.

相关的图文材料进行分析，如中国远销海外的瓷器上描绘了中西方的生活场景，融汇了东西方的艺术风格，“双龙之神”的头饰融入了中国文化的色彩。学生在问题的探究中和材料的解析中，能够认识到中华文明对世界文明所作的贡献，培养立足中国、面向世界的视野和胸怀，初步树立构建人类命运共同体的意识。

学生通过学习了解古代亚非文明，包括古代埃及、古代两河流域、古代印度和古代中国，认识到它们之间既有共性，如类似的地理环境、发展历程、政治上的集权等；通过了解其成果，认识到它们在发展过程之中又有各自的个性，体现了世界文明的多样性。古代文明绝不是孤立存在的，它们或多或少都与其他文明有交流和借鉴。我们要在与外来文明的交流互鉴中立足本土传统文明的特质和时代发展的需要，对其他文明选择性吸收创造，推动自身文化丰富多彩，同时也能刺激其他文明自身的发展和进步。在文明交流中各要素的双向甚至多向流动，推动了人类文明的发展进步，体现了世界文明的多样性。由此，学生对于世界文明的多样性和文明的交流互鉴有了更深层次的认识，理解了要尊重世界文明多样性，通过文明的交流互鉴促进人类整体文明的进步，构建人类命运共同体，厚植家国情怀。

第三节　古希腊与古罗马：围绕唯物史观的“问题教学”①

《义务教育历史课程标准（2022 年版）》对初中历史教学提出了新的要求，指明了新的方向。在该新课标中，对课程的实施有明确的指导意见，除了对每一课的内容要求与学业做出要求之外，还对教学内

① 本节内容拟刊发于《中学历史教学参考（中旬·学研）》2025 年第 4 期，略有改动。

容的整合提出了更高的要求。这意味着教师在接下来的备课和教学过程中，需要将思路从以单一课程为备课单位，转向以整个单元、整个学习主题为备课单位，即从宏观的视角来重新整合教学资源，设计课程。

教材中的课程内容本身往往是按照历史时序进行设置的，但随着新课标的公布以及初中阶段核心素养的提出，固定的课程设置与灵活的课标要求之间往往会出现一定的偏差。以九年级上册第二单元为例，教材中的第二单元由三课组成。其中第 4 课介绍了希腊城邦的概况，以及亚历山大帝国的崛起；第 5 课介绍了罗马从城邦时代到帝国时代的兴衰历程；第 6 课则单独介绍了古希腊—古罗马文明灿烂的文化成就。这样的课程安排既体现了历史学科的时序性，又照顾到了初中学生的具体学情，但古希腊和古罗马被分别安排在不同的课程之中，彼此之间的时空联系和逻辑联系都不明显。新课标则更加注重两者同为地中海文明之间的共性，注重课程内容的整合，这显然是与教材原本的安排有差异的。

虽然第二单元的课程设置与新课标的要求并不完全吻合，但教师却可以充分发挥自己的主观能动性，按照新课标的思路，从“问题教学”的角度对上述三课进行合理重组，以期更好地落实核心素养的培养，达成新课标要求。

一、依课标，定目标

既然希望按照新课标的导向来进行单元课程设计，那么教师首先就需要按照新课标的要求来提炼单元主题，拟定教学目标。这就需要教师详细阅读新课标要求，重点分析教材结构与单元内容，才能完成对单元主题的提炼和对教学目标的拟定。

(一) 提炼单元主题

新课标对世界古代史的教学有一个整体上的要求，即要引导学生认识人类文明起源的多源性和文明特征的多元性。从第二单元的具体课程内容来看,教材第 4 课开篇即介绍了古希腊文明起源的地理位置和自然环境,课程内容则集中于介绍古希腊独具特色的城邦制度和民主制度。与第 4 课相似,教材第 5 课亦是从古罗马文明的地理起源说起,先后介绍了罗马共和国时代独特的政治制度和法律精神,随后简要介绍了罗马帝国的兴衰。教材第 6 课则对希腊与罗马在神话、文学、艺术、建筑、哲学和法律等领域的古典文化成就进行了详细介绍。综合上述三课内容可以看到,教材都凸显了古希腊—古罗马在地理起源、政治体制、文化成就等诸多方面的独特性。从整个世界古代史的教材设计来看,凸显欧洲的独特性,正是为了与教材中亚非文明的独特性,以及美洲等文明的独特性相结合,在学生的意识中构建起"人类文明的多元性"这一概念。

由此,将教材的课程设置与新课标的要求相结合,笔者将单元教学设计的主题设置为"古希腊—古罗马——源起地中海的古代欧洲文明",其与第一单元的"大河之畔的古代亚非文明"、第三单元的"基督教统治下的中古欧洲"、第四单元的"中古时代的阿拉伯与日本"等单元学习主题,共同构成了九年级上册教材最为重大的一个主题:多元化的世界古代文明。

(二)拟定教学目标

新课标对上述三课的教学有如下要求:"(使学生)知道建立在奴隶制基础上的希腊城邦与罗马共和国,了解希腊、罗马的古典文化成就,以及亚历山大帝国、罗马帝国对文化传播和交流的作用。"①在新课标的指引之下,教师首先要整合教材中相对零散的知识点,搭建起

---

① 中华人民共和国教育部.义务教育历史课程标准(2022 年版)[M].北京:北京师范大学出版社,2022:29.

“问题教学”的基本框架。根据核心素养的培养要求，可以拟定以下问题结构。

首先，本单元的最高层级问题，即单元大问题可以拟定为“古希腊—古罗马文明如何体现文明的多元化？”。其次，将这一单元大问题按照学情予以拆分，可呈现为三个课程小问题，即“古希腊—古罗马文明在政治制度上有何特征？”“古希腊—古罗马文明在文化上有哪些成就？”“古希腊—古罗马如何促进了文明的交流？”。

接下来将上述三个问题分别投射于第二单元的三课内容，即第4、5、6课中，形成每一课教学中的核心问题。在教学中，围绕这些问题展开对核心素养的落实，进而完善教学设计。下面将按照三个步骤来实施教学以进行问题的解决与重组。

1. 引导学生通过阅读材料，理解古希腊城邦与罗马共和国独特的政权组织形式与其奴隶制经济基础之间的联系。在这一过程中，锻炼学生的史料实证能力，帮助学生理解经济基础与上层建筑之关系，初步引导学生从唯物史观的角度来审视和思考问题。在思考这一辩证关系的过程中，学生已经能够掌握“古希腊—古罗马文明在政治制度上有何特征”这一核心问题的答案。

2. 通过对古希腊和古罗马的文化成就进行分门别类，提升学生对史料的归纳整理能力。在初步了解古希腊—古罗马文化成就的基础上，引导学生探寻文化成果与其经济政治背景之间的关联，从而锻炼学生的历史解释能力。经过整理，学生自然就解决了“古希腊—古罗马文明在文化上有哪些成就？”这一课程小问题。

3. 通过引导学生观察亚历山大帝国与罗马帝国的版图，以及对亚历山大帝国和罗马帝国建立前后的历史时空进行图形上的重构，在培养学生时空观念的同时，帮助学生理解古代世界各文明间的文化交流与传播，让学生自然产生胸怀国家、放眼世界的家国情怀，同时对“古希腊—古罗马如何促进了文明的交流”这一小问题予以解决。

上述教学步骤在实施过程中,充分考虑到了新课标的要求与教材设置之间存在的偏差。在利用和整合教材资源的同时,遵照新课标对本单元的内容要求,对课程进行拆分重组,最终构建更加有利于落实新课标与核心素养的问题教学体系。

二、塑课时,提素养

明确了单元大问题,拟定了教学目标之后,在新课标的指引下,进一步将本单元的教学内容进行拆分重组,重新设计为三个课时。这三个课时不仅要体现“问题教学”的要求,更要将核心素养的培养落到实处。

(一)课时一:思辨奴隶制经济与古希腊—古罗马制度

新课标关于本单元第一部分的要求是使学生“知道建立在奴隶制基础上的希腊城邦与罗马共和国”。奴隶制经济与希腊城邦、罗马共和国的关系,符合马克思主义唯物史观中“经济基础决定上层建筑,上层建筑反作用于经济基础”的基本原理。换言之,新课标正是基于培养学生以唯物史观看待问题而提出此要求。为此,针对本课时提出的课程小问题设置为“古希腊—古罗马文明在政治制度上有何特征?”。

为了达成课标要求,回答课程小问题,首先应当梳理教材资源。教材在第 4 课与第 5 课中,侧重于讲解古希腊的城邦制度,着重解读了雅典的民主政治,以及罗马共和国以元老院为核心的政治体制。换言之,教材的着力点在雅典民主制、罗马共和国等“上层建筑”的解读上,教师要做的,就是引导学生理解这些上层建筑与其奴隶制经济基础之间的关系。

在本课时教学中,教师可首先给予学生自主阅读的时间,由学生浏览教材上关于古希腊和古罗马发展历程的叙述，重点梳理雅典民主制和罗马元老院的各个行政机构，并简要了解亚历山大帝国与罗马帝国崛起的史实。通过上述步骤，学生能够对希腊城邦制度和罗马共和制度有初步的认识，教师则应当进一步引导学生探索希腊罗马奴隶制制度与奴隶制经济之间的关系。鉴于教材中对这部分内容的阐述有限，有必要在这时添加两则材料予以补充说明。

材料一：希腊的工作由谁来做？绝大多数是由奴隶做的。公民鄙视劳动……为生活而工作被认为是卑贱的……只有了无牵挂，才能有时间为政府、战争、文学及哲学效力……在科林斯、麦加拉及雅典，大多数的劳役由男性奴隶做，大多数家庭里面的杂役归女奴做，但奴隶也在各工业、商业及金融方面负责大量文书及部分行政工作。

——《文明的故事2：希腊的生活》①

材料二：长期的对外掠夺，（让罗马）俘获了大批奴隶……数以万计的奴隶大军，为大农庄、大果园、大牧场、手工业作坊和矿山等生产领域广泛使用奴隶劳动提供了条件……奴隶往往会被带上镣铐，额上打着烙印，在奴隶主的皮鞭驱使下，从事各种繁重劳动。奴隶已成为罗马社会的主要劳动者，同奴隶主阶级之间的矛盾已构成罗马社会的主要矛盾。

——《世界上古中古史》②

通过阅读这两则材料，向学生提出以下两个问题。

(1) 综合对比材料一和材料二，能够看到希腊城邦与罗马共和国在经济结构上有什么相似之处？

---

① 威尔・杜兰特.文明的故事2：希腊的生活[M].北京：天地出版社，2018：824.

② 朱寰.世界上古中古史[M].北京：高等教育出版社，2007：234.

（2）综合材料与所学知识，请思考并回答：希腊城邦制和罗马共和国的政体对维持奴隶制经济有何重大意义呢？

提出上述两个按照难度梯度分布的问题，既是引导学生思考经济基础与上层建筑之间的辩证关系，也是对新课标具体要求的落地。通过对两则材料的阅读，学生能够看到，希腊城邦和罗马共和国都采取的是奴隶制经济，奴隶是最重要的劳动力和经济支柱。通过材料与教材内容的结合与对比，学生可以清晰地看到，虽然课本中详细阐述了雅典全体公民共同执政的优越性，也介绍了罗马贵族与平民之间经过长期斗争与妥协而建立起的共和国制度，但是这些未来欧洲政体的雏形，却是建立在残酷的、对奴隶的剥削之上的。无论是雅典的民主制，还是罗马的贵族共和国制度，都是作为统治阶级的奴隶主彼此之间相互妥协的产物。这份妥协只是发生在拥有私产的古希腊公民或古罗马平民与贵族之间。无论建立了怎样的政体，无论是召开雅典的公民大会还是古罗马平民与贵族展开的斗争，其最终目的都是更好地管理奴隶，剥削奴隶，以及扩大奴隶的来源，从而更好地维持奴隶制经济的运行。

（二）课时二：整合奴隶制经济所缔造的古希腊—古罗马文化

在第一课时的学习之后，学生已经能够初步感知经济基础对上层建筑的决定作用。在第二课时中，学生能看到古希腊—古罗马独有的政治经济体制，为其独特文化产物的诞生奠定了基础。在本课时中，学生的主要任务在于探寻“古希腊—古罗马文明在文化上有哪些成就”，并探寻文明的经济基础与文化水平之间的关系。教材中详细介绍了古希腊和古罗马在文学、雕塑、建筑等各个领域的成就。在完成阅读之后，教师可引导学生根据“涉及领域”一栏，自行完成对表 7-1 中“典型文化成就”的填写。

表 7-1　古希腊与古罗马文化成果汇总

涉及领域	典型文化成就	出现年代、地点
文学	《荷马史诗》	"黑暗时代"、古希腊
雕塑	宙斯像	公元前 5 世纪中期、雅典
	掷铁饼者	公元前 5 世纪中期、雅典
建筑	帕特农神庙	公元前 5 世纪中期、雅典
	万神庙	公元前 27 年、罗马帝国
	大竞技场	公元前 72 年、罗马帝国
哲学	德谟克利特"原子论"	公元前 5 世纪中期、雅典
	苏格拉底	公元前 5 世纪中期、雅典
	亚里士多德	马其顿—亚历山大时代
法律	《十二铜表法》	公元前 451 年、罗马共和国
历法	儒略历	公元前 45 年(颁行)、罗马共和国,公元 4 世纪(推广)、罗马帝国

在这一过程中,学生通过纵览教材,不仅能够直面古希腊—古罗马灿烂的文化,从而达成"学习和理解世界各国的优秀文化传统"①的家国情怀培养目标,而且能够通过教材上对如亚里士多德所涉足的诸多学科领域的描述体会到其对后世的科学发展所起到的奠基作用,从对古希腊、古罗马的建筑艺术对后世建筑风格的影响,儒略历为日后公历的诞生打下基础等描述,看到古希腊—古罗马时代在文学、法律、哲学、建筑、艺术等领域对近现代欧洲的奠基作用。

在表 7-1 填写完成之后,教师可向学生展示表格中"出现年代"一栏的内容,并以此引导学生思考经济繁荣与文化发展之间的关系。通过观察完整的表格,学生可以看到,古希腊与古罗马的大部分文化成就,都诞生于两大文明奴隶制经济最为繁荣的时代,即公元前 5 世纪

---

① 黄牧航,张庆海.中学历史学科核心素养的教学与评价[M].北京:人民教育出版社,2020:104.

中期——伯里克利时代的雅典，以及罗马共和国—帝国的交替时代。由此，学生可以得出结论：经济的发展水平决定了文化的繁荣程度。当然，学生也能够从表 7-1 中看到，古代的希腊文化远比罗马文化灿烂，客观上讲，罗马文化确实除了精确的法律、恢弘的建筑外，“在文学、艺术、哲学等方面基本上都是拾希腊人之牙慧”①，但古罗马却能够凭借更加持久繁荣的经济支撑，使自身的文化影响力最终与古希腊文化并驾齐驱，这不得不说是再次印证了经济发展决定文化水平的结论。上述构建表格、思考经济与文化之关系的过程，也是锻炼学生历史解释能力的过程。

（三）课时三：放眼帝国的扩张与欧亚文明的交流

通过课时一与课时二的学习，学生已经扫清了课程的知识盲点。在第三课时中，教师可以进一步拓展学生的视野，将古希腊—古罗马放置于人类历史的大格局之中，以历史地图为辅助工具，以历史时空的重构为主要方式，落实新课标所要求的使学生了解亚历山大帝国与古罗马帝国在文化交流方面所造成的影响，从而解决“问题教学”中的最后一个问题，即“古希腊—古罗马如何促进了文明的交流？”。

在本课时的开篇，教师可首先引导学生阅读课本中有关亚历山大帝国与罗马帝国建立的子目，并充分结合教材上的地图，简要介绍亚历山大帝国的崛起过程，以及罗马在共和国与帝国时代的扩张。通过观察地图，学生对这两大帝国的疆域有了大致的认识，但对于帝国的建立与扩张在古代世界的影响，尤其是文化的交流与传播方面的影响尚没有明确的认识，所以需要教师设计专门的教学环节，对学生予以帮助和提升。在本课时中，考虑到学生的实际学情，为了以简要的方式培养学生的时空观念，教师可采用重构历史时序和历史空间的方

① 赵林.西方文化的传统与演进[M].北京：中信出版社，2021：79.

式，将亚历山大帝国与罗马帝国建立前后周边形势的时空变化进行重构，形成图 7-5。显然，相比信息量巨大的历史地图，图 7-5 的两组形势推演图无论是在构图上，还是在信息量上，都是历史地图的简化版本，能够帮助学生更加直观、更加准确地解决问题、探究变化。

在引导学生观察图 7-5 之后，可以向学生抛出问题：图中呈现的时空演变，会对当地的文化发展造成怎样的影响？

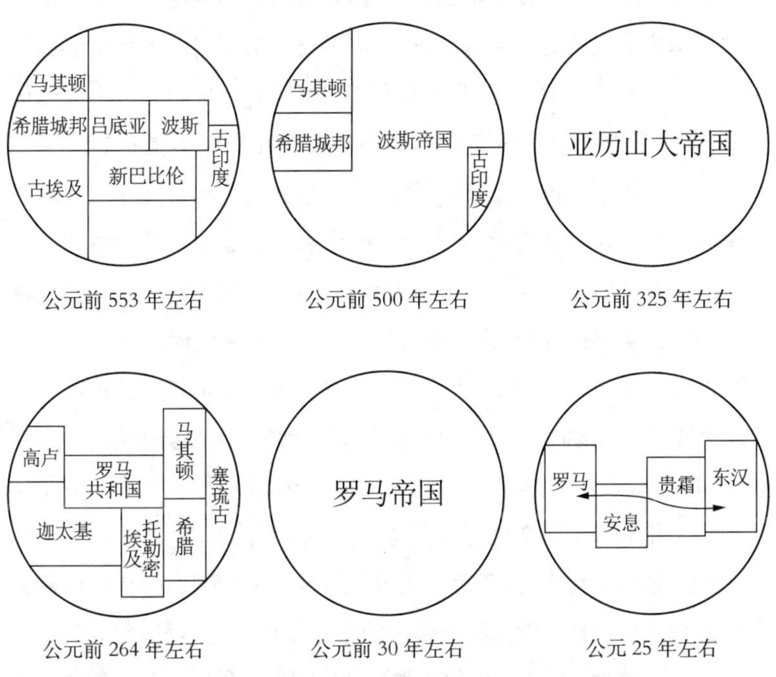

图 7-5　亚历山大帝国与罗马帝国发展推演图

学生通过观察、思考与讨论，能够总结出以下结论。

1. 帝国的建立打破了多个文明之间的界限，为文化交流提供了平台

实践证明，这一结论是大多数学生都能够得出的。在图 7-5 中，学生通过横向观察第一排的三幅形势图，可以明显看到两河流域在波斯

帝国的统治之下成为一个统一的整体，而随后亚历山大征服了包括希腊世界和波斯、印度河流域的广大区域。帝国的征服与建立，也使得古代的希腊文化、波斯文化、两河流域文化，以及古埃及文化甚至古印度文化，在历史上第一次被容纳到了同一政府的管辖之下。同时，这些古文明所拥有的灿烂文化也第一次实现了在同一国度中的自由碰撞，相互交融。

通过对图 7-5 中第二排形势图的横向观察，学生能够看到伴随着从共和国到帝国的时空演变，罗马帝国最终完成了对地中海世界的征服。通过三个课时的学习，学生能够认识到，与短命的亚历山大帝国不同，罗马帝国无论是在存在时间还是在文化影响力上都超过了前者。罗马帝国的稳定存在，让古代地中海世界第一次出现了文化上的大交融。对于这一结论，教师可以适时带领学生在上一课时的内容中找到诸如万神殿和大竞技场融入希腊建筑风格、儒略历滥觞于古埃及太阳历等诸多确凿证据，证明罗马扩张对文化交融的促进。

2. 帝国的崛起与建立，大大拓展了其主流文化的影响范围

在得出上述第一个结论的基础上，部分学生还能够总结出第二个结论，即两次帝国的崛起在带来文化大交融的同时，也大大拓展了作为主流文化的古希腊文化与古罗马文化的影响范围。

就古希腊文化而言，亚历山大帝国所推动的“希腊化时代”的巨大影响确凿可见。在摧毁了波斯帝国的百年统治之后，亚历山大急于巩固自己急速膨胀的帝国，而他采取的措施，除了在政治上拉拢波斯贵族，在宗教上拉拢埃及祭司外，还尤其希望通过推广希腊文化，在帝国内建立起一种以希腊文化为中心的多元文明共同体，并希冀在长期的统治之中，融合各地区各民族的文化，最终形成使希腊、埃及、波斯、印度等诸多文化和谐于一体的文化大熔炉。他的这一坚定想法显然在西亚与中亚地区产生了深远悠久的影响。中亚的巴克特里亚，在亚历

山大去世之后的一个多世纪中，其官方用语依然是希腊语；古印度孔雀王朝的阿育王为了照顾其治下说希腊语的人群，不得不在一些法令中附带希腊文翻译；除此之外，甚至在今天塔吉克斯坦出土的石质祭坛和阿富汗出土的贵族墓葬中，都能找到希腊碑文和希腊艺术品。①

尽管如上文所说，古罗马文化远比不上古希腊文化那样灿烂多彩，但古罗马依然形成了以法律和宗教为代表的主流文化。就法律而言，罗马法是世界法学的渊源。今天中国的法学教科书中谈及民法的沿革，也是从罗马法讲起的。②古罗马文化另一重深远影响则体现在对基督教的推广。虽然罗马帝国确立基督教的国教地位实属被迫，但帝国长期的统治，让人们习惯于统一，建立"一个人类的家庭、一个公教、一个普遍的文化、一个世界性的国家"③的观念深深影响着其治下的民众。正是这种观念推动了基督教的跨地域传播，并最终缔造了欧洲基督教文明的雏形。

除此之外，学生也能够在这张简图上看到汉帝国。根据之前七年级的学习，学生不难总结出汉帝国在中华文化的形成和拓展方面的贡献。事实上，汉帝国的建立的确大大拓展了以儒家思想为精髓的中华文化的影响范围。有关汉帝国的思考，也更能够帮助学生从中国的视角再次印证"帝国建立拓展其主流文化"这一结论。

三、组问题，成结构

至此，在充分研究新课标要求与核心素养培养目标的基础上，"问题教学"对本单元内容进行的拆分重组，以及重组后的三课时内容对

---

① 彼得·弗兰科潘.丝绸之路：一部全新的世界史[M].邵旭东，孙芳，译.杭州：浙江大学出版社，2017:6－7.

② 魏振瀛.民法(第七版)[M].北京：北京大学出版社，2017:201.

③ 罗素.西方哲学史(上)[M].北京：商务印书馆，1963:355－356.

课程小问题的回答，都已经通过教学活动完成既定目标。三个课程小问题的分别解决，已经为单元大问题的解决奠定了坚实的基础。在课程的最后，教师可以引导学生将三个已经完成的课程小问题的答案予以重新梳理和总结，形成一套完整的第二单元的知识体系。构建这一知识体系的最终目标，是帮助学生解决“古希腊—古罗马文明如何体现文明的多元化”这一单元大问题。

学生通过对本单元内容的学习，在第一课时中显然已经感受到了古希腊民主政治的魅力与罗马共和国复合政体的强大力量，在第二课时中见识了古希腊在雕塑、文学、哲学上的灿烂成就，以及古罗马在建筑与法律方面取得的荣耀成果，在第三课时中追随亚历山大东征的脚步，见证了“希腊化时代”文化间的碰撞与交流，并伴随着罗马征服的过程，感受到了罗马帝国对文化多元性的推动和包容。在这样一系列学习的基础上，学生已经能够对本单元的单元大问题给出合理而完善的回答。这意味着原本被拆分开来的单元大问题，在这时已经具备了重组的可能。

至此，学生在三课时学习的基础上，已能够将古希腊—古罗马的文明多元化特征概括为“拥有民主制城邦国家形态，文化全面繁荣的古希腊文明”与“拥有复合型政体，在建筑与法律上独树一帜的古罗马文明”，同时，通过亚历山大东征与罗马的对外征服，文明的多元化特征又在战争与交融中得到了进一步的塑造，文化的韧度和包容度都得到了提升。至此，这一单元的“问题教学”告一段落。

第四节　“问题教学”与步入近代的欧洲

初中新课标颁行之后，大单元、大概念等新课标所倡导的宏观教学思路逐渐在中学历史教学界掀起热潮。考虑到具体学情的不同，贸然从单元视角或者概念视角入手展开教学设计，未必能够达到期待的教学效果，而且考虑到一些学校和地区的学情水平本就存在差异，如果教师一味追求热门的教学方式，强行将“大概念”或者“大单元”教学植入到自己的课堂中，有可能适得其反。因此，笔者主张将一切教学的落脚点放在学情与教材之上，倡导实施宏观与微观思路相结合、更加贴近教材与学情的“问题教学”。

在教学设计的过程中，“问题教学”以问题体系的架构为先导，以问题的逐层解决为主要教学过程，追求开发教学资源，调动学生思维。以下以部编版教材九年级上册第五单元为例，探讨“问题教学”的具体思路和实施步骤。

一、单元分析与问题架构

部编版教材九年级上册的第五单元，是具备承上启下意义的单元，也是可以被视作九年级上册内容分水岭的单元。在第五单元之前，九年级上册的教材以四个单元的内容，分别介绍了古代亚非文明的诞生与发展、古代希腊与罗马代表下的欧洲文明的兴起、中世纪时期的西欧与拜占庭帝国、中古时期的阿拉伯帝国与日本。总结起来，九年级上册第一到第四单元的共同跨单元主题就是“古代世界文明的多元化”。但是伴随着第五单元的开始，世界历史的中心不再是亚非拉诸文明，而是以资本主义形态强势登场的近代欧洲。至此，人类历史进入了近代史，开启了欧美资本主义列强崛起与瓜分世界的黑暗历史。由此可见，第五单元的划时代意义不同凡响。

第五单元一共包含四个课时的内容，涵盖中世纪中后期欧洲商品经济的发展与资本主义的萌芽、文艺复兴的兴起、新航路的开辟与殖民扩张时代的到来。换言之，第五单元的单元主题就是走入近代的欧洲。从更加宏观的视角来看，世界近代史最重要的主题之一即是资本主义的崛起与扩张，第五单元所讲述的，正是欧洲从中世纪走向资本主义时代的历史。

由此，结合单元主题与教材内容，按照“问题教学”的思路，将本单元的单元大问题设置为“欧洲如何从中世纪过渡到资本主义时代？”毫无疑问，这一问题过于宏观，对于初三年级的学生而言，刚刚从文明多元化的主题中走出来，显然是无法驾驭这一全新的单元大问题的。因此有必要将这一单元大问题按照课时结构拆分成三个次级问题，即“中世纪晚期，欧洲经济领域出现了怎样的变革？”“中世纪晚期，欧洲思想领域出现了怎样的变革？”以及“地理大发现对欧洲历史发展进程产生了怎样的影响？”虽然相较于单元大问题，这三个次级问题已经具体了不少，但如果希望真正将“问题教学”落实到教学之中，还需要将这些次级问题与课程内容深入结合，将之进一步拆分为课程小问题，以使问题架构落地。所有课程小问题的设置，都是以调动学生的思维为最终目标。在教学过程中，学生的素养也能够得到提升。

最终，依照上述要求，形成了如图 7-6 的问题架构。

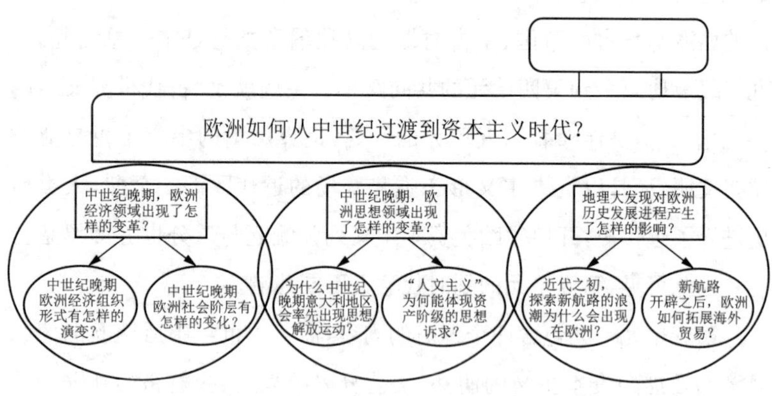

图 7-6　欧洲从中世纪过渡到资本主义时代的问题架构

在完成问题层级的架构之后，形成了类似于“火车头”的体系（见图 7-6）。通过这个“火车头”造型的问题结构，我们不难发现，所有层级的问题相互关联，逻辑紧密。单元大问题构成了“火车头”的主体，而三个次级问题及其所属的课程小问题，构成了紧密相连、环环相扣而又滚滚向前的逻辑联系。整个问题体系的解决过程，即是对单元内容的重组和掌握的过程。学生的素养与能力也能够在这一过程中得到提升。

二、问题体系的渐次突破

虽然“火车头”问题体系看似复杂，但在实际操作中，单元大问题是最高层级的，在教学中并不会直接抛给学生。次级问题虽然具体不少，但是其层级依然是高于课程的，在事实上也不能由学生自行解决。在整个问题体系中，学生能够直观接触并予以解决的，是位于体系底层的六个课程小问题。这些小问题基本是根据教材内容提出的，学生在学习相应课程过程中就能够予以解决。课程小问题的答案，就能够进一步构成次级问题的答案。当三个次级问题得到解决之后，单元大问题的解决也就水到渠成。换言之，整个问题体系的解决，是由下而上的过程，学生能够在这一过程中充分感受到逻辑的推演。事实上，抽丝剥茧般的思维方式与层层递进的研究方法，就是历史学最基础也最实用的基本功。学生越早掌握这门技术，越早熟悉这种思维方式，就越早能够感受到历史学科的魅力。

(一) 第13课与欧洲经济的蜕变

在整个第五单元中，九年级上册教材第13课的内容最为充实，其时间跨度横跨若干个世纪，从中世纪中后期农业、手工业生产组织形式的变化，到商业繁荣之下新阶级的萌芽，再到中世纪后期欧洲社会阶层渐次发生的变化。换言之，本课所对应的历史时期，是欧洲经济从封建经济向资本主义经济发展的关键时期。本课在课程结构上相对比较松散。教材在开篇对中世纪中后期的农业活动及其变化进行了描述，随后说明了中世纪手工业出现的变化。在此基础上，教材又阐述了农业和手工业产品的商业化，以及中世纪后期商业的崛起。在三大产业的发展历程梳理完成后，教材又针对社会阶层的变化进行了进一步的阐述，即富裕农民、手工业者与商人逐渐形成早期资产阶级，并且通过自己的方式抬高身价等史实。虽然课程结构看似松散，但事实上，只要教师能引导学生围绕两个课程小问题进行思考，那么本课的线索脉络自然清晰明了。

1. 经济组织形式的演变

在学习了本课的第一子目的内容后，教师可以引导学生阅读教材，总结完成表 7-2。

表 7-2　欧洲中世纪农业与手工业发展变化

经济领域	农　业		手工业	
经济组织名称	庄园	租地农场	家庭手工作坊	手工工场
生产组织形式	领主—佃户（契约关系）	农场主—雇农（雇佣关系）	家庭分散生产	工场主—手工工人（雇佣关系）
主要特征	自给自足	产品商业化	自给自足	产品商业化

马克思主义唯物史观告诉我们，“一切重大历史事件的终极原因和伟大动力是社会的经济发展”①。通过对表 7-2 的填写，学生能够清晰地看到，中世纪晚期欧洲农业与手工业在商品化的基础上与商业形成合流，是其由封建经济向资本主义经济发展的关键一步。

在农业领域，之前中世纪史的学习让学生早已了解庄园经济是贯穿中世纪欧洲最重要的经济组织形式。在中世纪初，封建领主与佃户因为生产力落后、秩序混乱而相互依存，最终形成契约制的庄园。庄园经济的基础之上，欧洲得以形成“封君封臣关系”等一系列政权组织

① 方勇.核心素养视阈下的中学历史教学设计[M].上海：上海大学出版社，2019：21.

形式和社会关系。但是11世纪之后，原本作为社会底层的农奴与农民，先后通过几个世纪来的垦殖运动、赎买劳力、租赁土地等不断延续的发展和产业创新，最终实现经济地位的扭转，通过租赁土地或者收购土地，从领主那里接管庄园，成为土地的实际占有者。至此，原本以领主—佃户契约关系为核心的庄园经济，已经被以农(牧)场主—贫苦农民雇佣关系为核心的租地农(牧)场所取代。

与农产品商业化同时出现的，还有手工业的逐渐商业化，原本在中世纪以家庭为单位的手工业生产，在这一时期逐渐被商人投资并整合为集中的手工工场。手工业者在商人的雇佣之下，由原本的自给自足的家庭生产者，转而成为专业的商业化生产者，其产品也从原本自我消耗，逐渐转向直接面对市场出售，由市场的需求决定手工业者的生产。

当然，这一时期将买卖农产品与手工业品作为专职的商人，更是以独立的阶层和职业身份空前活跃。原本在中世纪时期行走于欧亚非各地的行商走贩，现在逐渐拥有了更加稳定的农产品和手工业货源，更有甚者，富裕的商人会直接出资，投资于农民和手工业者，将之转化为自己商业生产链中的一环。这样的生产让商人的经营规模日渐扩大，日渐正规化。相应的，商人所拥有的产业领域也逐渐拓展。正是在这一时期，商业巨头们的目光已经从传统的农业、手工业转向了银行业和海外贸易，而这为资本主义的早期原始积累开辟了更广宽阔的渠道。

农业、手工业与商业的合流，推动中世纪末的欧洲经济向更加私有化的方向转变，而这种转变，最终孕育出欧洲的资本主义萌芽。

2. 社会阶层的变化

经济组织形式的变化，自然就促成了社会阶层的变化。教材的第二子目主要阐述了新兴资产阶级的形成及其为改变自身社会地位所采取的措施。在这部分内容的教学中，教师可以引导学生将中世纪后期最活跃的两大社会阶层，即封建领主与早期资产阶级的发展状况进行横向对比。

表 7-3　欧洲封建领主与早期资产阶级概况对比

社会阶层	封建领主	早期资产阶级
经济地位	大多依赖地租和税赋，存在债台高筑的情况	拥有固定资产。大多拥有产业，少数日渐富裕
社会地位	处于政治、宗教统治地位	地位低下，影响力有限

根据表 7-3 中封建领主的财政状况和社会地位，结合教材内容，学生可以看到，作为新兴的阶级，早期资产阶级在经济地位与社会地位上存在明显的不对等。尽管在经济领域十分活跃，但却由于出身商贾，并不具备中世纪社会所重视的血统与法统，因而在当时缺乏与其经济地位相匹配的社会地位，在社会活动中也往往得不到封建贵族的认可或者青睐。尽管如教材所说，此时的资产阶级努力通过参政、联姻等手段来抬高自己的社会地位，但事实上，能够获得封建贵族的认可、真正跻身上流社会的资产阶级依旧是凤毛麟角。就整个阶级而言，其在历史舞台的声音依然是微弱的。

由此，通过引导学生对教材第 13 课进行脉络梳理和知识整合，就可使其得到第一个次级问题的答案：中世纪晚期，欧洲经济已经开始从封建制经济向资本主义经济逐渐过渡。相应地，早期资产阶级已经作为一个独立的阶层出现，并试图以自己的方式，谋求提升本阶层的社会地位。尽管相对于 17 世纪的欧洲资产阶级动辄揭竿而起，动辄革命暴动，这一时期的资产阶级无论在规模上还是在思想觉悟上，都显得脆弱不堪，青涩懵懂，但从马克思主义唯物史观来看，新事物终将取代旧事物。欧洲新时代的黎明，就开始于本课。

（二）第 14 课与资产阶级思想的觉醒

相对于第 13 课的两个课程小问题都围绕教材内容展开，难度区分度并不大，第 14 课的两个课程小问题则存在明显的难度层级区别。对于第一个小问题，即意大利地区最早出现思想解放运动的原因，学生只需要将之前关于中世纪城市的相关知识与本课背景知识相结合，就容易理解，正是意大利地区繁荣的商业，让拥有私有财产的早期资产阶级萌生了打破教会戒律清规、追求现世幸福的欲念。其道理非常简单，在中世纪初，欧洲社会的生产力水平倒退严重，教会倡导“苦行禁欲”，是有其切实可行的经济基础的。毕竟在当时，绝大多数欧洲人的生活境遇都相对贫困，生活本身就是苦行。但是伴随着几百年间欧洲经济的恢复和发展，尤其是随着欧洲早期资产阶级的崛起，拥有大量私有财产的资产阶级完全有能力追求更高品质的生活方式，这时教会的戒律清规自然就成为资产阶级实现自身价值追求和精神追求的阻碍。这就是意大利地区最早出现思想解放运动的原因。

对第二个课程小问题的思考，则建立在学生对整课内容学习的基础之上。在本课中，教材侧重描述但丁的《神曲》对文艺复兴所起到的先驱作用，以及达·芬奇、米开朗琪罗等人的艺术作品对“人文主义”的体现和莎士比亚四大悲剧对封建势力的抨击。换言之，教材的主要侧重点在于描述这一时期资产阶级思想通过文学与艺术等形式的表达。学生在学习本课知识之后，能够理解“人文主义”反对教会神权至上、提倡追求现世幸福的主张。此时教师就可以引导学生思考，“人文主义”为何能体现早期资产阶级的思想诉求？

想要回答这一问题，教师可以为学生补充表 7-4 中人物的背景资料卡。

表 7-4　但丁、达·芬奇与莎士比亚的人物资料

人物	但丁	达·芬奇	莎士比亚
经历	早年与彼特拉克一道领导佛罗伦萨城市独立运动，一度得到佛罗伦萨市民阶层的拥护。其后仕途不利，晚年潦倒，遂著《神曲》以明其志	少年时代，其艺术研修受到商业豪门美第奇家族资助；青年时受雇于米兰豪门斯福尔扎家族①，绘成《最后的晚餐》，名声大噪	维多利亚时代奉行重商主义，莎士比亚通过经营剧院和其他产业发家致富。詹姆士一世时期对资产阶级苛以重税，莎士比亚遂创作"四大悲剧"，抨击时弊

表 7-4 中资料卡的内容显然是教材中并未提及的。通过向学生展示上述教材中未涉及的人物背景知识，学生不难发现，具有"人文主义"色彩的文学与艺术之所以会在当时大行其道，一个重要的原因，便是得到了资产阶级的推崇。评判历史人物，不仅要审视其阅历，"还要看他在政治上和思想上究竟为哪个阶级的利益而奋斗"②。但丁本人的前半生所领导的佛罗伦萨独立运动，本身就表达了资产阶级市民追求自由、反对封建王权的诉求；达·芬奇之所以能够创造出大量举世瞩目的作品，很大程度上是因为这些作品受到资产阶级赞助者的欢迎，而在当时，作为一名艺术家，即便是才华横溢如达·芬奇，也不得不接受被赞助的命运；莎士比亚抨击封建主义，也是由他本人的资产阶级立场决定的，作为一个成长于维多利亚时代的资产阶级代表，莎士比亚切身感受到了詹姆士一世上台之后政府与资产阶级的对立，因此他采用了他最为擅长的方式来对日益衰朽的封建王朝进行批判。换言之，"人文主义"之所以能够体现早期资产阶级的思想诉求，是因为这一思想本身就来源于资产阶级的生活现状，是资本主义发展尚不

① 克里斯托弗·希伯特.美第奇家族的兴衰[M].冯璇，译.北京：社会科学文献出版社，2017：191.

② 黄牧航，张庆海.历史学科核心素养的教学与评价[M].北京：人民教育出版社，2021：29.

成熟的前提下，资产阶级反封建、倡自由的集中体现。

通过对第14课两个课程小问题的解决，学生已经可以看到，在近代黎明到来之时，在经济地位上日渐提升的早期资产阶级，已经开始公开表达自己偏离中世纪主流价值观的诉求，尽管这种表达尚且集中于文学和艺术等看似无关痛痒的领域，但文艺复兴却推倒了欧洲思想解放运动的第一块多米诺骨牌。接下来，宗教改革的火焰将会更快从中欧蔓延开来，直至将整个欧洲的基督教神权体系撕裂开来。紧随其后的科学革命将会使一大批欧洲早期的科学家抛头露面，从幕后走向前台，引领欧洲的科学进步。最终，在英国和法国，一场公开表达资产阶级政治主张的思想解放运动接过文艺复兴的衣钵，将欧洲的资本主义运动推到新的高地。

（三）第15—16课与欧洲走向世界的开始

与之前的课程不同，教材的第15课与第16课拥有一个共同的主题，即地理大发现时代。因此教师在设置课程小问题时，需要围绕这一共同主题展开。

在第15课开始之前，教师就可以向学生抛出本课的课程小问题，即“新航路的开辟为什么发端于欧洲?”。因为学习过中国古代史，同一时期的中国明朝也拥有强大的海上力量，为什么引领地理大发展的，最终是后起之秀的欧洲，而非更加强大的明朝呢？通过学习第15课的第一子目，学生就能够意识到，新航路开辟发端于欧洲绝非偶然，其背后有多元化的历史因素共同助力。教材在第一部分中就相当详细地陈述了欧洲资本主义的发展对海外市场的需求、马可・波罗等旅行家对亚洲富饶景象的描述、奥斯曼帝国崛起对旧商路的垄断、欧洲地圆学说的传播、造船技术和罗盘技术的进步等。以上诸多原因共同促成了大航海与地理大发现。当然，除了传教诉求、奥斯曼帝国的封锁、富饶东方的传说等要素外，最重要的内驱力，还是欧洲资本主义的发展对海外市场的渴望。这就是从迪亚士到麦哲伦,再到哈德逊等一代一代欧洲航海家置生死于不顾、前仆后继地探索世界的原始动力。

如果说教材第15课中所展示的探险家们所进行的活动还未必带有很强的资本主义色彩,那么在第16课中,教材则完整地展现了早期资本主义所进行的海外殖民活动。通过这一课的学习,学生不难总结出类似于图7-7的思维导图。

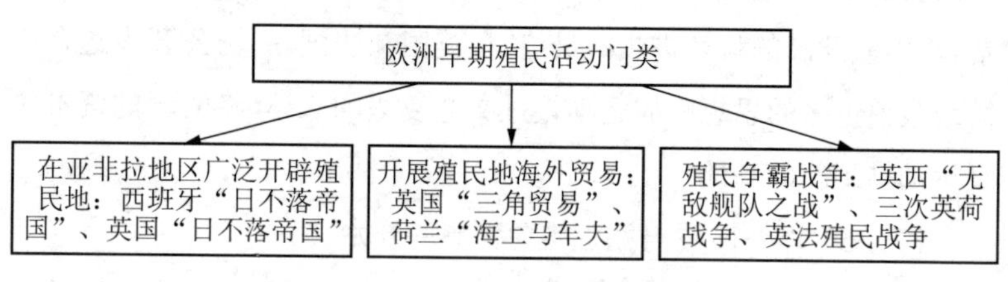

图7-7 欧洲早期殖民活动门类

通过归纳教材内容形成思维导图,不仅锻炼了学生的历史解释能力,对资本主义早期殖民活动进行分门别类,也能够帮助学生对本课的知识体系有更加直观的理解。

解决了第15、16课的课程小问题之后,学生可以从更加宏观的时空视角总结出地理大发现对欧洲历史发展所产生的深远影响。毫无疑问,地理大发现是欧洲历史的重要转折点。在此之前,尽管欧洲也不缺乏具有区域影响力的大帝国,但仅就世界影响力而言,欧洲明显比亚洲要逊色一筹。但地理大发现之后,欧洲在历史上第一次在地缘政治中占据优势地位。伴随着欧洲的殖民扩张,这种地缘上的优势很快就转化为资本主义发展的实际收益。伴随着教材第16课所述欧洲早期殖民扩张的开始,整个世界都将在接下来的一个世纪中被纳入资本主义的殖民统治之下。

三、单元大问题的解决

在上述教学过程中，通过不同类型的教学活动，将三个次级问题一一予以突破之后，单元大问题的答案也就随之一目了然。随着中世纪中后期资本主义萌芽的出现以及早期资产阶级的出现，欧洲实现了经济基础的转型与新兴阶级的形成。进而在14世纪左右的意大利，欧洲最早的思想解放运动文艺复兴得以兴起，并加速了早期资产阶级在思想领域的觉醒。到了17世纪左右，资本主义的发展已经促使欧洲走向了海外扩张和拓展殖民地的道路，欧洲迈向资本主义社会的经济条件和思想条件已经齐备。学生则已经通过解决第五单元的“火车头”问题体系，在基础知识与思维方式上做好了从了解封建社会过渡到学习资本主义时代的准备。

至此，“问题教学”模式已经在单元视阈下充分展示了其教学效能。当然，“问题教学”的推广尚需要更多的实践与探索。

参考文献

一、中文部分

（一）期刊论文

[1] 窦兆锐.中华文明在交流互鉴中彰显魅力——访清华大学张国刚教授[J].历史评论，2021(1).

（二）图书专著

[1] 朱寰.世界上古中古史[M].北京：高等教育出版社，2011.

[2] 刘莉，陈星灿.中国考古学：旧石器时代晚期到早期青铜时代[M].上海：三联书店，2017.

[3] 塞缪尔·亨廷顿.文明的冲突与世界秩序的重建[M].周琪，等，译.北京：新华出版社，2021.

[4] 威尔・杜兰特.文明的故事2:希腊的生活[M].北京:天地出版社,2018.

[5] 赵林.西方文化的传统与演进[M].北京:中信出版社,2021.

[6] 彼得・弗兰科潘.丝绸之路:一部全新的世界史[M].邵旭东,孙芳,译.杭州:浙江大学出版社,2017.

[7] 魏振瀛.民法(第七版)[M].北京:北京大学出版社,2017.

[8] 罗素.西方哲学史[M].北京:商务印书馆,1963.

[9] 克里斯托弗・希伯特.美第奇家族的兴衰[M].冯璇,译.北京:社会科学文献出版社,2017.

二、英文部分

[1] Jim Leeke, Manila, Santiago. The New Steel Navy in the Spanish-American War[M]. Annapolis: US Naval Institute Press, 2009.

[2] Luciana C. de Oliveira, Kathryn M. Obenchain. Teaching History and Social Studies to English Language Learners: Preparing Pre-Service and In-Service Teachers[M]. New York: Palgrave Macmillan, 2018.

[3] Louise Chipley Slavicek. The Treaty of Versailles: Milestones in Modern World History[M]. New York: Chelsea House Publications, 2010.

[4] Nancy P. Shires. To the Benefit of Both: Academic Librarians Connect with Middle School Teachers through a Digitized History Resources Workshop[J]. Information Technology and Libraries, 2005.

[5] Penney Clark, Alan Sears. The Arts and the Teaching of History[M]. New York: Palgrave Macmillan, 2020.

[6] Pierre Briant. From Cyrus to Alexander: A History of the Persian Empire[M]. University Park: Eisenbrauns, 2002.

[7] Patrick J. Kelly. Tirpitz and the Imperial German Navy[M]. Bloomington：Indiana University Press，2011.

[8] Susan P. McCaffray. The Politics of Industrialization in Tsarist Russia[M]. Dekalb：Northern Illinois University Press，1996.

第八章　初中历史“问题教学”课程实例：九年级下册部分

学习了九年级上册之后，学生在世界史的学习方法和能力方面已经有了很大的提升，无论是对世界主要文明的发展脉络，还是对西方资本主义的崛起与亚非拉地区的殖民史，都有了初步的认识和理解。同时，在教师的适当引导下，学生也能够掌握中国历史与世界历史的串联，初步学会从全球史观的角度来审视和解决问题。这一切都为其九年级下册的学习奠定了知识与能力方面的基础。

第一节　教材概况总论及本章实例说明

如果说九年级上册的学习主题相对而言比较简单，即分为“世界古代文明的多元化”与“资本主义的兴起”两大主题，那么九年级下册学习主题就相当丰富了。在九年级下册中，不仅有“亚非拉民族民主运动”“两次世界大战与国际秩序的演变”“社会主义的诞生与发展”等大体内容只属于九年级下册的学习主题，还有“两次工业革命及工业化时代”“资本主义制度的确立与拓展”等内容横跨九年级上下两册教材的学习主题。因此，九年级下册所具备的难度和深度是九年级上册很难比拟的。在这样一本教材中实施“问题教学”，就注定要面临更大的挑战。

首先就九年级下册的单元设计来看，单元内部包含的课时量更大，内容也更加宽泛，这意味着会更加考验教师设计单元大问题时的概括性。其次,“问题教学”非常注重各级问题之间的体系化构建,但是在九年级下册教材中,各单元无论是在历史逻辑上,还是在涉及层面上,都拥有很大的跨度。这意味着跨单元的课程小问题之间的逻辑联系并不易搭建。最后,就每一课内容而言,其知识点类型较多,时间跨度与空间跨度都存在明显的不同,因此,在九年级下册教学中实施“问题教学”,是一件难度较大的工作。

虽然以上阐述了在九年级下册教学中实施“问题教学”的种种困难,但是教学研究往往就是这样,需要在困境之中寻求突破,攻克诸多难关,方能取得创新。只有排除万难所获得的教育思维方面的创新突破,才能最终推动整个教育体系的进步。

九年级下册的教材中,虽然学习主题众多,但结合课标要求、学情、考情与教材内容不难发现,其中最为重要的学习主题,非“两次世界大战与国际秩序的演变”莫属。因此,接下来展示的“问题教学”课程实例,基本都隶属于这一庞大的学习主题。不过,针对不同的教学单元,依旧采取不同的单元大问题设置方式,以求最大限度地调动学生的积极性。

当然,在九年级下册的教学过程中,无论采取何种教学方式,都应当注重详略得当。面面俱到的教学,显然不符合九年级学生备战中考的实际学情。

本章以下两节内容依旧由汪雪老师与张昕老师写作完成。其中,汪雪老师的《“问题教学”与第一次世界大战》显然已经摆脱了传统“一战”知识的束缚,从全球史观的角度来审视和解读这场战争,再一次体现了汪雪老师平时广泛的阅读积累和勤于写作的习惯,以及在此基础之上形成的独到思考方式。张昕老师则从充分发掘教材资源的角度,设计了《“问题教学”与第二次世界大战》中所述的教学方式,更多地体现了一名成熟教师对学情和教材内容的综合把握。

第二节 “问题教学”与第一次世界大战

人类历史发展过程中，战争总是不断的。战争会带来残酷的杀戮，同时也会使世界发生一次次重组。1914—1918 年爆发的第一次世界大战，让人类意识到如今战争的规模已经超出了人们过去的想象，而这场战争本身也改变了人类社会的发展走向。

一、“一战”主题的问题建构

就教材内容而言，“第一次世界大战”主题出现在九年级下册的第三单元，所涉课程分别是教材第 8 课《第一次世界大战》、第 9 课《列宁与十月革命》、第 10 课《〈凡尔赛条约〉和〈九国公约〉》、第 11 课《苏联的社会主义建设》和第 12 课《亚非拉民族民主运动的高涨》，共五课内容，是九年级下册中课时最多的一个单元。

在教学过程中，需要将本单元的内容进行重构。将教材第 8 课与第 10 课放在一起，这样可使学生掌握“一战”的相关史实，完整了解这场战争的来龙去脉。教材第 9 课和第 11 课则是关于俄国成为第一个社会主义国家的整个过程。教材最后的第 12 课是亚非拉民族民主运动。采用这样三个板块，逻辑结构清晰，更有利于学生掌握本单元的相关内容。可见对于教材，教师往往需要根据具体情况进行整合处理。

（一）单元大问题的提出

设计单元大问题时，需要根据教材内容整合逻辑，才能提出符合单元主题的大问题。通过上述关于教材内容的解读，可见本单元主要分为三部分内容：“一战”的整个过程、苏联社会主义国家的建立、亚非拉国家的民族民主运动。这三部分内容可以说都与“一战”密切相关。

在设置单元大问题的时候应涵盖整个单元的相关内容，所以本单元的大问题设置为“第一次世界大战如何改变人类历史的发展方向?”，引导学生以“一战”为线索理解世界的变化。

（二）单元大问题的拆分

针对本单元的内容，需要将单元大问题进行拆分，形成与之相关且符合课程设置的次级问题。

次级问题一：“一战”的爆发使得国际秩序发生怎样的巨变?

次级问题二：俄国如何成为新的历史“引领者”?

次级问题三：战后亚非拉国家如何反抗殖民“枷锁”?

上述三个次级问题，是从单元大问题中拆解而来，主题鲜明，但内容仍然庞杂。因此需要将每个次级问题继续进行拆分，并融入教学过程中，形成具体的课程小问题，引导学生逐步进行解答。

首先，次级问题一所涉及的内容，涵盖了本单元第 8 课与第 10 课，关于“一战”的发展过程及新的世界秩序的形成。因此，在教学过程中，可将次级问题进一步拆分为以下两个课程小问题。其一是第 8 课的“‘一战’爆发的历史背景及过程为何?”，在这一问题的解决过程中，难点在于引导学生了解“一战”爆发的根本原因，即帝国主义国家政治经济发展不平衡。关于“一战”的过程，学生可以通过阅读教材进行梳理。其二是第 10 课的“战后国际新秩序是如何构建的?”，其中，重点是要让学生理解《凡尔赛条约》和《华盛顿条约》所构成的新的国际秩序，同时结合中国的五四运动等认识到帝国主义强权政治的特征。

其次，次级问题二所涵盖的内容，包括了教材第 9 课与第 11 课。在这一部分的学习中，教师要引导学生认识到俄国成为新的历史引领者并不是一蹴而就的，而是经过不断的实践，加上人民的选择，最终走出了一条人类历史上前所未有的发展道路。因此，第 9 课的课程小问题设置为“俄国十月革命爆发的背景及影响为何?”,这一问题的难点在于认识十月革命对世界的历史意义,教师在这里可结合中国的革命进行讲解,让学生认识到十月革命为中国展示了一条崭新的寻求解放的道路。第11课的课程小问题即是“俄国如何探索新的国家发展道路?”,在探究这一问题时,重点是让学生理解列宁的新经济政策,以及斯大林的苏联模式,引导学生认识苏联早期经济探索的曲折性。

最后,次级问题三涉及教材第12课的内容,即战后在欧洲资本主义国家力量削弱的背景下,亚非拉国家如何反抗殖民统治。其中,印度的非暴力不合作运动是本课的重点,教师可引导学生结合印度民族文化特色理解他们独特的革命方式,同时简要梳理埃及和墨西哥的改革,引导学生思考“亚非拉国家的民族民主运动有何特色?”。在这一板块中,教师也可将中国的反抗运动融入教学,使学生更加全面认识当时的殖民地半殖民地革命。最终,从课程小问题到次级问题的解决,都要与本单元大问题的主题相呼应。

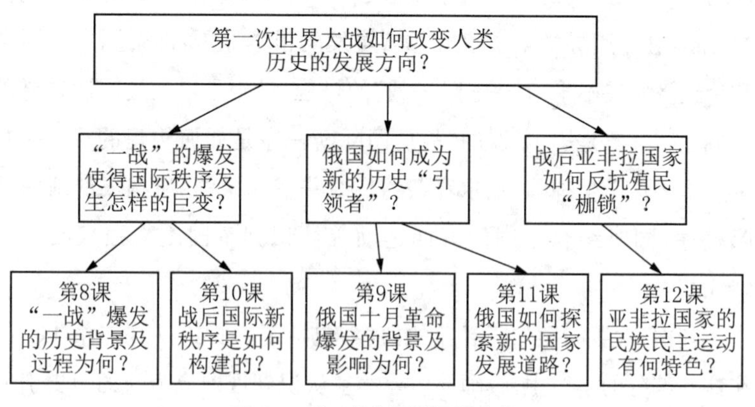

图 8-1 “一战”主题问题建构

二、“一战”主题问题的落地

在完成上述单元大问题与课程小问题的拆分后，接下来要将这些课程小问题落实到具体的课程教学中，引导学生进一步了解历史的真相，思考背后的原因，理解世界的变化。

（一）“一战”爆发的历史背景及过程

学生通过阅读教材，能够直接找到“一战”的导火索萨拉热窝事件，但这只是“一战”爆发的直接原因，而不是其根本原因。为探究“一战”爆发的根本原因，需要将历史延伸至第二次工业革命时期。第二次工业革命中，美国、德国两国的经济实力增长最快，而曾经的老牌强国英国发展速度相对缓慢，但在殖民地占有方面，德国却不到英国的1/10。在这里可以通过一组数据让学生了解战前主要列强的实力对比。

材料一：《1913—1914年主要列强经济实力及其占有殖民地情况》（表8-1）

表8-1 1913—1914年主要列强经济实力及其占有殖民地情况①

国别	占世界工业生产总量（%）	殖民地面积（万平方千米）	殖民地人口（万人）
英国	14	3350	39350
沙俄	2.6	1740	3320
法国	6	1060	5550
德国	16	290	1230
日本	1	30	1920
美国	38	30	970

① 中华人民共和国教育部.普通高中课程标准实验教科书：历史选修3——20世纪的战争与和平[M].长沙：岳麓书社，2005：2.

通过数据的对比，学生会更为直观地感受到主要列强发展的不平衡。在世界工业生产总量占比方面，美、德两国最大，而曾经位居世界第一、第二的英、法两国退居第三、第四。在殖民地人口方面，英、法两国却是最多的。对于资本主义国家而言，殖民地就意味着原料产地和商品倾销市场，意义重大。第二次工业革命后，科技发展最快的美、德两国需要更多的殖民地来支撑经济的迅速发展。在这里，教师可以向学生提出疑问，通过表8-1可见美国的经济实力和殖民地的占有比例最不平衡，那为何美国没有发动战争？学生可以结合之前所学找到答案。美国独立后，领土不断扩张，并且出现“西进运动”，其自身就拥有广阔的领土可供开发，所以美国并不急需殖民地。但德国却不一样，它需要占有殖民地来获得原材料和市场。当时德国的外交大臣说：“让别的国家分割大陆和海洋，而我们德国满足于蓝色天空的时代已经过去，我们也要求阳光下的地盘。”但此时世界范围内的殖民地差不多已被瓜分殆尽，要想获得殖民地就只能向英、法等国发起挑战。正如教材中那幅德国向英国发起挑战的漫画所描绘的那样，代表德国的年轻海军军人正挥舞着国旗挑衅英国年老的海军军人。对于英国而言，第二次工业革命后德国所带来的冲击是不容忽视的。在这里教师可以引导学生通过1897年英国杂志《星期六评论》中的描述来了解当时人们是如何看待英德关系的。

材料二：英国……与德……在地球上每个角落里都彼此竞争。无数小冲突会成为大战的借口，总有一天世界上会发生这种大战。假使德国明天从地面上被消灭掉，那么，后天在世界上就找不到一个不因此而更富的英国人。①

① 周一良，吴于廑，蒋相泽.世界通史资料选辑·近代部分（下）[M].北京：商务印书馆，1964：333.

可见，英、德两国之间的矛盾是无法调和的，当时的人们就已预料到一场大战即将爆发。

以上主要对英、德两国的矛盾进行了分析，而在欧洲除了英国与德国的主要矛盾外，还有法国与德国、俄国与奥匈帝国等的矛盾。这些矛盾也在不断激化，主要表现在19世纪末20世纪初各列强一系列同盟的缔结，即三国同盟和三国协约。这也是最终导致这场战争演变为世界大战的一个重要原因。此后这两大军事集团展开疯狂的扩军备战，双方剑拔弩张，而民族问题复杂的巴尔干半岛就成为后来引爆战争的火药桶。1914年6月的萨拉热窝事件，打破了欧洲世界原有的相对平衡。一个月后，奥匈帝国以萨拉热窝事件为借口向塞尔维亚宣战，德、俄、法、英等国也相继宣布参战，最终演变为一场席卷大半个世界的战争。

综上，“一战”爆发的根本原因是帝国主义国家政治、经济发展不平衡，而这场战争也是西方列强为重新瓜分世界、争夺世界霸权而发动的一场帝国主义战争。在战争的过程中，各列强无视殖民地半殖民地国家的主权，所以“一战”本质上是非正义的。

关于“一战”的过程，教材讲述得比较简略，主要提及了凡尔登战役。对于战争的残酷性，光靠教师讲述是很难让学生有确切感受的。教师可以通过视频的方式，让学生直观感受凡尔登这场消耗战。此外，教师还可以给学生补充说明凡尔登战役中德国战败的原因，如德军久攻不下，士气疲惫，后方支援不到位，以及1916年索姆河战役打响，迫使德军从凡尔登抽调部分兵力去对付背面的英法联军。最终，此次战役法国获胜，对德国而言是一次致命打击。因为在这场战役中，德国损失巨大，也标志着德国军事进攻能力从顶峰跌落，战争主动权逐渐转移到协约国一方。由于死亡人数太多，凡尔登战役也被称为“绞肉机”“屠场”等。此外凡尔登战役中组织防御的经验，成为大战后各国修建要塞工事的依据,法国的马奇诺防线也由此诞生,而这种防御措施在“二战”时期军事武器升级后几乎没有任何作用。之后,由于德国实行无限制潜艇战,损害美国利益。1917年,美国参加协约国一方作战,大大增强了协约国的力量。同年10月,俄国爆发十月革命,不久便退出第一次世界大战。1918年11月,德国宣布投降,签署停战协定,第一次世界大战结束。这场人类历史上首次世界级大战所带来的影响是划时代、史无前例的。教师在这里可以通过数据加深学生对“一战”残酷性的认识。

材料三:经过4年3个月的厮杀,共有35个国家和地区占世界人口总数3/4的15亿人卷入战争,战争以欧洲为中心,涉及亚洲、非洲和大西洋、地中海、太平洋等广大地域,各国共动员7350万人参战,直接用于战争的费用达1863亿美元,间接费用1500多亿美元,相当于从拿破仑战争到第一次世界大战前世界历次战争开支总和的10倍。交战各国军人阵亡人数约1000万人,负伤和失踪2897万人,造成平民伤亡1261万多人。①

通过这则材料,学生可以看到“一战”参战国家多、战场涉及广、战役激烈、伤亡惨重,而“一战”的主战场在欧洲,所以战争对欧洲的影响最大。第一次世界大战大大削弱了欧洲的力量,从根本上动摇了欧洲的优势地位,世界的中心开始转移到大西洋彼岸的美国。帝国主义国家力量的削弱,也进一步促进了殖民地半殖民地的民族觉醒。

(二)战后新秩序的变化

1911年1月,战胜的协约国在巴黎近郊的凡尔赛宫召开会议,最终签订《凡尔赛条约》。首先,教师可通过展示教材中“一战”前与“一

---

① 毛元佑.第一次世界大战总盘点[M].北京:军事科学出版社,2014:8.

战”后的欧洲地图，让学生对比欧洲国家的版图变化。其中最为明显的是奥匈帝国被分解成奥地利、匈牙利、捷克斯洛伐克等国家，而德国的领土则从原来的一整块，被分成了两块。其次，教师可让学生自主梳理《凡尔赛条约》的具体内容，并思考“此项条约反映出什么问题?”，学生从条约内容中可以看出英、法对德国的惩罚是十分严厉的。再结合当时法军元帅的评论:“这不是和平，只是一场为期 20 年的休战罢了。”①可见此条约的签订为下一次大战的爆发埋下了祸根，战胜国与战败国之间依旧矛盾重重。同时，在这场会议中，战胜国之间也存在矛盾，特别是美国与英、法之间。最终美国既不批准《凡尔赛条约》，也不加入国际联盟。之后，美国将目标放在了东亚和太平洋地区。

列强通过华盛顿会议重新调整他们在东亚和太平洋地区的利益关系。1921 年 11 月，美、英、日等 9 个国家在华盛顿召开会议，主导会议的是美国，而此次会议针对的对象是中国。最终，列强签订了《九国公约》。学生通过梳理该条约的相关内容可知，公约表面上尊重中国的主权与领土完整，事实上通过“门户开放”政策，使中国依旧被几个帝国主义国家共同支配。其中，美国获利最大。因为此时美国的经济增长速度最快，通过“门户开放”政策可以大量向中国倾销商品。华盛顿会议是列强以牺牲中国的利益来达到暂时的平衡，这也反映出帝国主义国家与殖民地半殖民地国家的矛盾。

通过巴黎和会和华盛顿会议上条约的签订，形成了战后帝国主义国家建立的世界新秩序，即凡尔赛—华盛顿体系，而在这一新的格局中，世界的重心正在发生转移，国际大势正在发生变化。

---

① 约翰·斯蒂文森.彩色欧洲史(1849—2002 年)[M].董晓黎，译.北京:中国友谊出版公司，2007:489.

（三）俄国十月革命的爆发

俄国革命家托洛茨基曾说："十月革命借助战争完成了一次历史性的转换，俄国不再是西欧资本主义社会的仿效者，而是世界历史的引领者。"通过这句话，引导学生思考"俄国是如何成为新的历史引领者的?"。要解答这一问题，需要先了解俄国的十月革命，于是学生自然而然就会产生新的疑问，即"俄国为何会爆发十月革命？这场革命带来了怎样的历史影响?"。要回答上述问题，就需要将历史的时针往前拨弄。

1861年俄国的农奴制改革使其走上资本主义发展道路，但此次改革并不彻底，俄国仍然是一个落后的国家，与其他的资本主义国家在经济、军事实力方面的差距明显，所以俄国也被称为"帝国主义最薄弱的一环"。之后"一战"的爆发使得俄国的社会矛盾更加尖锐。教师在这里可以给学生展示"一战"对于俄国影响的数据材料。

> 材料四：在第一次世界大战中，俄国几乎20%的青壮年男人都在军队里，1917年俄国总人口是15360万，在海陆军中服役的1100万，占全国人口的7.2%，其中60%—66%是农民，16%—20%是无产者，3.5%—6%是工厂工人。1915—1916年俄国有600多家工厂因征兵上前线而停工。到1917年，俄国约有600万人在战争中丧生、受伤、致残以及被俘。①

可见，"一战"激化了俄国工农兵与沙皇政府的矛盾。1917年3月，在俄国首都彼得格勒，30万人举行了反战罢工和示威游行，最终迫使沙皇尼古拉二世退位，政权被资产阶级夺取，并成立了资产阶级临时政府。此时俄国国内还存在另一个政权——彼得格勒工兵代表苏维埃。两个政权的并存也表明，当时俄国工兵代表苏维埃的力量还比

① 金雁.历史教学中的十月革命问题(二)[J].历史教学，2007(10)：8.

较薄弱，不足以夺取政权。

资产阶级临时政府掌权后，并没有满足民众对和平、土地和面包的要求，而是继续参战。此时，流亡在外的列宁回到了彼得格勒，使得工兵代表苏维埃有了真正的领导人。回国后，针对俄国存在的社会问题，列宁发表了《四月提纲》，提出通过和平的方式进行革命。1917 年 7 月，由于“一战”的重创和饥荒，俄国经济濒临全面崩溃，临时政府发动七月流血事件，抓捕并迫害布尔什维克党人，使得民众对临时政府十分不满。在此背景下，列宁决定通过革命手段推翻资产阶级临时政府。

> 材料五：列宁于(1917 年)9 月向党中央连续写了《布尔什维克必须夺取政权》《马克思主义和起义》两封信，明确提出革命形势已经成熟，党必须通过武装起义夺取政权。①

1919 年 11 月 6 日晚，俄国十月革命爆发。第二天，彼得格勒武装起义取得胜利。教师可在这里引导学生思考“为何俄国十月革命可以快速取得成功?”。其原因有以下几点：第一，二月革命、《四月提纲》等为布尔什维克党在俄国登上历史舞台和掌权准备了条件；第二，十月革命得到了广大人民群众的支持；第三，列宁等人拥有优秀的领导能力。为了保卫新生的苏维埃政权，在十月革命成功后的第二天，全俄工兵代表苏维埃第二次代表大会召开，会上通过了多项措施。这些措施最大的特点是宣告了“公有制”的出现，其与资本主义的私有制截然不同，是一种新的社会发展模式，它不仅改变了俄国的历史发展走向，也给世界其他国家指明了一条新的道路。

> 材料六：十月革命人士认为，这场革命的意义，不只限于一国一地，而是全世界全人类的革命：不只为俄国带来了自由与社会

---

① 吴于廑，齐世荣.世界史：现代史编[M].北京：高等教育出版社，1994：63.

主义，进而也将在全世界掀起无产阶级革命。①

俄国十月革命打破了资本主义一统天下的格局，是人类历史上第一次胜利的社会主义革命，建立了第一个无产阶级专政的国家。这使得世界上其他殖民地以及半殖民地国家，如中国，开始抛弃对西方的幻想，转而学习马克思主义，最终寻找到真正适合本国的革命道路。可见，俄国开始由此成为新的世界历史"引领者"，这也意味着俄国会面临更多的挑战。

俄国十月革命成功后，面临着内忧外患的困局。内部反革命叛乱频发，经济和物资严重匮乏，外部遭到英美等资本主义国家的仇视。在这样困难的局面下，列宁结合国情，制定了战时共产主义政策。教师可让学生通过阅读教材了解战时共产主义政策的相关内容，引导学生辩证地加以认识，既要知道这一政策对于保卫和巩固苏维埃政权等方面起到一定的积极作用，也要明白它对农民利益的伤害，为后面学习俄国经济政策调整做铺垫。

（四）苏联的社会主义建设

作为第一个社会主义国家，之前从未有类似的经验可以借鉴，所以苏联的社会主义建设注定充满艰辛。"苏联到底是如何进行社会主义建设的?"是本单元第 11 课主要需要解答的问题。

20 世纪 20 年代，经历三年护国战争的苏维埃俄国经济严重困难，社会矛盾日益加剧。当时的农民呼喊着："土地属于我们，面包却属于你们；水属于我们，鱼却属于你们；森林属于我们，木材却属于你们。"苏俄的农民已经对战时共产主义政策严重不满。如果政府不调整经济政策，就会失去民心。列宁创造性地提出新经济政策。关于

---

① 艾瑞克·霍布斯鲍姆.极端的年代：1914—1991[M].郑明萱，译.北京：中信出版社，2010：66.

这一政策的讲解，可以通过列表的方式与战时共产主义政策进行对比认识。

表 8-2　苏俄经济政策的对比

	战时共产主义政策	新经济政策
农业方面	实行余粮征集制	以征收粮食税代替余粮征集制，允许使用雇佣劳动力和出租土地
工业方面	实行工业国有化	允许私人经营中小企业，实行按劳取酬的工资制
商业方面	取消自由贸易	农民可以自由买卖纳税后的剩余产品，实行自由贸易

通过表 8-2 中两者的对比，学生能够了解新经济政策的创新之处。这一政策允许在社会主义经济建设中引进市场机制，是列宁结合国情对马克思主义的一种重大突破，得到了广大农民、工人的欢迎，使苏维埃政权更加稳固。

1922 年 12 月，“苏维埃社会主义共和国联盟”成立，简称“苏联”。1924 年 1 月，列宁去世，苏联即将进入斯大林领导时期。对于“斯大林将会带领苏联继续探索怎样的道路?”这一问题，学生通过阅读教材可知，苏联开始优先发展重工业，有别于以往先发展农业再发展工业的经济发展模式。随后苏联制定并完成 1928—1937 年两个五年计划。对于“为何苏联要优先发展重工业?”这一问题，教师可引导学生进一步认识当时苏联所面临的外部环境，即西方资本主义国家一直敌视苏联，而苏联的经济技术又依赖于西方资本主义国家，需要从国外输入大量机械设备。由此可见，只有把重工业优先发展起来，经济上才能不依赖西方资本主义国家，进而保持苏维埃国家政治上的独立性。1925 年 12 月，在苏联共产党第十四次代表大会上，斯大林强调指出：“把我国从农业国变成自立生产必须的装备的工业国，这就是我们总路线的实质和基础。”此外，苏联“一五”计划期间，恰逢西方资本主义国家面临1929—1933年空前严重的资本主义经济危机，这给苏联的发展带来了机遇，西方国家竞相向苏联出售工业设备与钢铁等重要产品，苏联的工业实力大为提升，继而顺利完成“二五”计划，工业产值跃升欧洲第一、世界第二。

然而，随着工业化建设的开展，国家对粮食的需求大大增加，传统的小农经济无法满足工业化的需求，所以20世纪30年代初，苏联开始进行大规模的农业集体化运动。

材料七：斯大林从1929年开始向富农进攻，消灭富农阶级，用集体农庄和国营农场的生产代替富农的生产。在斯大林普遍集体化的思想指导下，在强大的政治压力下，用粗暴的命令和暴力强迫农民与中农参加集体农庄，许多州提出了“谁不参加集体农庄，谁就是苏维埃政权的敌人”的口号。①

可见，苏联的农业集体化是在政府的主导下出现的，并且带有强烈的政治压迫性。这也为农业的发展埋下隐患。

综上，斯大林在工业和农业方面所采取的措施，称为苏联模式。这一模式使得苏联的社会经济生活发生了根本性变化。教师可结合教材相关史事，对苏联模式进行解读。在经济方面，表现为建立单一生产资料公有制，实行自上而下的指令性计划经济体制。在政治方面，表现为权力高度集中，各级领导由上级直接指派。那么我们应该如何评价苏联模式？这里需要结合相关材料。

材料八：两个五年计划期间，苏联建成了6000多个大企业，建立起飞机、汽车、拖拉机、化学、重型和轻型机器制造业等部门。

---

① 陆南泉.苏联经济体制改革史论：从列宁到普京[M].北京：人民出版社，2007：56-59.

> 工业布局有了很大变化……1940年的工业总产值比1913年增加6倍多，超过法、英、德，跃居欧洲第一位、世界第二……然而，从人均国民生产总值来看，苏联仍远远落后于美国和西欧资本主义国家……
>
> （苏联的）粮食产量，在全盘集体化运动前的1925—1927年期间平均每年为7527万吨，“一五”期间降为年均7360万吨，“二五”期间再降为7290万吨。畜牧业的状况更差。“一五”期间，马的头数从3210万头降为1730万头；牛从6010万头降为3350万头；羊从10700万头降为3730万头；猪从2200万头降为990万头……①

对于苏联模式的认识需要辩证看待。工业方面，在特定的历史条件下，苏联模式中的重工业快速发展，使其军事实力显著增强，为后来“二战”中击败德国法西斯奠定了条件。但在工业发展过程中，苏联将农业作为附属品，搞农业全盘集体化，严重打击了农民的生产积极性，导致农业产量急剧下降，损害农民的利益。此外，高度集中的计划经济，否定了价值规律，排斥商品和市场，不利于经济发展。加上权力高度集中，忽视民主与法治，为后来苏联的解体埋下祸根。

（五）亚非拉民族民主运动的高涨

亚非拉地区从地理位置上看处于相互分离的三大洲，为何习惯上会将它们放在一起呢？学生结合之前所学可知，亚非拉三大洲的许多国家早期被西方列强侵略，沦为殖民地或半殖民地。相同的经历让它们面临着同样的历史任务，但由于各个国家的国情、历史文化等不同，它们的民族独立运动又各具特色。教材第12课主要介绍了“一战”结束后，亚非拉民族民主运动的典型代表：印度的非暴力不合作运动、埃

① 吴于廑，齐世荣.世界史：现代史编[M].北京：高等教育出版社，1994：201－202.

及的华夫脱运动、墨西哥的卡德纳斯改革。它们之间虽是并列的关系,但本课的重点是印度的非暴力不合作运动。

第一次世界大战期间,作为英国殖民地的印度遭到大肆掠夺,加上农业歉收,疾病流行,印度人民与英国殖民者的矛盾激化。同时,由于英国忙于"一战",印度的民族资本主义进一步发展,以甘地为首的民族资产阶级开始成为民族民主运动的领导力量。最开始,甘地等人幻想通过支持"一战"中的英国,换取战后的自治。但对于英国而言,印度极其重要,甚至被称为英国女王皇冠上最耀眼的"宝石"。因为印度拥有源源不断的原材料和庞大的市场,所以英国肯定不愿放弃。"一战"结束后,英国殖民政府颁布《罗拉特法案》,对印度人民进行残酷镇压,进一步激化了印度人民与英国殖民者之间的矛盾。从 20 世纪 20 年代开始,在甘地的领导下,印度走上了非暴力不合作的反抗道路。那么,什么是非暴力不合作运动?在这里,教师可引导学生通过甘地在法庭上的一段陈述来进行理解。

> 材料九:愚(甘地)见认为,与邪恶不合作正如与善良合作一样,都是一种责任……我尽力向我的同胞表明,暴力不合作只能增加邪恶,既然邪恶只能靠暴力来维持,那么对邪恶不予支持,就需要完全戒除暴力。非暴力的含义,就是指为了不与邪恶合作而自愿服刑受罚。①

顾名思义,非暴力不合作即指不与邪恶合作而自愿受罚。接着教师可让学生结合课本,梳理非暴力不合作运动的过程,指出其可分为两个阶段,第一阶段是 1920—1922 年,主要采取不合作的方式,最终还是出现暴力,运动停止。第二阶段是 1930—1934 年,采取不服从的

---

① 齐世荣.世界通史资料选辑·现代部分(第 3 分册)[M].北京:商务印书馆,2007:86.

形式，最后当局妥协，运动停止。那么为何印度会采取非暴力不合作的方式来进行民族民主革命？这与印度的文化传统密切相关。印度是一个笃信宗教的国家，单纯用爱国主义和民族主义很难将民众发动起来。甘地的非暴力学说既是以印度教神学为基础的，同时又是结合现实需要的一种民族主义斗争学说。再加上甘地本人苦行僧式的生活方式，使得广大下层民众对他的学说和信仰深信不疑。所以印度的民族民主革命运动方式是和本国历史相结合的，可以借此动员广大民众投身民族斗争运动。但在这里也要看到，在斗争的过程中，一旦民众采取暴力，甘地就会停止运动，这反映出印度资产阶级带有一定的软弱性。

关于埃及的华夫脱运动和墨西哥的卡德纳斯改革，教师可结合教材引导学生认识到华夫脱领导的埃及人民反英斗争，虽然并未使埃及获得完全的独立，但动摇和削弱了英国在埃及的殖民统治，鼓舞了阿拉伯各国人民的反帝斗争。此外还可以将其与中国的五四运动进行对比认识。两次运动都有学生和工人参与，斗争最终都取得了胜利。墨西哥则和亚非拉国家不同，早在 1910—1917 年已经历了一场资产阶级革命，但之后 1929 年经济大危机爆发，墨西哥的社会矛盾重新激化。卡德纳斯就任总统后推行了一系列改革措施。这次改革是民族资产阶级领导的反帝反封建革命，巩固了资产阶级革命成果，为墨西哥经济社会发展打下基础。

在学习完第 12 课的相关基础史实后，教师需要让学生思考“亚非拉国家的民族民主运动有何特点?”这一问题。在这里学生可以结合所学，认识到由于亚非拉国家社会经济结构和阶级结构的复杂性，导致由此产生的民族民主革命运动力量具有多样性。因为它们绝大多数都是在受到帝国主义国家的奴役和本国封建势力的压迫下产生的，所以这场运动具有民族民主革命运动的特点。

（六）重组大问题

至此，关于“第一次世界大战和战后初期的世界”这一单元的所有课程小问题已得到解决，学生对于第一次世界大战有了更加完整的认识，最终需要回归本单元的主题问题，即第一次世界大战如何改变人类历史的发展方向？

首先，通过对“一战”的学习，学生可知其是历史上第一次大规模的世界战争，对于当时的人类而言是无法预料的，给世界带来了前所未有的灾难，也给人类带来了前所未有的生存危机感。在战后新秩序的构建中，学生也能看到帝国主义国家内部的矛盾。在此之前的学习中，学生大多只能看到帝国主义国家对不发达地区的掠夺与殖民，而“一战”后对于曾经帝国主义集体内的德国，以英、法为首的战胜国对其进行了严厉的制裁，并且通过建立国际联盟这一国际组织，让自身的掠夺“合法化”。

其次，“一战”后在内外矛盾的刺激下，俄国爆发十月革命，建立了第一个社会主义国家，使得俄国成为新的历史“引领者”。在资本主义制度和封建制度的世界中，俄国选择了人类从未走过的社会主义道路，这也是一条民众集体之路。之后，经过不断探索和完善社会主义制度，苏联逐渐成为世界上数一数二的强国，提升了自身的全球影响力。这也促使更多落后的国家纷纷进行民族解放运动，并最终选择建立社会主义国家。由此可见，俄国的十月革命为人类社会的发展提供了与以往完全不同的另一种选择。

最后，通过学习“一战”后亚非拉各国的民族民主运动的相关内容，再结合 19 世纪殖民地人民的反抗，学生可知殖民地半殖民地人民的诉求已经从最初的争取独立发展，逐渐转变为建立民族独立的民主政府，这使这些运动具有了双重性质，是民族独立与民族解放运动。“一战”沉重打击了帝国主义和殖民主义势力，之后经过“二战”，世界再次发生巨变，越来越多的国家相继独立。

综上，“问题教学”的实质就是引导学生思考，是一种对逻辑思维能力的训练。历史是由无数个历史史实构成的。教师在教学时，需要根据每课的重难点设置相关的问题，并结合相关史料，引导学生思考历史背后的故事，让学生通过问题构建起对历史的整体认知。此外，问题教学能够破除以往历史学习的死记硬背，让学生带着问题去记住相关的知识点，也有利于学生感受思考历史的魅力。

第三节　“问题教学”与第二次世界大战

无论是从历史发展进程来看，还是从教材编排的知识体系来看，抑或是从中外历史相结合的角度来看，第二次世界大战在九年级下册的教学中都是非常重要，涉及大量与中外历史结合相关的重大概念和基础知识点，因此也成为“问题教学”发挥优势的主战场。

就教材内容而言，“第二次世界大战”主题出现在九年级下册的第四单元中，涉及教材第 13 课《罗斯福新政》、第 14 课《法西斯国家的侵略扩张》与第 15 课《第二次世界大战》。从课程设计上看，三课内容在逻辑上存在前后递进的关系。教材第 13 课《罗斯福新政》详细阐述了经济危机对美国，进而对整个资本主义世界的冲击。生产过剩是资本主义的根本矛盾，而在资本主义经济无法通过自由放任来解决这一基本矛盾之后，一些国家借鉴了社会主义制度的做法，采取国家干预经济的手段，如第 13 课主要介绍的罗斯福新政，以及教材上没有涉及的英国改革。当然，也有一些国家本身就存在民主政体不健全的情况，再加上经济状况的恶化，很容易引发政治上的危机，进而导致右翼势力的上台。在这一类型的国家中，德国和日本最为典型。欧洲与亚洲战争策源地的形成，最终将世界再次推入了战争的深渊。

通过上述分析不难发现，第四单元呈现出波浪式递进的逻辑结构。关于经济危机的介绍虽然出现于教材第 13 课《罗斯福新政》，但在事实上已经构成了整个单元的知识结构大背景。正是由于这一时代大背景的存在，引发了罗斯福新政与法西斯势力的崛起，并最终导致了第二次世界大战。在建立起这样的课程间知识结构的基础上，开始建构本单元的问题体系。

一、“二战”主题的问题建构

根据上述分析可以看到，在本单元中，最为核心的问题就是如何帮助学生梳理第二次世界大战的过程，但要构建简明扼要的问题体系以梳理其脉络，并不是一件容易的事。

（一）单元大问题的提出

首先，教材第 13 课与第 14 课、第 14 课与第 15 课之间都有较为紧密的联系，在问题建构上必须要体现出这种先后联系。其次，教材第 15 课《第二次世界大战》涵盖了从 1939 年德国进攻波兰导致“二战”全面爆发，到西欧的沦亡，再到莫斯科保卫战、珍珠港事件、《联合国家宣言》的签署、斯大林格勒战役、诺曼底登陆等“二战”中期诸多重大的历史事件，再到最终“二战”的结束。对于如此丰富的内容，怎样设置问题才能加以全面覆盖呢？教师又应当引导学生通过怎样的活动来解决这一系列问题呢？

笔者经过深入思考，最终将九年级下册第四单元的单元大问题设置为“从酝酿、爆发到结束，第二次世界大战有着怎样的来龙去脉？”。这一问题非常宏观，完全凌驾于第四单元的具体课程之上，因此需要将单元大问题进行拆分，以便于更好地落实到教学中。

（二）单元大问题的拆分

针对本单元中的三课内容，将单元大问题进行拆分，形成下列三个与教材课程设置相符合的次级问题。

次级问题一:20 世纪 30 年代,资本主义各国分别采取了哪些手段来度过经济危机?

次级问题二:“二战”爆发前后,法西斯国家有哪些侵略扩张的行径?

次级问题三:反法西斯国家通过怎样的英勇奋战,最终取得了战争的胜利?

上述三个次级问题是从单元大问题中拆解而出的,依旧非常宏观,与教材中三课具体内容的教学要求依旧存在差距。因此需要将次级问题继续进行拆分,并最终融入教学过程中,形成具体的课程小问题。

首先,次级问题一涉及的内容,实际上包括了教材第 13 课与第 14 课的内容。因此,在教学过程中,可以将次级问题一进一步拆分成以下两个课程小问题,即第 13 课的课程小问题“面对经济危机,美国采取了怎样的应对措施?”以及第 14 课课程小问题“在经济危机的打击面前,法西斯国家采取的措施有何共同点?”。这两个问题的设置,无论在难度还是深度上,都与学生的基本学情相符。学生通过对上述两部分内容的学习,能够在教材中精准地探寻并归纳出相应的答案。

其次,次级问题二所涵盖的内容,包含了教材第 14 课与第 15 课的部分内容。就教材内容而言,第 14 课简要阐述了意大利、德国与日本法西斯化的过程,以及意大利对埃塞俄比亚的侵略、德国兼并奥地利和捷克斯洛伐克、日本发动九一八事变与七七事变。换言之,第 14 课中的相当一部分内容,已经涉及法西斯国家所发动的侵略战争,如果联系八年级上册的中国抗战史,在教材第 14 课所述阶段,德国事实上已经成为第二次世界大战的战争策源地,并且借助英法绥靖之机大肆扩张。在遥远的中国,第二次世界大战则早已伴着九一八事变的发生而揭开了序幕。因此，将第 14 课的部分内容，与第 15 课第一子目中德国在“二战”之初的侵略扩张放在同一个次级问题之下，在逻辑上是行得通的。当然，这样设置的次级问题对于尚在学习新课的初三学生而言还是没有办法解决的。于是为了降低教学难度，可将这一次级问题拆分为两个课程小问题，分别设置于第 14 课与第 15 课。第 14 课的课程小问题可以设置为“在‘二战’全面爆发前，为什么法西斯国家的侵略能够屡次得逞？”，第 15 课的课程小问题则是“在‘二战’初期，导致反法西斯战争一度陷入危局的原因有哪些？”。上述两个问题的一个共同点是都将历史结论直接设置于问题的题目之中，学生要做的不是寻找结论，而是逆向地通过从教材中寻找充足的证据去证明这些历史结论。这样的问题解决方式更加合理，也更加有操作性。同时，两个课程小问题之间具有延续性，恰到好处地体现了第 14 课与第 15 课之间的逻辑联系。

在设置了以上两个问题之后，次级问题三所涵盖的内容范围就可以缩小不少，使得解决这一问题的压力也随之减小了。在前两个次级问题的基础之上，第三个次级问题可以直接落地于第 15 课，并且变为更加具有指向性的课程小问题，包括“第二次世界大战是怎样从转折走

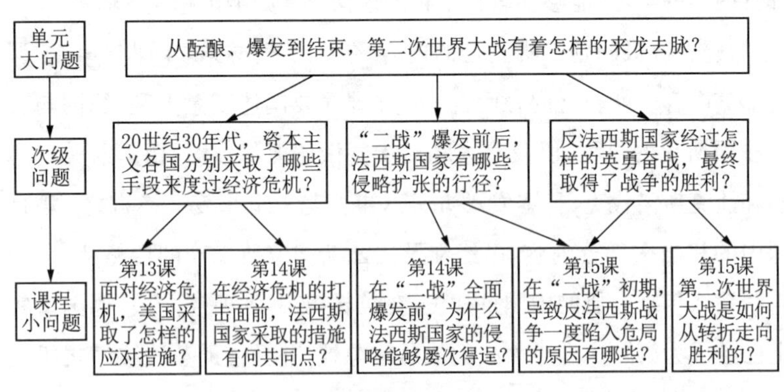

图 8-2 “第二次世界大战”单元问题体系建构

向胜利的?”。由此,三个次级问题都已经安排妥当。接下来将要探讨的是如何在课堂教学中使这些由次级问题拆分出的课程小问题真正落地,并且在所有课程小问题都得到落实之后,重组单元大问题。

二、“二战”主题的问题落地

在完成了上述单元大问题与课程小问题的拆分之后,接下来要将这些课程小问题落实到具体的课程教学中,逐一予以解决。

(一)经济危机的应对之策

在真正开始着手解决第13课的课程小问题之前,教师应当首先将“经济危机”爆发的原理向学生做简要解释。经济危机之所以爆发,事实上与资本主义制度在本质上的缺陷有关。资本家的盲目生产与民众始终未能增长的购买力之间的矛盾,最终导致了资本主义生产过剩,进而引发了持续的经济危机。作为20世纪20年代美国经济虚假繁荣最鲜明的体现,股市是第一个跌下神坛的领域,随后是看似不断盈利并不断扩大再生产的企业,也伴随着股市的崩盘而陷入危机。面对股市市值的蒸发、效益的降低,企业不得不选择裁员来求生存,但最终可能依然难逃倒闭破产的命运。企业的崩溃直接导致了大量人口的失业,进而影响到社会治安。这种全国性的经济大萧条,最终演变成为政治危机。

上述内容虽然看似复杂,但事实上,如果教师能够引导学生构建起合适的思维导图,对于经济危机所带来的连锁效应,学生是不难理解的。学生真正应当花时间重点思考的是经济危机在全球范围内造成的影响。就教材第13课而言,最重要的内容自然是美国应对经济危机的主要措施,即罗斯福新政。

关于罗斯福新政,教材将其各条内容都罗列在一张表格之中,不可谓不翔实。教材中给出的材料(图8-3)也足以说明,罗斯福新政实施之后，在这种新颖的国家干预经济的措施之下，美国经济开始逐步摆脱经济危机的泥沼。国家干预经济对于缓解美国经济危机，尤其是抑制失业率上升的作用是立竿见影的。

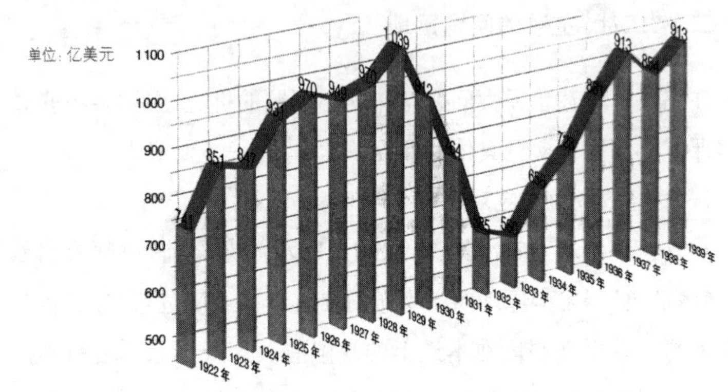

1922—1939 年美国国民生产总值

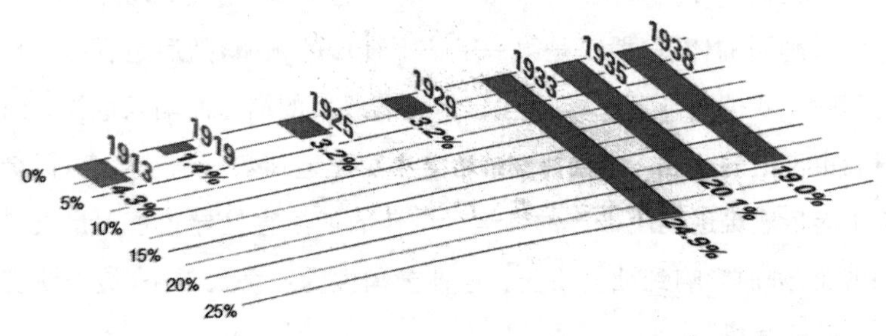

1913—1938 年美国失业率

图 8-3　罗斯福新政对经济危机的缓解

通过图 8-3 的阅读，学生可以看到，罗斯福新政的本质就是借鉴社会主义国家的宏观调控策略，以国家干预经济的方式对资本主义经济危机造成的经济混乱局面进行及时调节。罗斯福政府之所以颁布《工业复兴法》和《社会保障法》，并不是为了在真正意义上保障工人的福利，而是为了在巩固资本主义政党统治的前提之下，缓和与工人之间的矛盾，确保工人阶级不会借助经济危机乘势夺权。“以工代赈”的实施，更是为了在扩大基础设施建设的同时，降低失业率，增强工人对国家和政府的认同感和信任感。因此，罗斯福新政的全部内容都是在为巩固资本主义统治而服务。同样面对经济危机的困扰时，其他的资本主义国家会作何反应呢？

（二）黑暗年代：法西斯国家的侵略扩张

当源自美国的经济危机最终波及欧洲，资本主义各国应对经济危机的方式各有不同。经过第 13 课的学习，教师应当引导学生注意到，事实上教材第 14 课所述的法西斯国家的侵略扩张在很大程度上依然是经济危机影响的延续，是资本主义世界经济危机在不同国家造成的影响之一。事实上，当罗斯福正在为美国的经济危机头疼不已时，意大利、德国和日本都分别采取了各自的方式来应对自身的危机。

教材第 14 课的两个课程小问题分别是“在经济危机的打击面前，法西斯国家采取的措施有何共同点？”“在‘二战’全面爆发前，为什么法西斯国家的侵略能够屡次得逞？”。在这一环节中，教师可以充分借助教材内外的历史地图，即《意大利的对外扩张（1935 年 10 月—1936 年 5 月）》《中国抗日战争形势（1937 年 7 月—1938 年 10 月）》《德国的对外扩张（1938—1939 年）》三张地图，展开地图教学。

首先，通过对相关材料的描述，以及对三张地图的横向对比，教师可以向学生抛出本课的第一个课程小问题。通过材料与地图的结合，学生不难发现，意大利、德国与日本在经济危机时，都采取了相似的国家政策：对内建立独裁的法西斯政权，通过扩军备战来减轻失业人口给社会与国家带来的压力；对外侵略扩张，将经济危机带来的重大损失，通过掠夺别国资源和市场进行弥补。上述两点，就是法西斯国家在面对经济危机的打击时所采取的相同措施。毫无疑问，上述措施巩固了法西斯的统治，同时也给遭受侵略的国家，如埃塞俄比亚、捷克斯洛伐克和中国等带来了深重的灾难。那么,面对法西斯国家的侵略扩张,以英法为核心的国际联盟为什么没有采取有效的措施呢?这就使本课的两个课程小问题,甚至包括教材第13课的内容也能充分结合到一起。教师可引导学生认识到,正是因为资本主义世界严重的经济危机,导致了英法等国际上的主导势力的实力大为削减。尤其是法国,在经历了第一次世界大战的摧残之后,人口锐减,尤其是成年男性的数量,完全比不上同一时期的德国。因此,法国国内的和平避战情绪弥漫,甚至在当时的法国政界已经形成了一种非常不健康的风气,即哪一个政党敢于谈论与德国开战的话题,瞬间便会失去民心,从而失去选票,甚至导致倒台。对法国而言,"自从一九一八年以来,法国的外交政策一直为担心德国报复的恐惧心理所左右"①,想方设法避免与德国正面冲突,成为历届政府的首要任务。正是在这样的背景下,法国斥巨资修建了马奇诺防线,其目的正是为了"高墙之后逞勇易"。当法国选择了如此软弱无力的外交策略,英国作为一个海洋国家,就自然失去了自己在欧洲大陆最能够依靠的盟友,使得英国在外交政策上也不得不选择向法西斯国家妥协。

通过上述教师的讲解,以及对第13课有关经济危机的旧知识的回顾,学生在了解这一时期英法等资本主义国家的现状之后,就可以进一步理解上述三张地图中法西斯国家侵略扩张的势头如此迅猛的原因了。在上述三张地图中,尤其是《德国的对外扩张(1938—1939年)》形势图真切地反映了英法所奉行的绥靖政策。在希特勒上台的1933—1936年,纳粹德国无论是在军事实力上,还是在外交影响力上,都远不及英法两国。甚至在纳粹德国内部,反对希特勒的势力都在伺

---

① 威廉·L.夏依勒.第三共和国的崩溃:1940年法国沦陷之研究(上)[M].戴大洪,译.北京:新星出版社,2010:240.

机而动，等待希特勒的侵略扩张在英法的铜墙铁壁面前碰成粉末，便可顺势推翻纳粹暴政。但英国与法国早已被希特勒一次又一次的战争恫吓吓破了胆，从莱茵区到奥地利，英法两国不仅一再退让，一再助长纳粹德国的侵略野心，甚至在1939年初的慕尼黑阴谋中，扮演起德国侵略捷克斯洛伐克的帮凶，在"既没有捷克代表出席，也没有苏联代表出席"①的慕尼黑会议中，捷克斯洛伐克作为一个政治实体，成为大国阴谋的牺牲品。

从背景的分析到地图的解析，学生通过这一完整的学习过程，已经能够回答出本课的两个课程小问题。这显然为其接下来的学习奠定了扎实的基础。

(三) 从转折走向胜利

在完成了上述教学内容之后，从某种程度上讲已经为第15课的教学减轻了不少压力。因为通过对第14课的第一个课程小问题的解决，学生已经熟悉了法西斯政权的定义、基本特征等陌生概念，因此教师在讲授第15课，以及引导学生解决第15课的课程小问题时，可以比较游刃有余。

第15课课程小问题的解决，主要围绕着梳理第二次世界大战的进程展开。虽然本课有两个课程小问题，但是其指向性非常明显，即清晰地指向了第二次世界大战的初期和中后期分别凸显的主要特征。在这部分教学中，常规的教学法自然是充分利用大量的历史照片和纪录片片段展播，再结合教师的讲解，将"二战"的经典战役予以全面展示。这种常规做法无疑是十分合理的，但是在"问题教学"的体系之下，建议教师可以在对每一场战役进行讲解之后，通过归纳总结的方

---

① E.H.卡尔.两次世界大战之间的国际关系：1919—1939[M].徐蓝，译.北京：商务印书馆，2015：214.

式，帮助学生自主建立对“二战”初期和“二战”中后期各自主要特征的基本认识。

表 8-3 “二战”前期欧洲战场发展变化

时　间	战争进程	后续影响	阶段特征
1939 年 9 月 1 日	德国突袭波兰，英法“宣而不战”	波兰沦陷	
1940 年 4 月	德国突袭丹麦、挪威，英法支援不力	丹麦、挪威沦陷	
1940 年 5 月	德国突袭卢、比、荷，英法静态防御	卢、比、荷沦陷	
1940 年 5—6 月	德国在阿登山区突破法军防线，英国组织“敦克尔顿大撤退”	英国撤离欧洲大陆，法国投降	
1941 年 4—5 月	德国进攻南斯拉夫与希腊	轴心国占据巴尔干半岛	
1941 年 6 月—1942 年 1 月	德国全面入侵苏联，莫斯科保卫战开始	粉碎德军“不可战胜的神话”，但德军依然保持优势	

通过表 8-3，学生不难发现，以莫斯科保卫战这场德军真正意义上被击败的战役为界限，在此之前，德军在欧洲战场上可以说是无往不胜。教师可让学生自行总结填写表 8-3 的最后一栏，即“阶段特征”，学生一般都能够轻易得出类似于“德国的入侵不断扩大，英法节节败退”等结论。在这时，教师就可以顺势向学生抛出本课的第一个课程小问题，即“在‘二战’初期，导致反法西斯战争一度陷入危局的原因有哪些?”。其答案正好与上述阶段特征形成相互印证的关系。

通过课程学习和对表格的梳理，学生对于“二战”初期反法西斯战争陷入不利能够归纳出以下原因：德军入侵的突然性以及战术的先进性，英法缺乏坚强的抵抗意志和积极主动的战争行动，英法苏之间未能形成合力阻止法西斯扩张等。它们共同构成了第一个课程小问题的答案,而在解决这一问题的过程中,学生的归纳能力、判断能力和历史解释能力都得到了训练。

解决了第 15 课的第一个课程小问题之后,第二个课程小问题的解答甚至不需要教师做太多的引导,学生就可以参照前一步构建起相似的表格,并对相关结论进行概括总结。

表 8-4 "二战"后期各战场的发展

时 间	战争进程	后续影响	阶段特征
1941 年 12 月	日军偷袭珍珠港,美国参战	"二战"达到最大规模	
1942 年 1 月	《联合国家宣言》签署	世界反法西斯同盟形成,各国相互援助	
1942 年 10—11 月	北非阿拉曼战役	北非战局逆转	
1942—1943 年	斯大林格勒战役	"二战"转折点	
1942—1944 年	中国远征军受英国邀请赴缅甸作战	扭转缅甸战局	
1944 年 6 月	英美在诺曼底登陆	开辟欧洲第二战场,法国解放	
1945 年 8 月	苏联出兵中国东北,中国军队全线反击,美国投掷原子弹	日本投降	

通过对表 8-4 的梳理,学生可以看到,反法西斯国家之所以能够逐步摆脱"二战"初期的颓败局面,最重要的一个原因就是彼此之间力量的整合。没有英美的援助,苏联在对抗德国的战争中可能还会面临更大的挑战。没有苏联的帮助,单靠美军也是不可能打败穷凶极恶的纳粹德国的。同样,中国也从不否认反法西斯同盟在抗战中给予中国的无私援助。至于诺曼底登陆这样真正意义上的联合作战,则更加直观贴切地体现出了反法西斯同盟协同作战的优越性。

(四) 重组大问题

至此,本单元内所有的课程小问题都已经解决完毕,学生已经对整个第二次世界大战的来龙去脉有了体系化的认识。但是这样的知识结构,其深度是不够的。考虑到历史学科“立德树人”的根本任务,在单元大问题的每一个碎片都得以归位的同时,教师可以引导学生进一步锻炼历史解释的能力,即思考第二次世界大战给我们今天带来了哪些重要的启示。

通过对上述课程小问题的回答,学生至少可以得出以下启示。

首先,资本主义制度是终将要走向衰亡的。从本单元的第一个课程小问题的解决中,学生就能够意识到,资本主义难改其剥削压迫的本质,生产过剩的现象会在资本主义国家内部一再出现,而即便是罗斯福新政这样借鉴了社会主义制度的国家干预经济的政策,在经济危机面前也不是万能的。既然无法摆脱经济危机,那么资本主义国家的未来自然就是阴云密布的。这显然符合马克思主义的预言。

其次,在国际社会中,大国应当承担起属于自己的那份责任。学生在解决本单元的第三个课程小问题时就能够得出这一结论。如果在纳粹德国最早开始侵略扩张时,英国与法国能够发挥其国际联盟领袖的职责,就足以遏制希特勒的野心。更何况在“二战”前夕,如果英法两国能够有足够长远的眼光和足够宽广的格局,联合苏联一起对抗德国,那么在侵略捷克斯洛伐克的行动中希特勒就毫无疑问地会首先受挫。恰恰正是因为作为大国的英法并没有尽其所能地勇挑重担,并且即便是在“虽然连英国最普通的人都明白,万一对德开战的话,苏联参加到西方一边来将有极大的价值”①的情况下,始终保持对苏联的敌意,放纵德国在欧洲、日本在中国的扩张,最终引发了“二战”的全面爆发。

---

① 威廉·L.夏依勒.第三帝国的兴亡(上)[M].董乐山,译.北京:世界知识出版社,2011:385.

第三，纵观人类历史，战争从来都不是解决纷争的最优手段。通过第二次世界大战的学习，学生回顾两次世界大战之间的逻辑关系不难发现，“一战”这场在西方文献中曾被记载为“终结所有战争的战争”，完全没有达到人们所设想的效果。相反，“一战”过后，帝国主义妄图始终单方面压制不满并构建所谓软弱无力的集体安全体系来阻止新一轮世界大战的爆发的企图失败了。“一战”的结束，并没有削弱帝国主义之间的矛盾，反而激化了一些国家的民族主义情绪。这一切都为新的战争埋下了伏笔。所以，解决国际冲突的最佳方案，永远都不是战争。学生得出的这一结论，恰恰符合中国现在正在进行的努力。2023 年 3 月中国促成沙特阿拉伯与伊朗的重新建交，便是上述结论的最佳诠释。

在学习了第二次世界大战的主题之后，学生对于“问题教学”的问题提出方式，以及各级问题的设置都有所了解，“问题教学”也自然成为可以供学生实践的实操性教学思路。当然，更多的“问题教学”思路，还需要在师生之间的磨合中不断探索。

参考文献

一、中文部分

（一）期刊论文

[1] 金雁.历史教学中的十月革命问题[J].历史教学，2007(10).

（二）图书专著

[1] 中华人民共和国教育部.普通高中课程标准实验教科书：历史选修 3——20 世纪的战争与和平[M].长沙：岳麓书社，2005.

[2] 周一良，吴于廑，蒋相泽.世界通史资料选辑・近代部分[M].北京：商务印书馆，1964.

[3] 毛元佑.第一次世界大战总盘点[M].北京：军事科学出版社，

2014.

[4] 张建华.世界现代史(1900—2000)[M].北京:北京师范大学出版社,2008.

[5] 约翰·斯蒂文森.彩色欧洲史(1849—2002年)[M].董晓黎,译.北京:中国友谊出版公司,2007.

[6] 艾瑞克·霍布斯鲍姆.极端的年代:1914—1991[M].郑明萱,译.北京:中信出版社,2010.

[7] 陆南泉.苏联经济体制改革史论:从列宁到普京[M].北京:人民出版社,2007.

[8] 吴于廑,齐世荣.世界史:现代史编[M].北京:高等教育出版社,1994.

[9] 齐世荣.世界通史资料选辑·现代部分(第3分册)[M].北京:商务印书馆,2007.

[10] 威廉·L.夏依勒.第三帝国的兴亡(上)[M].董乐山,译.北京:世界知识出版社,2011:385.

二、英文部分

[1] Thomas Cogswell. JAMES I: The Phoenix King[M]. Toronto: Penguin Random House, 2017.

[2] Penney Clark, Alan Sears. The Arts and the Teaching of History[M]. New York: Palgrave Macmillan, 2020.

[3] Scarlett Pirtle. Hopelessly Lost in Middle School History[J]. Middle School Journal, 1987.

后记

三尺讲台，是培养一代代少年英才的原点。讲台之上的身影，往往会被神圣的光芒与高尚的情操所笼罩，以至于个体的教师被隐去了姓名，模糊了容颜，只剩下“老师”两字所代表的荣光。在世人眼里，所有正直而优秀的教师，从入职到退休，在三尺讲台之上留下的印象大抵如此。

于中学老师而言，看着一代代学生从稚嫩彷徨走向成熟自信，从初次相识时的面面相觑，到毕业时分的热泪难离，虽然师生之情谊能够留存余生，但对学生而言，老师的模样与教授的知识，终究会在岁月的蹉跎中烟消云散。长此以往，世人皆知教师之苦楚之高尚，却容易忽视那一个个讲台之上真切而平凡的形象，那一段段教室之中寻常的过往，其背后是每一位教师燃烧自己的青春，为学生留下的一盏明灯。如果深入其间去探索，我们就会发现，在这看似平凡与寻常之中，其实也不乏教师们的热血逐梦，不缺激情飞扬。

本书就记录了这样一群平凡人的追梦成果。

要论本书团队作者之间的相识，可以追溯到 2017 年。从那时起我开始接触到日后这支团队中的各位优秀成员。多年来，每每想起他们身上高涨的学术热情与严谨的治学态度，都让我十分激动。我们真正开始以团队的形式一起进行学术创作，大概是在 2021 年左右。在此之前，我和他们中的一些人只是以零星的、一对一的形式进行过论文写作方面的探讨和教学设计方面的摸索，憧憬着展开更高层次的学术活动。2021 年左右，我在教学论文写作与发表方面已经取得了一些突破，在相关的创作思路上也有了个人的心得。于是在我的提议之下，我们这群自诩为“有学术追求”的青年教师开始聚在一起，不断尝试新的教学实践，并试图将这些实践转化为学术成果。在这一过程中，团队成员的写作水平都有了质的飞跃，每个人都在论文比赛、论文发表、教学设计、课题研究等方面取得了一定的成果。2022年，我完成了自己的第一部独立著作，觉察到自己已经能够驾驭图书的写作，与团队成员们共同完成一部著作的想法开始萌芽。对我们这样一群热情与执行力并存的教师而言，想法就是实践的集结号。

目前写作团队的十几位成员，无论是在教学任职岗位上，还是在研究方向上，都存在明显的差异。要说个人性格、受教育背景、学术素养等方面，那更是千差万别。因此在进行团队合作时，彼此之间的磨合花费了不少时间。最终，在既各司其职又通力合作之下，团队在半年内就完成了本书的写作。

阅读本书不难发现，在本书的精华部分，即“问题教学”的实例研究中，团队的各位成员虽然保持了写作大方向上的一致性，但在具体内容以及研究思路上，都体现出个性化与多元化。他们的勤于思考与笔耕不辍，是本书最终得以成稿的关键。在本次撰稿过程中，大家在写作能力、思维方式、意志品质等方面都获得了提升，这也是本书的写作留给团队成员的最大财富，它会引领我们继续前进，向更远的地方进发。

当然，本书的最终旨归，依然在于为读者提供一种全新的教学思维，一种可在今后的教学工作中为其进一步提升教学研究能力另辟蹊径的思维方式。当然，如果离达成这两个目标仍有距离，那么也至少希望读者能够通过本书看到青年教师成长的另一条路径，即走学术化道路。希望透过字里行间，读者能感受到这份学术热情，并将之转化为自身职业生涯中的智慧，助力自己的成长。

如果幸运万分的，本书能达到上述目标，那么这将是我们这支团队莫大的荣幸。

张　昕

2023年9月24日于重庆

图书在版编目(CIP)数据

初中历史新课改视阈下的“问题教学”研探 / 张昕等著 .— 上海 ：上海社会科学院出版社，2024
ISBN 978 - 7 - 5520 - 4365 - 5

Ⅰ. ①初… Ⅱ. ①张… Ⅲ. ①中学历史课—教学研究—初中 Ⅳ. ①G633.512

中国国家版本馆 CIP 数据核字(2024)第 075529 号

初中历史新课改视阈下的“问题教学”研探

著　　者：张　昕　等
责任编辑：曹艾达
封面设计：黄婧昉
出版发行：上海社会科学院出版社
　　　　　上海顺昌路 622 号　邮编 200025
　　　　　电话总机 021 - 63315947　销售热线 021 - 53063735
　　　　　https://cbs.sass.org.cn　E-mail：sassp@sassp.cn
照　　排：南京理工出版信息技术有限公司
印　　刷：镇江文苑制版印刷有限责任公司
开　　本：890 毫米×1240 毫米　1/32
印　　张：10.75
字　　数：268 千
版　　次：2024 年 6 月第 1 版　2024 年 6 月第 1 次印刷

ISBN 978 - 7 - 5520 - 4365 - 5/G・1311　　定价：89.00 元